Perspectivas de Reforma da Justiça Constitucional em Portugal e no Brasil

Perspectivas de Reforma da Justiça Constitucional em Portugal e no Brasil

2012

Anna Candida da Cunha Ferraz • Armindo Ribeiro Mendes
Carlos Blanco de Morais • Elival da Silva Ramos
Fernanda Dias Menezes de Almeida
Fernando Dias Menezes de Almeida • Gilmar Ferreira Mendes
João Cura Mariano • João Tiago Silveira • Jorge Miranda
Jorge Reis Novais • José Joaquim Gomes Canotilho
José Levi Mello do Amaral Júnior • José de Melo Alexandrino
Manoel Gonçalves Ferreira Filho • Maria dos Prazeres Pizarro
Beleza • Maria Lúcia Amaral • Patrícia Ulson Pizarro Werner
Paulo Casseb • Vasco Pereira da Silva

Coimbra · Lisboa · São Paulo

**PERSPECTIVAS DE REFORMA DA JUSTIÇA
CONSTITUCIONAL EM PORTUGAL E NO BRASIL**
© Almedina, 2012

Coordenação: Elival da Silva Ramos e Carlos Blanco de Morais

Textos: Anna Candida da Cunha Ferraz • Armindo Ribeiro Mendes • Carlos Blanco de Morais • Elival da Silva Ramos • Fernanda Dias Menezes de Almeida • Fernando Dias Menezes de Almeida • Gilmar Ferreira Mendes • João Cura Mariano • João Tiago Silveira • Jorge Miranda • Jorge Reis Novais • José Joaquim Gomes Canotilho • José Levi Mello do Amaral Júnior • José de Melo Alexandrino • Manoel Gonçalves Ferreira Filho • Maria dos Prazeres Pizarro Beleza • Maria Lúcia Amaral • Patrícia Ulson Pizarro Werner • Paulo Casseb • Vasco Pereira da Silva

Diretora Editorial: Paula Valente
Editora: Adriane Piscitelli
Diagramação: Jorge Sêco
Design de capa: FBA.
Impressão e acabamento: DPS – Digital Printing Services, Lda.

ISBN: 978-85-63182-04-3

**Dados Internacionais de Catalogação na Publicação (CIP)
(Câmara Brasileira do Livro, SP, Brasil)**

Perspectivas de Reforma da Justiça Constitucional no Brasil e em Portugal / Elival da Silva Ramos, Carlos Blanco de Morais. – São Paulo: Almedina, 2012. – (Coleção Obras Coletivas)

Vários autores.
ISBN 978-85-63182-04-3

1. Direito constitucional – Brasil. 2. Direito
Constitucional – Portugal. 3. Justiça – Brasil.
4. Justiça – Portugal. I. Ramos, Elival da Silva.
II. Morais, Carlos Blanco de. III. Série.

CDU-340.114:342(81)
-340.114:342(469)

12-00656

Índices para catálogo sistemático:

1. Brasil: Reforma da Justiça Constitucional 340.114:342(81)
2. Portugal: Reforma da Justiça Constitucional 340.114:342(469)

Este livro segue as regras do novo Acordo Ortográfico da Língua Portuguesa (1990).

Todos os direitos reservados. Nenhuma parte deste livro, protegido por copyright, pode ser reproduzida, armazenada ou transmitida de alguma forma ou por algum meio, seja eletrônico ou mecânico, inclusive fotocópia, gravação ou qualquer sistema de armazenagem de informações, sem a permissão expressa e por escrito da editora.

Maio, 2012
Depósito legal: 344400/12

Editor: ALMEDINA
Alameda Campinas, 1.077, 6º andar, Jd. Paulista
01404-001 – São Paulo, SP - Brasil
Tel./Fax: +55 11 3885-6624
editorial@almedina.com.br
www.almedina.com.br | www.grupoalmedina.net

SUMÁRIO

INTRODUÇÃO   9

I. LEGITIMIDADE, FUNÇÕES E INDEPENDÊNCIA DA JUSTIÇA CONSTITUCIONAL   13

Sobre a composição do Tribunal Constitucional português   15
Jorge Miranda

Votam os magistrados nos processos mais políticos de acordo com as linhas
partidárias subjacentes à sua designação?   23
Manoel Gonçalves Ferreira Filho

O Tribunal Constitucional e o desempenho das funções estranhas
ao controle de constitucionalidade das leis   25
Maria Lúcia Amaral

Fundamentos da forma de designação dos ministros do Supremo Tribunal
Federal   35
Paulo Casseb

II. OS EFEITOS DAS DECISÕES DE INCONSTITUCIONALIDADE EM CONTROLE CONCRETO   51

Insuficiências dos efeitos *inter partes* das decisões de inconstitucionalidade
em controlo concreto na ordem jurídica portuguesa   53
Carlos Blanco de Morais

A evolução do sistema brasileiro de controle de constitucionalidade
e a constituição de 1988   63
Elival da Silva Ramos

Subsistência do controlo difuso ou migração para um sistema concentrado
de reenvio prejudicial   89
Maria dos Prazeres Pizarro Beleza

III. OS EFEITOS DAS DECISÕES DE INCONSTITUCIONALIDADE EM CONTROLE ABSTRATO SUCESSIVO   101

A restrição temporal de efeitos sancionatórios e a salvaguarda do "ato
administrativo inimpugnável": Reflexões sobre os efeitos do controle
de constitucionalidade abstrato na esfera administrativa brasileira   103
Patrícia Ulson Pizarro Werner

Sobre o pretenso efeito de "caso decidido" no Direito Constitucional
e no Direito Administrativo português   139
Vasco Pereira da Silva

IV. CONSIDERAÇÕES SOBRE AS INOVAÇÕES NA JURISDICAÇÃO CONSTITUCIONAL BRASILEIRA   153

Anotações acerca da apreciação e revisão de fatos e prognoses legislativos
perante a Corte Constitucional alemã e o Supremo Tribunal Federal
brasileiro   155
Gilmar Ferreira Mendes

A repercussão geral e a objetivação do controle concreto   193
Anna Candida da Cunha Ferraz
Fernanda Dias Menezes de Almeida

Súmula vinculante   209
Fernando Dias Menezes de Almeida

SUMÁRIO

V. MESAS-REDONDAS   223

TEMA 1 – A nulidade ipso iure da norma inconstitucional já não é o que era?   225
Debatedores:
Elival da Silva Ramos
José Joaquim Gomes Canotilho

TEMA 2 – Sim ou não ao recurso de amparo?   243
Debatedores:
Jorge Reis Novais
José de Melo Alexandrino

TEMA 3 – Reforma e simplificação do processo constitucional em Portugal   261
Debatedores:
Carlos Blanco de Morais
João Cura Mariano
Armindo Ribeiro Mendes

TEMA 4 – Da admissibilidade da restrição temporal de efeitos das decisões
de inconstitucionalidade em controle concreto   281
Debatedores:
José Levi Mello do Amaral Junior
João Tiago Silveira (colaboração de Irene Terrasêca)

INTRODUÇÃO

No tempo presente, a garantia jurisdicional da Constituição nos sistemas codicistas constitui um atributo indissociável do Estado de direito democrático, já que só o controle de constitucionalidade garante a supremacia da Carta Fundamental e a sua efetividade jurídica.

Verifica-se, contudo, que o paradigma do Tribunal Constitucional como legislador puramente negativo, como sustentava Kelsen, se alterou nas últimas décadas. A complexidade e a multiplicação de processos de controle de constitucionalidade, a subjetivização de institutos de tutela de direitos fundamentais, a irrupção de sentenças intermédias, os mecanismos de uniformização jurisprudencial, os debates sobre a hermenêutica e o regime de aplicabilidade de princípios e normas constitucionais, o aumento da discricionariedade do intérprete e a erosão dos pilares da nulidade como sanção prototípica do juízo de inconstitucionalidade são temas incontornáveis no estudo da Justiça Constitucional Moderna.

Paralelamente, existem alterações na morfologia do Estado social de direito que causam um impacto considerável no funcionamento da Justiça Constitucional.

Na Europa, a crise das dívidas soberanas e as rigorosas medidas de austeridade adotadas para garantir o equilíbrio financeiro mergulharam o paradigma do Estado social numa crise profunda, funcional e identitária. Os cortes nos salários e nas prestações sociais, decididos pelo legislador ante a benevolência política de diversos tribunais constitucionais, nominalizaram de vez as pretensões jurídicas do " princípio da proibição do retrocesso social" e lançaram um debate sobre a redefinição das tarefas do Estado.

No Brasil, poupado em boa hora ao impacto mais negativo da crise financeira internacional, vive-se um momento inverso e inédito de revalorização dos direitos sociais, por força de um ativismo judicial que inovou em matérias centrais da garantia da Constituição, como a do controle da inconstitucionalidade por omissão, passando frequentemente os tribunais comuns a substituir-se à Administração na gestão de sistemas prestacionais de caráter social.

Todos estes fatos suscitam um debate sobre a subsistência ou a alteração de institutos atinentes ao controle de constitucionalidade e enquadram-se no tema do livro agora publicado, o qual se centra nas *Perspectivas da Reforma da Justiça Constitucional em Portugal e no Brasil*.

Assim as Professoras Ana Cândida Ferraz e Fernanda Menezes de Almeida abordam a temática da repercussão geral e da objetivação do controle concreto; o Professor Carlos Blanco de Morais questiona a insuficiência dos sistemas brasileiro e português, derivada da eficácia *inter partes* dos efeitos da decisão de inconstitucionalidade em controle concreto, tendo o segundo problematizado outras reformas processuais; os professores Reis Novais e José Alexandrino debatem a introdução do recurso de amparo para a tutela direta de direitos fundamentais; os Professores Elival da Silva Ramos e Gomes Canotilho discutem se a nulidade ainda é o que era, tendo igualmente o primeiro e a Conselheira Maria dos Prazeres Beleza desenvolvido uma apreciação detalhada ao sistemas brasileiro e português de controle de constitucionalidade e ponderado sobre os custos e vantagens de uma evolução para um sistema concentrado; o Ex Conselheiro Armindo Ribeiro Mendes e o Conselheiro Cura Mariano discorrem sobre reformas ao processo constitucional português; o professor Levi do Amaral Júnior e o Mestre João Tiago Silveira questionam se a admissibilidade da restrição temporal de efeitos se pode aplicar às decisões de inconstitucionalidade em controle concreto; os Professores Manoel Gonçalves Ferreira Filho, Jorge Miranda e Paulo Casseb analisam o processo de designação dos Ministros do STF e o problema da politização da Justiça Constitucional; a Conselheira Lúcia Amaral examina criticamente as funções dos tribunais constitucionais estranhas ao controle da inconstitucionalidade; os Professores Vasco Pereira da Silva e Patricia Werner apreciam a salvaguarda dos atos administrativos inimpugnáveis em face das declarações de inconstitucionalidade proferidas em controle por via abstrata; o Professor Fernando de Menezes de Almeida trata o instituto da Súmula Vinculante;

e o Ministro Gilmar Mendes analisa o tema relativo à revisão de fatos e prognoses legislativas perante a Corte Constitucional alemã e o Supremo Tribunal Federal brasileiro

Com a presente obra pretende-se erigir, no plano da divulgação científica, mais um degrau na frutuosa e consistente construção de uma comunidade constitucional viva no mundo luso-brasileiro, para a qual os doutores do Instituto Pimenta Bueno e do Instituto de Ciências Jurídico--Políticas da Faculdade de Direito de Lisboa, bem como outros professores e magistrados convidados para as suas palestras, têm dado uma empenhada contribuição, com especial relevo para a última década.

Tendo tradicionalmente as intervenções proferidas nos Congressos Luso-Brasileiros de Direito Constitucional, realizados em cooperação entre os dois Institutos em Lisboa e em São Paulo, sido objeto de publicações esporádicas (seja em atas, seja nos respectivos sítios-*web*), entendeu-se por bem, desta vez, condensar num livro de uma prestigiada editora jurídica portuguesa que também se encontra sita no Brasil, a Almedina, as palestras proferidas sobre o tema da reforma da Justiça Constitucional que tiveram lugar em dois dos referidos encontros realizados em 2010.

Tratou-se de uma forma de solenização de um momento alto do intercâmbio académico e científico entre constitucionalistas brasileiros e portugueses e de irradiação dos temas tratados no quadro de uma visão de conjunta no espaço de língua portuguesa. Visão que permite evidenciar a natureza quer idêntica quer específica de muitas das preocupações exibidas e avaliar a diferença ou a unidade de pontos de vista relativamente às soluções propostas pelos diversos intervenientes.

Uma palavra de justíssimo reconhecimento é devida à Professora Patrícia Ulson Pizarro Werner, Diretora da Escola Superior da Procuradoria do Estado de São Paulo, pelo fato de ter, a par das suas intervenções científicas nos Congressos, ter desenvolvido uma eficaz condução do processo preparatório que concebeu e publicou a presente obra, a ela se devendo igualmente, nos tempos mais recentes, a catálise de uma significativa parte das iniciativas conjuntas que no Universo do Direito Público se realizam dos dois lados do Atlântico.

São Paulo | Lisboa
ELIVAL DA SILVA RAMOS
CARLOS BLANCO DE MORAIS

I.
Legitimidade, Funções e Independência da Justiça Constitucional

Sobre a composição do Tribunal Constitucional português

Jorge Miranda
Professor da Faculdade de Direito da Universidade de Lisboa
e presidente do Instituto de Ciências Jurídico-Políticas

Em estritos termos jurídicos, a legitimidade de um Tribunal Constitucional não é maior, nem menor do que a dos órgãos políticos: advém da Constituição. E, se esta Constituição deriva de um poder constituinte democrático, então ela há de ser, natural e forçosamente, uma legitimidade democrática.

Perspetiva diferente abarca o plano substantivo das relações interorgânicas, da aceitação pela coletividade, da legitimação pelo procedimento e pelo consentimento. Como justificar o poder de um Tribunal Constitucional (ou de órgão homólogo) de declarar a inconstitucionalidade de uma lei votada pelo Parlamento ou pelo próprio povo? Como compreender que ele acabe por conformar não só negativamente (pelas decisões de inconstitucionalidade) mas também positivamente (pelos outros tipos de decisões) o ordenamento jurídico? Como conciliar, na prática, a fiscalização jurisdicional concentrada e o princípio da constitucionalidade com o princípio de soberania do povo?

Parte-se, bem entendido, não de qualquer conceção de democracia (das muitas que têm sido propostas e das muitas que diferentes regimes invocaram no século XX), e tão só da conceção de democracia pluralista e representativa de matriz ocidental (em que nasceu a instituição). Parte-se da democracia conexa com o Estado de Direito, dando origem, em síntese dialética, ao Estado de Direito democrático.

Ora, se democracia postula maioria – com as múltiplas interpretações e reelaborações filosóficas e teoréticas de que tem sido alvo – não menos, naturalmente, ela postula o respeito das minorias e, através ou para além dele, o respeito dos direitos fundamentais. Critério de decisão, a regra da maioria não se reconduz a simples convenção, instrumento técnico ou presunção puramente negativa de que ninguém conta mais do que outrem; reconduz-se à afirmação positiva da igual dignidade de todos os cidadãos e reconduz-se ao reconhecimento de que a vontade soberana se forma no contraditório e na alternância.

Assim sendo, a fiscalização, mesmo quando de caráter objetivista, em último termo visa a salvaguarda dos valores de igualdade e liberdade. Toma-os como pontos de referência básicos quando dirigida ao conteúdo dos atos, à inconstitucionalidade material. E tão pouco deixa de se lhes reportar, quando voltada para a inconstitucionalidade orgânica e formal, na medida em que não se concebe maioria sem observância dos procedimentos constitucionalmente estabelecidos. Ela só é contramaioritária ao inviabilizar esta ou aquela pretensão de maioria, não considerada no contexto global do sistema.

Os Tribunais Constitucionais aparecem, na generalidade dos países, com estrutura arredada da estrutura dos demais tribunais, com juízes escolhidos pelos Parlamentos e (ou) pelos Chefes de Estado sem atinência (ou atinência necessária) às carreiras judiciárias (e algo de semelhante sucede, como se sabe, com os Tribunais Supremos no modelo judicialista norte-americano).

Ora, pergunta-se como pode um tribunal com juízes designados desta maneira vir a sindicar os atos daqueles órgãos; como pode a *criatura* fiscalizar o *criador*; como pode um tribunal assim composto não reproduzir a composição do Parlamento ou a orientação do Chefe de Estado. Essa a aporia do Tribunal Constitucional: se lhe falta a fonte de designação por órgãos representativos carece de legitimidade; se a recebe, dir-se-ia ficar desprovido de eficácia ou utilidade o exercício da sua competência.

Mas não. É, justamente, por os juízes constitucionais serem escolhidos por órgãos democraticamente legitimados – em coerência, *por todos* quantos a Constituição preveja, em correspondência com o sistema de governo consagrado – que eles podem invalidar atos com a força de lei. É por eles, embora por via indireta, provirem da mesma origem dos titulares de órgãos políticos que por estes conseguem fazer-se acatar.

Os membros do Tribunal Constitucional não se tornam representantes dos órgãos que os elegem ou nomeiam, não estão sujeitos a nenhum vínculo representativo. Muito pelo contrário, uma vez designados, são completamente independentes e beneficiam de garantias e incompatibilidades idênticas às dos demais juízes; para salvaguarda dessa independência, os seus mandatos não coincidem com os dos titulares do órgão de designação, são mais longos e, por princípio, insuscetíveis de renovação; e, quando de eleição parlamentar, de ordinário requer-se maioria qualificada (o que obriga a compromissos e evita escolhas fora do "arco constitucional").

Num Tribunal Constitucional ou em órgão homólogo podem e devem coexistir diversas correntes jurídicas e jurídico-políticas; e, mesmo se, em órgão parlamentar, se dá a interferência dos partidos nas candidaturas (porque, quer se queira quer não, a democracia atual é uma democracia *de* partidos ou *com* partidos), essas correntes atenuam-se e, aparentemente, diluem-se, em virtude dos fatores objetivos da interpretação jurídica, da necessidade de fundamentação das decisões e, sobretudo, em virtude do fenómeno de institucionalização que cria dinâmica e autonomia do órgão.

Nisto tudo (insista-se) reside a especificidade da figura (ou, se se preferir, a sua ambivalência): uma legitimidade de título assimilável à dos titulares dos órgãos de função política do Estado, uma legitimidade de exercício equiperável à dos juízes dos tribunais comuns.

Considerando os Tribunais Constitucionais hoje existentes em vários Continentes e os Conselho Constitucionais francês e moçambicano, encontram-se oito modalidades ou sistemas de designação dos seus membros:

a) Designação pelo Parlamento – Alemanha (com metade dos juízes designados por uma das Câmaras e outra metade pela outra Câmara), Portugal (com juízes eleitos pelo Parlamento e juízes cooptados pelos primeiros), Hungria, Croácia, Cabo Verde, Peru, Polónia;

b) Designação pelo Presidente da República com o assentimento da Câmara alta do Parlamento – República Checa, Rússia;

c) Designação pelo Presidente da República, sob proposta do Parlamento – Eslováquia;

d) Designação pelo Parlamento, sob proposta do Presidente da República e de outros órgãos – Colômbia, Eslovénia, Lituânia;

e) Designação em parte de origem parlamentar e em parte pelo Presidente da República – França, Roménia, Albânia;

f) Designação em parte de origem parlamentar e em parte de origem governamental – Áustria, Espanha;

g) Designação em parte de origem parlamentar, em parte de origem presidencial e em parte de origem judicial – Itália, Coreia do Sul, Bulgária, Ucrânia, Congo (Quinxasa), Moçambique, Angola;

h) Designação conjunta pelo Parlamento, pelo Presidente da República e por outros órgãos – Equador, Guatemala, Chile.

No caso português, a Constituição estabelece que o Tribunal Constitucional é composto por treze juízes, sendo dez designados pela Assembleia da República por maioria de dois terços dos Deputados presentes, desde que superior à maioria absoluta dos Deputados em efetividade de funções e por três cooptados por aqueles [artigo 222º, nº 1, e artigo 163º, alínea *h*)]. Seis de entre os juízes designados pela Assembleia ou cooptados são obrigatoriamente escolhidos de entre juízes dos restantes tribunais e os demais de entre juristas (artigo 222º, nº 2).

Que haja, que tenha de haver juízes provenientes de eleição parlamentar decorre do que acaba de ser referido. E que se exija maioria qualificada para a eleição, como sucede em quase todos os países com órgão homólogo (e como sucede, entre nós, por exemplo, para o Provedor de Justiça) justifica-se inteiramente, pelo consenso alargado que implica e pela escolha de pessoas mais sintonizadas com ideias de Direito situadas no já mencionado "arco constitucional".

O que não se afigura, de todo, congruente é que, havendo em Portugal dois órgãos políticos de soberania baseados no sufrágio universal e direto, apenas um deles interfira na designação dos juízes constitucionais e que o Presidente da República apenas fique com o ónus, segundo a lei do Tribunal, de conferir posse aos juízes (artigo 20º). Tornam-se manifestos tanto a quebra do princípio democrático como o desvio ao sistema de governo semipresidencial. Eis o que eu venho afirmando desde 1982, quando foi instituído o Tribunal e em que, por motivos de conflito entre os principais partidos e o Presidente da República de então, esses partidos até voltaram atrás sobre aquilo que constava dos seus projetos de revisão constitucional.

No Brasil, permita-se-me a nota, a situação apresenta-se, de algum modo, similar à portuguesa, embora inversa. Porque no Brasil apenas o Presidente nomeia os ministros do Supremo Tribunal Federal e a participação do Senado tem sido sempre de pouco relevo, ao invés do que ocorre nos Estados Unidos. Não há ministros eleitos pelo Congresso.

Existe ainda uma razão mais grave de crítica ao sistema e consiste em, pelo menos, três dos juízes de carreira (ditos juízes dos restantes tribunais) serem submetidos a sufrágio do Parlamento. Por esta via, abre-se uma brecha no princípio da isenção político-partidária da magistratura, pois, se um juiz aceita ser proposto pelo partido A e outro pelo partido B, isso significa que se declaram, explícita ou implicitamente, próximos desses partidos.

Com isto, não defendo que juízes de carreira não devam fazer parte do Tribunal Constitucional. Pelo contrário, acho que é muito conveniente que façam parte, pela convivência que desenvolvem com juristas académicos, pela troca de experiências que isso permite e pela recíproca abertura a diversos modelos de encarar as questões, pelo pluralismo, em suma, que, sob este aspeto, o Tribunal adquire.

Nem, muito menos, preferiria a transformação do Supremo Tribunal de Justiça em Tribunal Constitucional. Para além de todos os argumentos que desde Kelsen mostram, por toda a parte, essa inadequação, cabe frisar que é muito mais transparente uma composição em que se conheçam as afinidades eletivas dos juízes do que uma em que elas fiquem escondidas sob a capa de um pretenso apoliticismo.

O que venho preconizando há muito é um sistema misto, com os juízes eleitos pela Assembleia da República não podendo ser juízes de carreira e com os juízes a designar pelo Presidente da República e os juízes a cooptar tendo de ser juízes de carreira. No livro *Ideias para uma revisão constitucional em 1996*, alvitrei que poderiam ser, respetivamente, oito, dois e três.

Uma última crítica ao sistema português, agora ao nível de lei orgânica.

A Lei nº 28/82, de 15 de novembro, na sua versão inicial, estabelecia que cada juiz seria eleito individualmente, embora a eleição de cada candidato só se considerasse definitiva depois de preenchidos todas as vagas. Agora, com a Lei nº 13-A/98, de 26 de fevereiro, a eleição passa a fazer-se por lista completa, correspondente ao número total de juízes a eleger (artigos 14º e segs.).

O novo sistema dilui o sentido específico da eleição de cada juiz, esvazia quase por completo a liberdade dos Deputados e concentra todo o poder nos diretórios partidários, os verdadeiros proponentes das candidaturas. Pretende-se evitar a repetição de situações, já verificadas noutros casos, de não obtenção da maioria necessária por este ou aquele candidato. Mas o preço afigura-se demasiado elevado, porque afinal os Deputados não são chamados senão a um ato de ratificação com graves efeitos deslegitimadores.

Os Tribunais Constitucionais não são tribunais como quaisquer outros. Nem por isso é importante a preservar a separação entre a atividade que os seus juízes realizam e a atividade dos protagonistas do contraditório político e, por conseguinte, impedir a comunicação com a sequência imediata de exercício de uma e outra atividade. Os mecanismos da justiça constitucional são mecanismos extremamente delicados e há, ainda, uma imagem de independência fundamental para que a comunidade jurídica aceite as decisões que dela provenham.

É tão necessário, pelo menos, proibir um juiz acabado de sair do Tribunal de exercer uma função política no Estado ou num partido político como proibir um membro do Governo (ou um dirigente do poder local) de assumir, ao deixar o cargo, uma função de administrador, mesmo que não executivo, em empresa, pública ou privada, que tenha estado sujeita à sua esfera de competência. Numa eventual próxima revisão constitucional este ponto deveria ser considerado, através de um período de defeso ou de impedimento entre três a cinco anos.

E digo isto porque em Portugal já sucedeu, mais de uma vez, políticos ou ex-políticos acederem rapidamente ao Tribunal Constitucional e, também, rapidamente deixarem de lhe pertencer; um ex-juiz do Tribunal Constitucional tornar-se, ao fim de pouco tempo, dirigente partidário; e, mais grave do que tudo, um juiz renunciar para se tornar Ministro.

A terminar, quero dizer que não se veja nestes reparos uma visão negativa do lugar que, efetivamente, o Tribunal Constitucional, tem ocupado na vida portuguesa desde 1983. A minha visão é largamente positiva sem prejuízo de discordâncias quanto a muitas das decisões. Até na fiscalização preventiva (pela natureza das coisas, poderia acrescentar-se), se em alguns acórdãos se terão vislumbrado conotações político-partidárias, na maior parte das vezes as maiorias quanto à pronúncia no sentido da inconstitucionalidade ou da não inconstitucionalidade têm sido mais amplas do que as que traduziriam as originárias designações parlamentares. A função institucional do juiz tem prevalecido.

Eu fui talvez o primeiro jurista português no já longínquo *Contributo para uma teoria da inconstitucionalidade* de 1968 que sustentou que o futuro da garantia da Constituição estava nos Tribunais Constitucionais e fui o único deputado constituinte, em 1975, que defendi um sistema de Tribunal

Constitucional em vez de um puro e simples controlo judicial difuso. Aquilo que mais desejo é, pois, o reforço e o aperfeiçoamento do nosso Tribunal, em sintonia com a dignidade republicana que os seus juízes, independentemente da forma de designação, têm sempre patenteado.

Votam os magistrados nos processos mais políticos de acordo com as linhas partidárias subjacentes à sua designação?

Manoel Gonçalves Ferreira Filho

Professor Emérito e Titular (aposentado) de Direito Constitucional da Faculdade de Direito da Universidade de São Paulo (USP). Doutor *honoris causa* da Universidade de Lisboa. Presidente do Instituto "Pimenta Bueno" – Associação Brasileira dos Constitucionalistas

Não ouso formular uma resposta cabal. Sem dúvida, a pressuposição generalizada é afirmativa, mas a comprovação é difícil e ocorrem nítidas exceções. Cabe aqui estabelecer uma distinção entre **linha partidária** *stricto sensu* – a linha de um partido – e **linha ideológica** – a convicção do designado. Certamente, a influência da "**linha partidária**" – numa fórmula direta, do partido responsável pela designação – existe e, do ângulo de quem escolhe, é esperada e presumível. É com o que contam os partidos ao nomear jovens... Ela pode, entretanto, ser superficial, e, sobretudo apagar-se com o passar do tempo.

O **peso** dessa influência depende de fatores individuais. Destaquem-se dois: Um é o fator **gratidão**, pois que decorre de tal sentimento, que não é absoluto. Outro, a **concepção** que tem o designado **de sua função ou papel**.

Já a influência das **convicções ideológicas** do designado é certamente mais profunda e duradoura, embora seja também condicionada pelo **grau de intensidade** das mesmas, e, igualmente, pela concepção do papel que há de representar.

Certamente há um **fator institucional** a considerar. Trata-se da **organização do sistema** de controle de constitucionalidade pesa sobre tais influências.

No caso brasileiro, o magistrado passa a integrar um tribunal inserido no Judiciário, teórica e tradicionalmente neutro. Vem a possuir todas as garantias dos juízes, especialmente a vitaliciedade – o que o liberta de preocupações com o futuro. Isto parece atenuar a vinculação do magistrado à linha partidária que o escolheu, embora esta vitaliciedade possa ter efeito perverso, fazendo perdurar linhas que feneceram.

No modelo dito "europeu" – o da justiça constitucional – talvez não seja esse o caso, em vista da transitoriedade do período de função. Ou seja, naquele modelo, o designado pode sentir-se mais livre de seguir o partido do que neste último. Ou seja, **não há resposta** certa, que se possa formular em termos absolutos. Há expectativas e possibilidades. Portanto, probabilidades e riscos.

Aos aspectos estruturais, ou substanciais, examinados, cabe acrescentar um outro, de ordem acidental ou conjuntural. Trata-se do fenômeno contemporâneo de que os órgãos jurisdicionais, particularmente os que examinam questões de reflexo político, se tornaram foco mediático. Isto introduz, ao menos no Brasil, uma pressão sobre os juízes em prol do que é, para os meios de comunicação, o correto.

Esta pressão, determinada pelos interesses de audiência e convicções dos que as controlam, concorre com a influência da linha partidária e ideológica, numa medida que é difícil de precisar, mas que não pode ser ignorada. De fato, ela forma a opinião pública que, a seu turno, pesa sobre os magistrados.

De modo global, talvez seja esta pressão mais grave do que o vínculo com o grupo que escolheu o magistrado.

O Tribunal Constitucional e o desempenho das funções estranhas ao controlo de constitucionalidade das leis

Maria Lúcia Amaral
Professora da Faculdade de Direito da Universidade Nova de Lisboa
e Juíza-Conselheira do Tribunal Constitucional Português

I. Enquadramento

Quando, em 1928, Kelsen apresenta a instituição que deverá levar a cabo, em seu entender, a garantia jurisdicional da Constituição – instituição já operante na Áustria desde 1920 – uma das expressões que é mais usada é a *da garantia da regularidade*. Garantir a regularidade do exercício de certas funções e de certos procedimentos: eis para que nascia, segundo Kelsen, o Tribunal Constitucional. Aliás, o famoso ensaio intitulado "A Justiça Constitucional" começa assim: "A garantia jurisdicional da constituição – isto é, a justiça constitucional – pertence ao sistema de meios técnicos destinados a assegurar o exercício regular das funções do Estado". Para Kelsen, esta necessidade – de erigir meios técnicos, destinados a assegurar o regular exercício das funções do Estado – encontrava a sua razão de ser na própria natureza da democracia. A existência de instituições de controlo jurídico – dos atos, *lato sensu*, de poder político – era, segundo ele, condição necessária da existência de uma república democrática.

Nesta ordem de ideias, era fácil imaginar a configuração de dois tipos completamente diferentes de competências que fossem atribuídas aos

Tribunais Constitucionais: as competências de controlo da constitucionalidade das normas – pelas quais se asseguraria a regularidade do processo democrático no seu âmago, garantindo uma proteção eficaz das minorias em relação à vontade de maiorias conjunturais – e outras competências, destinadas a assegurar a regularidade dos demais procedimentos democráticos. Neste último grupo de competências, contar-se-iam, não as funções do controlo de constitucionalidade de normas, mas outras funções, como, por exemplo, as relativas a partidos políticos ou a mandatos dos titulares dos órgãos de poderes.

Kelsen nunca falou delas. Mas é ainda de forma fiel aos seus postulados e à sua ideia original – a de que os Tribunais Constitucionais são os garantes da preservação regular da democracia – que o artigo 223º da Constituição portuguesa distingue dois grandes tipos de competências que são atribuídas ao Tribunal: as relativas à "apreciação da constitucionalidade e da legalidade das normas" e as *outras competências,* que, no geral (a Constituição não o diz, mas podemos nós dizê-lo) *se destinam a garantir a regularidade dos procedimentos democráticos.*

É deste segundo tipo de competências que vou falar. E vou fazê-lo numa perspetiva crítica: se bem que a sua atribuição, pela Constituição e pela lei, estivesse ainda incluída naquilo a que se pode chamar a "vocação natural" dos Tribunais Constitucionais, décadas de aplicação prática possibilitam-nos hoje (ou impõem-nos hoje) a tarefa de fazer o seu balanço crítico. Vou proceder da seguinte maneira:

Em primeiro lugar, descrevê-las-ei, tal como elas decorrem da Constituição e da lei; em segundo lugar, apreciarei a forma concreta como absorvem a atividade do Tribunal.

II. A descrição das competências
As competências que detém o Tribunal Constitucional português e que não são de controlo de constitucionalidade de normas (chamemos-lhe por agora, sem compromisso, *competências não nucleares*) estão definidas no nº 2 do artigo 223º da Constituição e nos artigos 7º a 11º-A da Lei do Tribunal Constitucional.

Podem agrupar-se em 5 tipos fundamentais:

1º Competências relativas aos mandatos de titulares de órgãos de poder político, mais exatamente, ao mandato do Presidente da República, e dos deputados às Assembleias da República e das Regiões;

2º Competências relativas aos processos eleitorais em todas as eleições – eleição do Presidente da República, do Parlamento Europeu, do Parlamento nacional, dos Parlamentos regionais e dos órgãos de poder local;

3º Competências relativas aos referendos, nacionais e locais;

4º Competências relativas a partidos políticos;

5º Competências relativas às declarações de rendimentos e de incompatibilidades de titulares de cargos públicos.

Tentarei, em relação a cada um destes tipos, resumir os traços essenciais do seu regime a procurar a razão de ser da sua atribuição ao Tribunal.

1º – Competências relativas aos mandatos de titulares de órgãos de poder político

Estas competências exercem-se quer quanto ao mandato do Presidente da República quer quanto aos mandatos dos deputados aos Parlamentos nacional e regionais.

Como o Presidente da República, em Portugal, é eleito diretamente, só responde perante o povo e nunca perante qualquer outro órgão de poder, a Constituição fixa as circunstâncias que podem determinar a cessação do mandato presidencial antes do seu termo "natural", que corresponde a um quinquénio. E essas circunstâncias são três: i) a morte ou a impossibilidade física permanente; ii) a condenação por crime praticado no exercício de funções (iii) a ausência do território nacional sem autorização do Parlamento. Em todos estes casos, e nos termos de um processo exaustivamente regulado nos artigos 86º a 91º da Lei do Tribunal Constitucional, cabe ao Tribunal *verificar e declarar*: verificar a morte e declarar a vagatura do cargo; verificar a impossibilidade física permanente do Presidente e, do mesmo modo, declarar a vagatura do cargo; verificar a perda do cargo por ausência indevida do território nacional; declarar a destituição do cargo por condenação (pelo Supremo Tribunal de Justiça) por crime praticado no exercício de funções.

É de algum modo "natural" esta competência certificativa do Tribunal, em que o que se faz é apenas justamente isso – certificar o termo do um mandato que só pode ocorrer nestas circunstâncias precisas.

Diversa é a natureza da competência do Tribunal quanto aos mandatos dos deputados, nacionais ou regionais.

Aí, o Tribunal julga através de recurso: da deliberação do Parlamento nacional ou regional que declare perdido o mandato do deputado, cabe recurso para o Tribunal, que pode ser interposto pelo deputado em causa, por um grupo parlamentar ou por um mínimo de dez deputados às Assembleias. O recurso, a interpor num prazo de 5 dias a partir a contar da deliberação da Assembleia, pode fundar-se em violação da Constituição, da Lei, ou do regimento parlamentar.

Próxima desta competência, que pode ser qualificada como relativa ao *contencioso parlamentar*, está ainda aquela outra, que o Tribunal também detém, de conhecer de recursos relativos a eleições realizadas nas Assembleias (da República ou regionais), a interpor por qualquer deputado no prazo de cinco dias a contar do dia da eleição, com fundamento em violação de lei ou de regulamento.

Estas competências do Tribunal no domínio do *contencioso parlamentar* – em relação a eleições realizadas nas Assembleias ou a perda de mandato de deputado – aparecem de algum modo como consequência das largas funções que o Tribunal detém em matéria eleitoral. Em Portugal, o Tribunal Constitucional é, também, Tribunal eleitoral.

2º – Competências relativas aos processos eleitorais em todas as eleições

Diz a Constituição, no nº 2 do artigo 223º, que compete ao Tribunal Constitucional "julgar em última instância a regularidade e validade dos atos de processo eleitoral, nos termos da lei". Aqui, a "lei", é tanto a Lei do Tribunal Constitucional, que se refere à "competência relativa a processos eleitorais" no artigo 8º – e, depois, nos artigos 92º a 102º-D – quanto as diversas leis eleitorais pertinentes (na ausência de um Código Eleitoral, há uma lei que rege cada processo eleitoral), que, em harmonia com o disposto pela Lei do Tribunal Constitucional, fixam a intervenção do Tribunal nesta matéria.

Vou tentar resumir brevemente os traços gerais desta larga intervenção.

O primeiro traço a salientar é este: o Tribunal intervém, pelo menos como Tribunal de última instância (e, veremos, que em algumas casos, não apenas como isso) em *todos os atos eleitorais*: na eleição para o Presidente da República, para os deputados ao Parlamento Europeu, à Assembleia da República, e às Assembleias Legislativas Regionais e ainda para os titulares de órgãos de poder local.

Depois, o segundo traço a salientar é o seguinte. Nas duas primeiras eleições – na eleição para o Presidente da República e para o Parlamento Europeu –, como existe apenas um único círculo eleitoral em todo o território nacional, o Tribunal Constitucional funciona como "juiz de círculo", exercendo as funções não contenciosas que nas restantes eleições são atribuídas aos juízes de comarca. É, na verdade, o Tribunal (em seção) que *recebe* e *admite* as candidaturas. Das decisões tomadas em seção cabe recurso para o Plenário.

Depois, nestas como em todas as restantes eleições – para a Asssembleia da República, para as Assembleias Legislativas Regionais e para os órgãos do poder local – o Tribunal é (como diz a Constituição) o juiz de última instância em todas as fases do procedimento eleitoral: na fase de apresentação de candidaturas, na fase de votação e na fase de apuramento. Além do mais, é ainda competente para conhecer de recursos interpostos de deliberações da Comissão nacional de Eleições. Todos estes processos são, evidentemente e pela sua natureza, processos urgentes, devendo o Tribunal decidir em prazos muito curtos (de 1 a três dias, consoante os casos).

Isto, nas eleições propriamente ditas. Nos processos referendários a intervenção do Tribunal é semelhante: as leis do referendo atribuem ao Tribunal a competência para o julgamento em última instância de recursos relativos à formação da assembleia de voto ou relativos às fases de votação e apuramento.

Como explicar a atribuição, ao Tribunal, destas vastas competências em matéria eleitoral? Creio que há, antes do mais, razões históricas para tal. No início de vigência da Constituição – mesmo após a 1ª revisão constitucional, com a criação do Tribunal – eram ainda *tarefas constitucionais,* no pleno sentido do termo, as de garantia da legalidade dos procedimentos eleitorais. Tal é próprio de democracias em consolidação. O Tribunal Constitucional parecia oferecer todas as condições para que tal garantia viesse a ser cumprida. Não apenas pela sua "natureza", ou seja, pela sua "natural vocação", de que acima demos conta, para ser o *garante da regularidade dos procedimentos democráticos,* mas também pela possibilidade que, com ele se tinha, de concentrar numa só instância (e não nas últimas instâncias comuns e/ou administrativas) a jurisprudência final sobre todas estas matérias, que assim seria uniforme. Questão diversa, de que adiante trataremos, é a de saber se ainda hoje pode valer nos mesmos termos esta justificação.

3º – Competências em matéria de referendos nacionais, regionais e locais

Já se viu atrás que, em Portugal, a expressão da vontade popular se não faz apenas através da escolha dos titulares dos órgãos eletivos do poder.

Faz-se também através de referendo, que pode ser nacional, regional ou local. O Tribunal intervém, nos processos referendários, desde logo como tribunal eleitoral: já atrás o vimos, quanto ao contencioso de formação de assembleias de voto e de apuramento.

Mas, para além disso (e sobretudo), intervém como *garante da regularidade do procedimento referendário* deste modo: a Constituição impõe (artigo 115º) que, antes que o referendo seja convocado pelo Presidente da República, o Tribunal verifique a constitucionalidade e a legalidade da sua realização. Tal implica verificar, não apenas se se encontram perfeitos todos os limites de ordem formal e procedimental que a Constituição e a lei impõem ao processo referendário, como verificar se, pelo seu próprio conteúdo, a pergunta referendária *pode ser colocada aos portugueses*. Caso o Tribunal conclua negativamente, o referendo não poderá ser convocado.

4º – Competências relativas a partidos políticos

Em direito português, a vocação que o Tribunal detém para ser o garante da *regularidade dos procedimentos democráticos* exprime-se de modo particularmente claro no acervo de competências que exerce relativas a partidos políticos – que são, no nosso como noutros ordenamentos, associações de génese privada mas com um estatuto constitucional próprio: nomeadamente, detêm o monopólio da apresentação de candidaturas nas eleições para a Assembleia da República.

Agruparei estas competências, relativas a partidos, que são vastas, em três categorias:

Competências quanto à "constituição" e "extinção" dos partidos existentes. Ao Tribunal compete verificar a legalidade da constituição dos partidos e das suas coligações, apreciar a legalidade das suas denominações, siglas e símbolos, e ordenar a sua extinção, nos termos da Constituição e da lei. De notar que ao Tribunal compete ainda declarar que uma certa organização perfilha a ideologia fascista (ideologia proibida, nos termos da Constituição), e decretar a sua consequente extinção.

Competências quanto ao controlo do financiamento dos partidos políticos existentes e registados. Os modos de financiamento dos partidos políticos são definidos por lei de 2003, que (i) distingue entre os modos de financiamentos que são permitidos e que são proibidos; (ii) consagra o dever geral de apresentação de contas dos partidos políticos e das campanhas eleitorais; (iii) define os deveres que os partidos e as campanhas devem cumprir quanto à elaboração das suas contas; (iv) determina as sanções (contraordenacionais) aplicáveis pelo incumprimento de cada dever. Pois bem: nos termos da lei (que não da Constituição: esta é uma competência que é atribuída ao Tribunal exclusivamente pelo legislador ordinário) cabe-lhe *apreciar a regularidade e a legalidade das contas dos partidos políticos e aplicar as respetivas sanções*. No exercício desta competência, o Tribunal é coadjuvado tecnicamente pela Entidade do Financiamento e Contas dos Partidos Políticos.

Competências quanto a eleições e deliberações de órgãos dos partidos políticos. A Constituição, no artigo 51º, determina que os partidos, na sua vida interna, se devem reger pelos princípios da transparência, da organização e da gestão democráticas e da participação de todos os seus membros. Assim, consequentemente, é ao Tribunal Constitucional que a Constituição atribui a competência para julgar as ações de impugnação de eleições de titulares de órgãos de partidos políticos, interpostas por qualquer militante que na eleição em causa seja eleitor ou candidato, por violação da Constituição, da lei, ou dos estatutos partidários. Do mesmo modo, é o Tribunal competente (também aqui, por atribuição constitucional) para julgar ações de impugnação de deliberações partidárias, também com os mesmos fundamentos.

5º – Competências relativas às declarações de rendimentos e de incompatibilidades de titulares de cargos públicos

Finalmente, o quinto grande tipo de competências. Também por exclusiva atribuição legal (que a Constituição permite, ao abrigo da cláusula aberta constante do nº 3 do artigo 223º: *compete ainda ao Tribunal Constitucional exercer as demais competências que lhe sejam atribuídas por lei*) é o Tribunal competente para receber as declarações de património e rendimentos dos titulares de cargos políticos, bem como as suas declarações de incompatibilidades e de impedimentos, tomando sobre estas matérias, as decisões que a lei preveja.

III. Balanço crítico

Que dizer de todas estas competências, vastas e heterogéneas, que são atribuídas pela Constituição e pela lei ao Tribunal Constitucional português, e que são competências estranhas à "justiça constitucional" propriamente dita, ou seja, ao controlo da constitucionalidade das normas?

LEGITIMIDADE, FUNÇÕES E INDEPENDÊNCIA DA JUSTIÇA CONSTITUCIONAL

Em tese, e como comecei por dizer, a atribuição de todas estas competências poder-se-á ainda compreender por ser o Tribunal, na sua essência, o garante da regularidade dos procedimentos democráticos E, na verdade, embora heterogéneas, todas estas competências terão de algum modo, e em última instância, que ver precisamente com isso: com a necessidade de garantir que o procedimento democrático, latamente entendido, se desenrole regularmente, isto é, de acordo com as suas regras. Será esta, em última análise, a razão de ser da atribuição ao Tribunal de competências em matéria e processo de contencioso eleitoral, ou da atribuição ao Tribunal de competências em matéria de partidos políticos, mormente quanto ao controlo do seu financiamento.

Mas uma coisa é encontrar, em tese, uma justificação, e outra a de fazer o balanço prático da atribuição destas competências ao Tribunal, sobretudo se se tiver em conta o sistema geral de controlo da constitucionalidade de normas. Como se sabe, neste domínio, o Tribunal português encontra-se na encruzilhada de várias e diferentes tradições. À semelhança do que sucede com a tradição francesa, detém competências de controlo prévio de normas; à semelhança do que sucede com a tradição austríaca, detém competências de controlo normativo sucessivo abstrato; à semelhança do que sucede com a tradição americana, julga recursos interpostos de decisões de todos os demais tribunais relativas a questões de constitucionalidade. Pense-se o que se pensar sobre este sistema de controlo normativo, o que é fato é que é ele que constitui o cerne da razão de ser do Tribunal Constitucional. Em Portugal, contudo, este cerne convive com um vasto acervo de competências que lhe são estranhas, e que, na sua vastidão, consomem parte significativa do tempo do Tribunal.

Dou, para ilustrar, o exemplo do ano de 2009. Dos 659 acórdãos proferidos, 123 foram relativos a matérias correspondentes a competências não nucleares do Tribunal (desde contencioso eleitoral a financiamento de partidos políticos, *i.a.*).

As razões que levam a Constituição e a lei a sobrecarregar o Tribunal com estas competências – chamemos-lhe assim – *não nucleares* – são muito diversas entre si. Tomemos dois tipos de competências que se mostram particularmente exigentes, não apenas por serem as que, porventura, mais longe estarão do núcleo essencial de funções que o Tribunal deve exercer, mas também por consumirem parte significativa do seu tempo, como acima se demonstrou: as competências relativas a processos eleitorais e as competências relativas ao controlo do financiamento dos partidos políticos. Não é por acaso que estas competências foram conferidas ao Tribunal em momentos muito diferentes da sua história. As relativas aos processos eleitorais existem desde a sua fundação; as relativas ao financiamento dos partidos políticos foram sendo crescentemente definidas pelo legislador ordinário desde os finais da década de 1990. Já compreendemos por que razão, no início de funcionamento do Tribunal, parecia importante conferir-lhe competências em matéria de contencioso eleitoral: numa democracia pouco consolidada, em que a necessidade de garantir a regularidade das eleições surge ainda como *tema constitucional*, a vocação do Tribunal para assumir este encargo poderia parecer uma coisa *natural*. Trinta anos depois, a justificação pode requerer alguma revisão crítica.

E por que razão se veio a conferir mais tarde ao Tribunal a competência para o controlo do financiamento dos partidos políticos, [ou para o controlo das declarações de rendimentos dos titulares de cargos políticos]? Está por fazer – e eu não tive tempo para colmatar essa falha, agora – uma análise de direito comparado, neste domínio. Mas, tanto quanto sei, não é frequente a atribuição, noutros lugares, de competência similar a outros tribunais constitucionais. Por detrás dela estará uma preocupação compreensível: como se pretende aqui evitar os descaminhos das subvenções públicas, e, em geral, a deterioração das relações sãs ente partidos políticos, titulares de cargos públicos e sociedade, pensa-se que o Tribunal Constitucional – ainda na sua velha qualidade de *garante natural do funcionamento regular da democracia* – serve, também naturalmente, para estas "funções". Mas não haverá que repensar esta tese, face ao prejuízo que, para o bom exercício das funções nucleares do Tribunal, dela (ou da sua aplicação prática) inevitavelmente decorre?

Fundamentos da forma de designação dos ministros do Supremo Tribunal Federal

Paulo Casseb

Doutor e Mestre em Direito pela Faculdade de Direito da Universidade de São Paulo (USP). Juiz do Tribunal de Justiça Militar do Estado de São Paulo. Professor Titular de Direito Constitucional dos Cursos de Mestrado e Graduação da Faculdade de Direito das Faculdades Metropolitanas Unidas (FMU), em São Paulo

Na evolução histórica da hierarquia judicial no Brasil verifica-se a presença dos Tribunais de Relação já nos séculos XVII e XVIII. A primeira Relação foi a da Bahia, instalada no séc. XVII e a Relação do Rio de Janeiro, no séc. XVIII. À época, das decisões desses Tribunais cabia recurso para a Casa de Suplicação de Lisboa.

Com a chegada da família real portuguesa ao Brasil instituiu-se a Casa de Suplicação do Rio de Janeiro, composta por 17 juízes efetivos e 6 substitutos, com competência cível e criminal. Esta Corte foi considerada por alguns autores como uma espécie de Supremo Tribunal[1].

Pouco depois da proclamação da independência, a Constituição Imperial de 1824 contemplou, no topo da estrutura judiciária brasileira, o Supremo Tribunal de Justiça. Interessante notar que João Camillo de Oliveira Torres[2] detectou nessa previsão constitucional uma discreta influência norte-americana.

[1] V. FRANCO, Afonso Arinos de Melo. Algumas Instituições Políticas no Brasil e Nos Estados Unidos. Rio de Janeiro: Forense, 1975, p. 143.

[2] TORRES, João Camillo de Oliveira. *A Democracia Coroada*. Rio de Janeiro: José Olympio, 1957, p. 251.

Esse Supremo Tribunal compunha-se de 17 membros denominados Conselheiros que gozavam da garantia da vitaliciedade. Recebiam o ordenado de 4 contos e a gratificação de 2 contos[3]. Eram nomeados entre os membros das Relações, por ordem de antiguidade e estavam impedidos de exercer funções públicas de qualquer natureza, salvo mandato legislativo.

Pimenta Bueno[4] definiu esta Corte como "uma instituição mista de caráter político e judiciário, e em que o primeiro predomina mais, por isso mesmo que é o que mais garantias oferece à ordem social". Segundo o jurista, a criação desse Tribunal resultou do reconhecimento da necessidade de um órgão imbuído da "alta missão não de ser uma terceira instância, sim de exercer uma elevada vigilância, uma poderosa inspeção e autoridade, que defendesse a <u>lei em tese</u>, que fizesse respeitar o seu império, o seu preceito abstrato, indefinido, sem se envolver na questão privada, ou interesse das partes, embora pudesse ou não aproveitar a elas por via de consequência. A sua missão direta e fundamental devia dirigir-se a reconduzir os tribunais ao sagrado respeito da lei, à pureza e uniformidade de sua aplicação, a obedecê-la religiosamente". Teria, então, missão mais política do que judicial e constituiria a "inspeção viva, o guarda das leis na ordem judiciária; é o juiz dos juízes, o censor das sentenças, o defensor do império e pureza da lei no sentido do interesse público".

Devido a essas considerações de Pimenta Bueno, João Camillo de O. Torres[5] comentou que o Marquês de São Vicente voltou-se mais ao ideal americano de Supremo Tribunal, como órgão controlador da vida jurídica do país, do que para o tipo inglês da Câmara dos Lordes funcionando como Tribunal. Diz ainda que Pimenta Bueno não se referiu explicitamente ao controle de constitucionalidade, pois, em razão do caráter plástico da Constituição Imperial, o problema não se colocava muito agudamente.

A lei de 1828 que implementou o Supremo Tribunal especificou que esta Corte somente atuaria com função de órgão revisor nas hipóteses de "manifesta nulidade ou injustiça notória nas sentenças proferidas em todos os juízos em última instância" (artigo 6º).

---

[3] Op. cit., p. 252.

[4] BUENO, José Antonio Pimenta. *Direito Público Brasileiro e Análise da Constituição do Império*. Rio de Janeiro: Ministério da Justiça e Negócios Interiores – Serviço de Documentação, 1958, pp. 334 e 336.

[5] Op. cit., p. 251.

Esse dispositivo legal motivou Pimenta Bueno[6] a precisar o papel do Supremo Tribunal, asseverando que os recursos chegariam a esta Corte não nos casos em que o ato do juiz alcançasse apenas interesses particulares e sim, ao atingir diretamente a autoridade das leis, rebelando-se contra elas, ameaçando a ordem social e golpeando a fé que deve haver no poder público e na observância do direito.

Guardadas as devidas proporções, visualiza-se nessa configuração do papel da Corte Suprema imperial uma nítida semente do que hoje denomina-se repercussão geral em recurso extraordinário e refletia o que já havia na Suprema Corte dos EUA (*writ of certiorari*).

É interessante observar que, se já estava patente o caráter político do Supremo Tribunal durante o Império, antes mesmo da adoção do controle judicial de constitucionalidade, o que dizer então da Corte Suprema após a proclamação da República, especialmente a partir da introdução no Brasil do controle judicial.

Com a proclamação da República a influência das instituições dos Estados Unidos no Brasil tornou-se marcante, inclusive na organização da nossa Suprema Corte. Após a instauração da República criou-se o Supremo Tribunal Federal como o sucessor do Supremo Tribunal de Justiça do Império, mediante o Decreto nº 848 de 11 de outubro de 1890. Diga-se de passagem, esse decreto representou, oficialmente, a inspiração brasileira nas instituições dos EUA, imprimindo essa influência, expressamente, no direito positivo republicano.

Tal Decreto, ao estabelecer a organização da justiça federal prescreveu, no seu artigo 387, que "os estatutos dos povos cultos, especialmente os que regem as relações jurídicas na República dos Estados Unidos da América do Norte, os casos de *common law* e *equity* serão subsidiários da jurisprudência e processo federal".

Como afirmou Ruy Barbosa[7], com a República *"nossa lâmpada de segurança será o direito americano"* e a Constituição brasileira de 1891 foi filha dele. Ao referir-se ao Decreto 848, disse que *"a própria lei nos pôs nas mãos desse foco luminoso".*

---

[6] Op. cit., p. 336.

[7] BARBOSA, Ruy. *A Constituição e os Actos Inconstitucionais.* 2ª Ed. Rio de Janeiro: Flores & Mano, s.a., p. 18.

LEGITIMIDADE, FUNÇÕES E INDEPENDÊNCIA DA JUSTIÇA CONSTITUCIONAL

Idêntica influência deu-se quanto ao sistema de designação dos membros do STF, que tomou por base o modelo da Suprema Corte dos EUA, qual seja, o da nomeação pelo Presidente da República mediante aprovação pelo Senado.

Estatui a Constituição dos EUA que o Presidente da República nomeará os juízes da Suprema Corte, mediante a aprovação do Senado. A definição da quantidade de membros coube à legislação infraconstitucional e gozam de vitaliciedade, pois a própria CF pontua que eles exercerão o cargo enquanto "bem servirem" a nação. É o Presidente da República quem escolhe o Presidente da Corte.

Com algumas variações, tomamos por base esse modelo nas Constituições republicanas, como se depreende da disciplina da matéria extraída do Ordenamento Supremo de 1988.

A vigente Constituição manteve a tradição brasileira de situar o STF como órgão de cúpula do Poder Judiciário, definindo sua composição com 11 Ministros. Segundo Pontes de Miranda[8], a fixação constitucional da quantidade de membros da Corte *"evita que, por interesses ocasionais de partidos, ou para satisfação de ambições açodadas, ou prêmios a Ministros de Estado que vão deixar os cargos, ou mediocridades palacianas, se eleve, ou, para obtenção de votos ou de maiorias seguras, se diminua (...) temeu-se no Brasil que interesses políticos, favoritismo e necessidades ocasionais de maioria levassem a mudanças e diminuições do número de membros do mais alto tribunal"*.

São requisitos para nomeação desses Ministros:

a) Nacionalidade brasileira, na condição de nato (artigo 12, §3º, IV, CF).

b) Pleno exercício dos direitos políticos, pois o artigo 101, CF, restringe a escolha entre "cidadãos".

c) Idade superior a 35 anos e inferior a 65 anos. A previsão de idade máxima decorre do receio de permanência no cargo por curtos períodos, evitando-se aposentadorias-prêmios. Ademais, a permanência por pouco tempo na Corte também prejudica a uniformização da jurisprudência do Tribunal.

d) Ilibada reputação. A aferição desse requisito depende exclusivamente de análise pautada na razoabilidade.

---

[8] PONTES DE MIRANDA, Francisco Cavalcanti. *Comentários à Constituição de 1967 com a Emenda nº 1 de 1969*. 2ª ed. São Paulo: RT, 1970, tomo IV, pp. 4 e 5.

e) Notável saber jurídico. Esse requisito gerou curiosa controvérsia à época da vigência da primeira Constituição republicana, na qual o termo "jurídico" não constava explicitamente ao lado da expressão "notável saber".

A Lei Maior de 1891 (artigo 56) previa que seriam 15 os membros da Corte, nomeados "dentre os cidadãos de notável saber e reputação, elegíveis para o senado".

O requisito "notável saber", genericamente redigido, sem a especificação do saber jurídico, levou o Presidente Marechal Floriano a nomear para o STF um médico (o famoso pediatra e professor de medicina Cândido Barata Ribeiro) e dois generais (Galvão de Queiroz e Ewerton Quadros)[9]. O caso foi debatido no Senado e a Comissão de Justiça e Legislação desta Casa aprovou parecer, cujo relator foi o senador João Barbalho Uchôa Cavalcanti[10] (que mais tarde integraria o STF), segundo o qual o requisito notório saber refere-se especificamente à habilitação científica em alto grau nas matérias sobre as quais a Corte deveria pronunciar-se, o que pressupõe que devam ser jurisconsultos; que mentiria a instituição e seus fins, se se pudesse entender que o sentido daquela expressão "notável saber", referindo-se a outros ramos de conhecimentos humanos independesse dos que dizem respeito à ciência jurídica, pois que isso daria cabimento ao absurdo de compor-se um tribunal judiciário, via de regra de astrônomos, químicos, arquitetos, entre outros, sem se inquirir da habilitação em direito.

Ficou assentada a inteligência desse requisito constitucional no sentido de que não era necessário título acadêmico, mas bacharelado em direito. Esse parecer foi aprovado, em sessão secreta, pelo plenário do Senado em 24 de setembro de 1894, o que provocou a rejeição das nomeações do médico e dos generais.

f) Nomeação pelo Presidente da República após aprovação pela maioria absoluta do Senado. Vale lembrar que, sob a égide da Constituição de 1891, primeiro havia a consumação da nomeação pelo Presidente da República e a deliberação senatorial ocorria *a posteiori*. Posteriormente é que se esta-

---

[9] O médico Cândido Barata Ribeiro tomou posse e exerceu as atribuições de Ministro do STF durante o período de 25.11.1893 a 29.09.1894, até a anulação de sua nomeação pelo Senado Federal. Já os generais designados, Galvão de Queiroz e Ewerton Quadros, não chegaram a tomar posse.

[10] CAVALCANTI, João Barbalho Uchôa. *Comentários à Constituição de 1891*. Edição fac-similar. Brasília: Senado Federal, 1992, pp. 230 e 231.

LEGITIMIDADE, FUNÇÕES E INDEPENDÊNCIA DA JUSTIÇA CONSTITUCIONAL

beleceu o modelo ainda hoje vigente, de nomeação presidencial posterior à aprovação do nome pelo Senado Federal.

Alguns autores como Newton Tavares Filho[11] entendem que esse requisito compreende ato administrativo complexo e discricionário. "Complexo" por envolver dois órgãos e "discricionário" haja vista que a escolha presidencial é livre, bastando respeitar os poucos requisitos acima elencados.

Note-se que, no sistema constitucional brasileiro, a chancela senatorial é objeto de reserva legal aberta, conforme pontuou o STF[12], ou seja, pode ser estendida a outros cargos. Diga-se de passagem, o mesmo ocorre nos EUA, conforme aponta Arthur S. Miller[13].

O procedimento regimental é simples. A mensagem presidencial deve conter amplos esclarecimentos sobre o candidato e seu *curriculum vitae*. Remetida a mensagem à comissão parlamentar competente (Comissão de Constituição Justiça e Cidadania – CCJC) o candidato será convocado para arguição pública sobre questões pertinentes ao cargo que será ocupado. A Comissão poderá requisitar informações complementares ao Presidente e, segundo o Regimento Interno do Senado, promover investigações sobre os indicados. Tecerá um parecer anotando a aprovação ou rejeição do candidato, peça esta remetida ao Plenário da Casa para apreciação. No Plenário, em sessão pública, mas mediante votação secreta, haverá a deliberação do Senado, que não está obrigado a fundamentar a decisão.

As razões desse mecanismo de escolha conjugada, envolvendo Presidente da República e Senado, merecem ser analisadas, afinal constitui atualmente o centro das discussões e propostas de reforma constitucional relacionadas ao Supremo Tribunal Federal.

Como nos inspiramos no modelo estadunidense, cumpre consignar aqui os fundamentos da opção norte-americana, os quais mereceram precisa análise de Hamilton, na obra O Federalista. O autor sustenta que não há forma mais judiciosa de composição de cargos públicos do que a estabelecida para a Suprema Corte, com o mecanismo de proposição

---

[11] TAVARES FILHO, Newton. *Democratização do Processo de Nomeação dos Ministros do Supremo Tribunal Federal.* Biblioteca digital da Câmara dos Deputados, p. 5.

[12] ADI 3289 e ADI 3290, 05.05.2005.

[13] MILLER, Arthur S. *Presidential Power.* St. Paul: West Publishing CO., 1977, p. 42.

presidencial do nome, consentimento do Senado e nomeação pelo Chefe do Executivo[14].

De acordo com Hamilton, a fixação da competência do Presidente para a nomeação dos membros desses cargos faz com que "sempre haja uma grande probabilidade de conseguir que ocupe o posto um homem de mérito, ou ao menos digno de respeito. Partindo dessa premissa, se estabelece a regra de que um homem de bom juízo [o Presidente] está mais capacitado para analisar e valorar as qualidades peculiares convenientes aos distintos cargos, do que um colegiado de homens de igual ou até mesmo de melhor critério que ele [o Presidente]".

E prossegue[15]: "*a responsabilidade única e indivisa atribuída a apenas um homem dará naturalmente como resultado um sentido mais vivo do dever e um cuidado mais apurado com sua reputação. Por isso se sentirá mais fortemente obrigado e terá mais interesse em apurar de forma mais detida as qualidades necessárias para os postos que devem ser preenchidos, e imparcialmente preferirá aquelas pessoas que, por justiça, mereçam os cargos. Terá menos comprometimentos pessoais a satisfazer do que um colegiado, cujos membros individualmente terão seus comprometimentos pessoais... Um homem bem intencionado [o Presidente]...não é vítima da confusão e da desorientação que frequentemente são detectadas nas decisões de entidades coletivas, como consequência da diversidade de opiniões, sentimentos e interesses que as perturbam e desviam*".

Assevera, ainda, que "*nada há tão propenso a agitar as paixões humanas do que as considerações de caráter pessoal... Por isso, sempre que se atribui o poder de nomeações a assembleias, devemos estar preparados para ver, em plena ação, todas as simpatias e antipatias, os antagonismos e preferências, as afixações e animosidades, tanto particulares como de partido, que exprimem os distintos componentes da assembleia. A escolha feita nessas condições representará o resultado de uma vitória obtida por um partido sobre outro ou de uma transação entre ambos. Nos dois casos, via de regra, os méritos dos escolhidos passarão desapercebidos. No primeiro caso (vitória de um partido sobre os outros), as condições que permitem reunir o quorum necessário se destacam mais do que a capacidade da pessoa escolhida. No segundo caso (transação entre partidos), a coalisão dependerá ordinariamente da obtenção de uma troca de interesses: dá-nos a este posto o homem que queremos*

---

[14] HAMILTON, A., MADISON, J. e JAY, J. *El Federalista*, Trad. de Gustavo R. Velasco. México: Fondo de Cultura Económica, 1994, p. 322.

[15] Op. cit., p. 323.

LEGITIMIDADE, FUNÇÕES E INDEPENDÊNCIA DA JUSTIÇA CONSTITUCIONAL

e tereis quem desejais para outro... Raras vezes teremos que o benefício do serviço público seja o objetivo primordial das vitórias do partidos e das negociações que celebram".

Hamilton[16] completa lançando a seguinte questão: mas nesse modelo posto, o nome indicado pelo Presidente não poderia ser rejeitado pelo Senado? Esse fato não arruinaria as vantagens da designação presidencial dos componentes da Corte? O autor responde as indagações admitindo que o nome proposto pode ser rechaçado, mas sublinha que isso simplesmente ensejaria nova indicação presidencial. Cedo ou tarde, a pessoa contemplada haverá de ser, de todo modo, escolhida pelo Presidente, ainda que não seja a que ele preferia em primeiro lugar e adverte: *"tão pouco seria provável que suas indicações fossem rejeitadas com frequência. O Senado não pode ver-se tentado a rejeitar o candidato proposto, devido à preferência que tenha por outra pessoa já que não pode estar seguro de que a indicação futura do Presidente recairá sobre quem a Casa considere mais aceitável. E como sua inconformidade pode lançar certo estigma sobre o indivíduo que rejeitara, caracterizando verdadeiro reproche ao Chefe de Estado, não é provável que o Senado negue seu aval com habitualidade, sem que existam razões especiais e graves para tanto".*

Por outro lado, o reconhecimento de que as rejeições senatoriais seriam raras conduz à indagação sobre a finalidade dessa atuação da Câmara Alta. Hamilton explica que *"a necessidade de sua colaboração terá um efeito considerável, embora em geral pouco visível. Constituirá um excelente freio ao favoritismo presidencial e tenderá, marcadamente, a impedir designações pouco adequadas, feitas no interesse de certas localidades, ou por questões familiares ou com o fim de obter mais popularidade. Tal cooperação senatorial seria fator de estabilidade na administração (...) caso a atribuição de nomeações coubesse exclusivamente a um único homem, mais facilmente ele se deixaria governar por seus interesses e inclinações pessoais do que se estivesse obrigado a submeter o acerto de sua escolha à discussão e resolução de um colegiado distinto e independente e sendo este colegiado um ramo do Legislativo, fazendo com que a possibilidade de fracasso servisse de alicerce poderoso para proceder com cuidado nas suas proposições. O perigo para sua reputação e carreira política com intenções desvirtuadas nas indicações, intenções estas expostas pela Casa Legislativa que teria grande influência na formação da opinião pública, constituiria uma barreira para que o Presidente assim agisse. Teria o Presidente vergonha e temor de propor para os cargos mais importantes pessoas sem mérito*

---

[16] Op. cit., p. 324.

para ocupá-los, indicadas apenas por razões pessoais, como pessoas provenientes de seu Estado-membro"[17].

Quanto à eventual objeção desse modelo sob a alegação de que o Presidente, em razão de seu direito de indicação, exerceria influência decisiva no Senado, o qual poderia adotar uma atitude complacente diante dos propósitos presidenciais, Hamilton[18] afirma que seria um grande equívoco supor a venialidade universal da natureza humana, assim como também uma retidão universal. Embora seja admissível que, ocasionalmente, o Executivo influencie alguns membros do Senado, a hipótese de que poderia comprar habitualmente a integridade de todo o colegiado seria improvável.

Desse modo, é preferível constatar que o Senado constituiria um freio de peso e saudável à conduta do Presidente[19] e *"a culpa de uma proposta inconveniente recairia exclusiva e integralmente sobre o Presidente. A culpa da rejeição de um bom candidato corresponderia apenas ao Senado, agravada pela acusação de ter anulado as boas intenções do Presidente. Triunfando um mau nome, o Executivo por indicá-lo e o Senado por aprová-lo, ambos participariam da desonra da nomeação"*[20].

Ao que parece, a história das nomeações para o STF no Brasil revelam o acerto das considerações de Hamilton. Por um lado verifica-se que o Senado não rejeita as indicações presidenciais, mas por outro lado, é possível atribuir à referenda senatorial a cautela presidencial na escolha dos nomes indicados, com receio de eventual e desonrosa recusa, bem como de macular sua carreira política e reputação decorrente de má indicação à Corte que possui maior visibilidade no país e no exterior.

Quanto à concessão da competência de aprovação das indicações presidenciais ao Senado e não à Câmara dos Deputados, tem-se como fatores primordiais:

a) o fato de que a Casa representativa dos Estados, o Senado, estaria apto a averiguar com mais propriedade se a indicação visou apenas (ou primordialmente) a atender relacionamentos políticos locais, no Estado--membro e base eleitoral do Presidente;

---

[17] Op. cit., pp. 324 e 325.
[18] Op. cit., p. 325.
[19] Op. cit., p. 325.
[20] Op. cit., p. 327.

b) a composição do Senado goza de maior estabilidade em face da maior extensão do mandato de seus membros, fazendo com que a avaliação das indicações fique menos exposta às inconstâncias da Câmara dos Deputados;

c) segundo Hamilton[21], uma Casa tão flutuante e numerosa não é apropriada para o exercício dessa competência. À época, o autor já presumia que a inépcia dessa Casa ficaria patente aos olhos de todos, em virtude da inflação numérica de seus integrantes e *"todas as vantagens da estabilidade, tanto do Executivo como do Senado, seriam anuladas com esse mecanismo"*, sem contar as inúmeras dificuldades de discussão interna e evidente demora que ocorreria no processo de avaliação das indicações.

Embora Hamilton apresente as razões do modelo norte-americano de designação dos membros da Suprema Corte com muita lógica, dando a impressão de que se trata de um processo simples, na realidade, é forçoso reconhecer que, como todo processo político, há grande complexidade no processo não oficial, nas disputas políticas que visam a influenciar as decisões do Presidente e do Senado.

Lawrence Baum[22] relata que, devido à importância das nomeações para a Suprema Corte, são contundentes as tentativas de influenciar os responsáveis pelas designações. Os grupos de pressão mais ativos compreendem: o próprio *staff* do Presidente da República; a ABA (*American Bar Association*); a comunidade jurídica em geral; grupos de interesses não jurídicos; e os próprios membros da Corte Suprema.

É interessante observar que a ABA, entidade equivalente à Ordem dos Advogados do Brasil, possui uma Comissão do Judiciário, composta por quatorze membros, com a finalidade de acompanhar o processo de escolha de juízes para os tribunais em geral. Referida Comissão tem obtido permissão para oferecer recomendações à administração do Presidente, sobre nomes em potencial. Essa Comissão procura classificar os candidatos como "qualificados" ou "não qualificados". Lawrence Baum[23] comenta que os Presidentes e senadores têm sido receptivos com a atuação da ABA, mas apenas para as nomeações aos Tribunais inferiores à Suprema Corte.

---

[21] Op. cit., p. 328.

[22] BAUM, Lawrence. *A Suprema Corte Americana*. Trad. Élcio Cerqueira. Rio de Janeiro: Forense Universitária, 1987, p. 53.

[23] Op. cit., p. 54.

Excepcionalmente é que se verificou, na história dos EUA, consultas prévias à Comissão da ABA, como ocorreu com Nixon e Ford.

Além dessa pressão oriunda de inúmeros setores sociais e governamentais, Lucifredi[24] lembra que tem prevalecido o princípio segundo o qual da Suprema Corte devem fazer parte representantes de todas as seções geográficas dos EUA havendo, também, um consenso de que os diversos componentes da comunidade nacional devem integrar o Tribunal, como afro-descendentes, mulheres e judeus.

No Brasil, palpitam sugestões de alteração dos critérios de designação dos membros do STF, traduzidas em inúmeras propostas de Emenda à Constituição[25]. Atualmente, entre as mais discutidas destaca-se a que propõe a definição de mandato de 11 anos aos membros da Corte, que passariam a ser escolhidos pelo Congresso (3), Câmara dos Deputados (3) e Presidente da República (5).

Outras propostas de Emenda sugerem a manutenção da vitaliciedade, mas objetivam reduzir a interferência política na composição das Cortes Superiores, prevendo reserva de vagas para magistrados, membros do Ministério Público e advogados, com indicação em listas elaboradas pelos respectivos órgãos de classe ou tribunais, a fim de que se estabeleçam regras objetivas para fundamentar a escolha do Executivo.

Há de se constatar que a ideia de reserva de vagas para as três mencionadas carreiras jurídicas pouco acrescentaria ao Pretório Excelso, haja vista que, na prática, já ocorre uma distribuição homogênea das vagas do STF entre elas, como se verifica de sua atual composição, com três Ministros originários do Ministério Público, quatro da magistratura e quatro da advocacia, considerando-se a última atividade profissional por eles desenvolvida antes da nomeação para a Corte.

A hipótese de reserva de vagas geraria outros problemas, sobretudo em relação às carreiras jurídicas não contempladas, inclusive, a de professor

---

[24] LUCIFREDI, Pier Giorgio. *Appunti di Diritto Costituzionale Comparato – Il Sistema Statunitense.* 7ª ed. Milão: Giuffrè, 1997, p. 117. No mesmo sentido expõem HAMON, Francis, TROPER, Michel e BURDEAU, Georges. *Droit Constitutionnel.* 27ª ed. Paris: Librairie Générale de Droit et de Jurisprudence, 2001, p. 259.

[25] Destacam-se, em trâmite na Câmara dos Deputados, as propostas de emenda nº 342/09, nº 408/09 e nº 434/09.

universitário (há até mesmo proposta nesse sentido). Aliás, Louis Favoreu[26] comenta que a independência dos professores universitários é maior que a dos magistrados.

Algumas das proposições destacam *quoruns* mais elevados de aprovação dos nomes pelo Senado, como o de três quintos dos membros, com o objetivo de criar-se um consenso mais amplo na Casa, propiciando participação ativa às minorias. Um dos fundamentos dessa medida é o fato de que o *quorum* constitucional de aprovação de Emenda é a maioria qualificada de três quintos. Assim, este mesmo *quorum* deveria ser adotado para a deliberação senatorial que redundaria na nomeação daqueles que, no exercício do controle de constitucionalidade, possuem a prerrogativa de invalidação das leis e atos normativos.

O ponto negativo dessa inovação seria o risco de longa paralisação do processo de escolha até a formação de consenso no Senado. Propugna-se também, em certas propostas, pela substituição do voto secreto pelo aberto, na votação realizada na Câmara Alta, em nome do fortalecimento da transparência e da ampliação da responsabilidade da decisão pelos senadores.

Malgrado as inúmeras propostas de alteração do modelo vigente de escolha dos Ministros do STF, algumas considerações merecem registro, em defesa do sistema brasileiro, que não alija a independência dos nomeados. Apesar da previsão de um modelo de nomeação livre pelas autoridades políticas, a vitaliciedade assegurada aos Ministros mitiga eventuais maus reflexos das designações políticas. A lógica desse mecanismo é: os Presidentes da República e os senadores "passam", enquanto os Ministros "permanecem". Além disso, os integrantes do STF sujeitam-se às mesmas vedações (incompatibilidades) dos demais magistrados (artigo 95, CF).

Fábio Konder Comparato[27], ao sustentar o completo afastamento do Executivo do ato de escolha dos membros do STF, revelou em entrevista que soube que o atual Presidente da República *"reclama quando um ministro do Supremo por ele nomeado vota contra o governo"*. Na realidade, esse testemunho reforça a constatação de que o atual sistema funciona a contento, pois, mesmo diante do descontentamento do Presidente da República, os

---

[26] FAVOREU, Louis. *As Cortes Constitucionais*. Trad. Dunia Marinho Silva. São Paulo: Landy, 2004, p. 29.

[27] http://peleando.net/index.php?p=170, acesso em 23.03.2010.

Ministros por ele nomeados têm votado com independência, ainda que contra os interesses do governo.

É igualmente digno de nota o fato de que há, pelo menos em tese, previsão legal de controle popular do STF, na hipótese de crime de responsabilidade de seus Ministros. Sujeitam-se eles a *impeachment* caso incorram nas seguintes condutas (Lei nº 1079/50):

Alterar, por qualquer forma, exceto pela via do recurso, a decisão ou voto já proferido em sessão do Tribunal;

Proferir julgamento quando, por lei, seja suspeito na causa;

Ser patentemente desidioso no cumprimento dos deveres do cargo;

Proceder de modo incompatível com a honra, dignidade e decoro de suas funções.

O artigo 41, da Lei nº 1079/50, estatui que a apresentação de denúncia, calcada nas práticas acima relacionadas, é facultada a qualquer cidadão. Assim, os cidadãos poderão denunciar os Ministros do STF perante o Senado, inclusive nas hipóteses de condutas enquadradas em tipificações abertas, como comportamento desidioso ou contrário à honra, dignidade e decoro.

Na realidade, percebe-se nas fundamentações das propostas de Emenda à Constituição sobre a matéria ora analisada, que a preocupação central de seus autores é a despolitização da nomeação dos Ministros do STF. O grande problema é que pretendem despolitizar o que, por natureza, é político.

O STF, embora integre o Poder Judiciário constitui, inegavelmente, um Tribunal dotado de atribuições políticas, além das meramente judiciárias. Pedro Calmon[28] já sublinhava que *"no sistema unitário, o supremo tribunal é um órgão simplesmente judiciário, peculiar à hierarquia do foro. Mas no federalismo é também um órgão com delicadas funções político-judiciais, pois lhe cumpre manter o equilíbrio entre os poderes constitucionais e entre a União e os Estados"*.

As infindáveis discussões e sugestões de redução do grau de politização nas nomeações para a Corte Suprema tentam desprezar o óbvio, ou seja, a constatação de que, independentemente dos critérios de designação dos Ministros do STF, muitas das atribuições da Corte possuem natureza política.

---

[28] Curso de Direito Constitucional Brasileiro. Rio de Janeiro: Feitas Bastos, 1937, pp. 181 e 182.

LEGITIMIDADE, FUNÇÕES E INDEPENDÊNCIA DA JUSTIÇA CONSTITUCIONAL

De forma precisa, essa questão foi exposta em Relatório elaborado pela Comissão de Constituição Justiça e Cidadania do Senado, em 2003, ao opinar pela aprovação de indicação presidencial ao STF, nos seguintes termos: *"não devemos esquecer que esse Tribunal é, por sua própria função de Corte Constitucional, um Tribunal político-jurídico. Isto porque a sua matéria-prima de trabalho, a Constituição da República, é um documento político-jurídico composto por institutos, princípios e regras que admitem, alguns, estrita tradução jurídica, e outros que permitem e até exigem leitura sociológica, política e econômica"*[29].

O Pretório Excelso tem exercido, cada vez com mais intensidade, funções de caráter político, assumindo feição de Corte Constitucional dentro do Judiciário. No início da República restou nítida a influência marcante do modelo norte-americano de controle judicial, mas, gradativamente, as Constituições brasileiras pinçaram características do modelo europeu de controle de constitucionalidade, especialmente desenvolvendo o controle abstrato.

Ademais, até mesmo a tese da abstrativização do controle difuso ganha adeptos, além da implementação de instrumentos e institutos que estimulam o exercício de atividades de natureza política, como a figura da repercussão geral (que afasta, definitivamente, o STF do receio de tornar-se mera instância recursal) e a edição de súmulas vinculantes as quais, segundo Manoel Gonçalves Ferreira Filho[30] *"são verdadeiras leis de interpretação, correspondendo a atribuição ao Supremo Tribunal Federal a uma função paralegislativa".*

As reivindicações em trâmite, que sustentam enfaticamente a despolitização da designação dos Ministros do STF, parecem mais reivindicações corporativistas, que olvidam do fato de que a Corte Suprema não constitui instância recursal.

Como salientou Sampaio Dória[31], *"a índole do Supremo Tribunal Federal não é ser instância de promoção dos magistrados de carreira. As causas e problemas cujas decisões são conferidas ao Supremo Tribunal Federal, envolvem, em linhas gerais, ou fazem supor a organização federativa. São, antes, problemas de natureza constitucional: fazer cumprir a constituição acima de leis e atos que a contrariem,*

---

[29] Relatório da CCJC sobre a Mensagem presidencial nº 96/2003.

[30] FERREIRA FILHO, Manoel Gonçalves. *Curso de Direito Constitucional*. 34ª ed, São Paulo: Saraiva, 2008, p.268.

[31] DÓRIA, A. de Sampaio. *Direito Constitucional – Curso e Comentários à Constituição*. 3ª ed. São Paulo: Companhia Ed. Nacional, 1953, tomo II, p. 159.

FUNDAMENTOS DA FORMA DE DESIGNAÇÃO DOS MINISTROS DO SUPREMO TRIBUNAL FEDERAL

e, nesta missão, não deixar perecerem os direitos do homem, por ilegalidades, ou abusos do poder. Os problemas comuns, de direito privado, administrativo e processo, ressoam, em seu recinto, como ecos das questões constitucionais, sob a preliminar da supremacia da constituição, de que o Supremo Tribunal Federal é a custódia, e a garantia de sua execução e eficiência".

Atualmente, com a intensificação das audiências públicas no STF e a participação cada vez maior da figura do *amicus curiae* em ação direta de inconstitucionalidade, ação declaratória de constitucionalidade, arguição de descumprimento de preceito fundamental e prevista até no procedimento de criação, revisão e cancelamento de súmulas vinculantes, infere-se, claramente, que o processo constitucional conta com a participação ativa da sociedade. Percebe-se vida social e política pulsando no seio do processo constitucional e, como enfatiza Peter Häberle[32], ao comentar os instrumentos de informação dos juízes constitucionais, *"o direito processual constitucional torna-se parte do direito de participação democrática"*. Diante desse panorama, nada mais razoável do que a concessão da prerrogativa de nomeação dos membros da Suprema Corte a autoridades políticas, fixando-se, como no modelo vigente, requisitos que imponham conhecimento jurídico.

Nada impede que se cogite de pequenos ajustes, como a limitação da quantidade de Ministros a serem designados por um mesmo Presidente. Essa restrição poderá viabilizar-se mediante previsão constitucional de adiamento da aposentadoria compulsória, a fim de que o Chefe do Executivo não exceda o número autorizado de nomeações.

Advirta-se que não se deve sujeitar a Corte Suprema ao apetite voraz do corporativismo. Frisando a importância de um Supremo Tribunal para a ordem civil e judiciária, Pimenta Bueno[33] afirmou que *"a justiça é uma religião social, e o supremo tribunal é o grande sacerdote dela, é o guarda de sua pureza, de sua igualdade protetora"*, ele é o espírito que conserva seus postulados, fixando *"os verdadeiros princípios dessa religião civil"*. Daí a cautela necessária no exame das propostas de reformulação dos critério de designação dos integrantes do STF, o qual, inegavelmente, tem cumprido sua missão constitucional.

---

[32] HÄBERLE, Peter. *Hermenêutica Constitucional*. Trad. Gilmar Ferreira Mendes. Porto Alegre: Sergio Antonio Fabris, 1997, p. 48.

[33] Op. cit., p. 337.

II.
Os efeitos das decisões de inconstitucionalidade em controle concreto

Insuficiências dos efeitos *inter partes* das decisões de inconstitucionalidade em controlo concreto na ordem jurídico portuguesa

Carlos Blanco de Morais
Professor da Faculdade de Direito da Universidade de Lisboa e consultor para os assuntos Jurídico-Constitucionais da Presidência da República Portuguesa

O tema em epígrafe implica a abordagem de três questões. A primeira terá a ver com o impacto da fiscalização concreta no sistema misto de controlo de constitucionalidade do ordenamento português. A segunda, procura avaliar o funcionamento do sistema de controlo concreto e apreciar as críticas que lhe têm sido feitas pelos que entendem que o mesmo deveria evoluir para um modelo concentrado à alemã, centrado no reenvio prejudicial. A terceira, que assume caráter principal, prende-se com a incerteza e morosidade processual resultante dos efeitos *inter partes* das decisões do Tribunal Constitucional e a concepção de uma solução que supere essa vulnerabilidade, conservando o modelo difuso em fiscalização concreta.

I. Fiscalização concreta em balanço

A fiscalização concreta é, quantitativamente, o principal meio de garantia da Constituição Portuguesa consumindo cerca de 95,4% dos processos de controlo de constitucionalidade.

As decisões tomadas em controlo concreto compreendem decisões sumárias e decisões de mérito. As decisões sumárias são decisões simples tomadas pelo relator e que têm ajudado a solucionar processos de massas, *incidindo sobre* o fundo da causa (mormente, quando se remete para jurisprudência anterior) e sobre recusas de tomada de conhecimento do recurso por razões de forma ou substância. Entre os anos de 1998 e 2008 as decisões sumárias foram 74,5% contra 25,5% decisões de mérito.

Estes dados permitem-nos extrair alguns tópicos de reflexão.

1º É o controlo concreto que conforma o principal pilar do sistema, atenta a escassez dos restantes processos de fiscalização.

2º A fiscalização concreta teve um papel crucial na normatividade constitucional e na irradiação das suas regras para a esfera dos cidadãos. Tratou-se de um meio efetivo de aproximação da Constituição às pessoas individuais e efetivo-coletivas que a ela recorrem para a tutela dos seus direitos e interesses. E o aumento do volume de processos demonstra que o mesmo acompanhou uma maior procura da Justiça. Entre os anos de 1983 e 1990, o valor médio anual de decisões proferidas em controlo concreto situou-se em 238,25 por ano. Esse valor, nele agora compreendidas as decisões sumárias, passou para a média anual de 673.9 decisões na década 1998-2008.

3º O controlo concreto teve um papel incontornável, para bem e também para mal, na modelação do direito e da prática forense nalguns ramos jurídicos como o Direito Processual Penal.

4º As decisões do Tribunal Constitucional em controlo concreto têm uma menor taxa de politicidade em relação aos restantes processos.

5º O reverso da medalha do fenómeno acabado de descrever consiste no seu uso processual indevido pelos advogados, com fins dilatórios para entorpecer os processos ou para paralisar a execução das sentenças.

II. A querela relativa à transição do sistema para o modelo concentrado com reenvio prejudicial

Temos escutado recentemente, inclusivamente neste encontro, argumentos contrários e favoráveis à migração do sistema difuso para um modelo concentrado de reenvio prejudicial, à alemã. De entre uma pluralidade de argumentos favoráveis, destacaria três.

O controlo concentrado:

i) Filtraria expedientes ditados pelos interesses das partes em litígio, impedindo que o fim da fiscalização pudesse ser "subvertido", pois seria o juiz e não a parte, quem deteria o senhorio da promoção do incidente de inconstitucionalidade, *evitando que o processo viesse a transformar-se num instrumento dilatório* que desprestigiaria e "sequestraria" a atividade do Tribunal Constitucional;

ii) A transição permitiria a introdução do recurso de amparo transformando o Tribunal Constitucional numa verdadeira jurisdição de direitos fundamentais;

iii) Os efeitos *inter partes* criam normas feridas de morte mas que tardariam em morrer (Lucia Amaral) e que vão sendo aplicadas apesar de já julgadas inconstitucionais, gerando-se insegurança no ordenamento jurídico.

Quanto à primeira questão, a questão do senhorio do juiz quanto à promoção do processo de fiscalização julgo que ela radiuca num um falso problema. Isto porque, quer no sistema difuso vigente, seja no sistema concentrado proposto, o verdadeiro senhor da questão da constitucionalidade é o Tribunal Constitucional, a quem cabe a última e decisiva palavra sobre a validade da norma sindicada.

Uma hipotética transição do atual sistema português, para o modelo do controlo concreto concentrado, expropriaria o juiz do tribunal *"a quo"* da faculdade de decidir sobre a validade do direito ao caso concreto. O "juiz decisor" seria reduzido ao "status" de juiz-porteiro relativamente ao julgamento de questões de inconstitucionalidade, o qual seria atribuído exclusivamente ao Tribunal Constitucional. É que, no *controlo de matriz concentrada, o poder do juiz resume-se, precisamente, ao reconhecimento da sua falta de competência para julgar uma questão de constitucionalidade*, detendo apenas a faculdade de reenviar a mesma questão para decisão do Tribunal Constitucional.

Retirar "ex abrupto" aos juízes a competência para julgar a inconstitucionalidade das normas conformaria um *voto de desconfiança política no poder judicial*, diminuiria a defesa da Constituição e fragilizaria a confiança pública nas instituições. E grande parte da riqueza da jurisprudência constitucional existente resulta da dialética, que se verifica entre a visão que os tribunais comuns têm sobre a questão de constitucionalidade no caso concreto a qual se perderia e a do Tribunal Constitucional.

A par disto, as *partes e o Ministério Público seriam arredados de um acesso direto ao Tribunal Constitucional*. Veja-se que os sistemas concentrados (Itália e recentemente Espanha) reforçaram o poder das partes em sindicar decisões do juiz *a quo* que não levem em conta a exceção de inconstitucionalidade, o que só abona em favor do sistema português, já que são os sistemas concentrados europeus que se subjetivizaram e se aproximaram do modelo difuso.

A segunda objeção respeita ao défice garantístico e funcional do sistema de amparo. Em primeiro lugar, importa recordar que a transição para um modelo concentrado não está indissociavelmente ligada ao amparo, como o comprova o sistema italiano. Em segundo lugar as inconstitucionalidades de atos administrativos e sentenças são escassas e adequadamente resolvidas pelos tribunais comuns, não sendo necessário afluírem ao Tribunal Constitucional. Em terceiro lugar, o Tribunal Constitucional não é apenas um tribunal de direitos fundamentais mas o Tribunal que resolve questões de poder pois a Constituição é, por excelência o estatuto do poder político.

Finalmente, temos muitas reservas em relação ao funcionamento do sistema amparo na Alemanha e Espanha. Nestas ordens jurídicas a taxa de indeferimento liminar das queixas constitucionais e recursos de amparo roça os 95%, tendo atingido na Alemanha a cifra de 95.1%, entre 2005 e 2008 (sendo de 97% entre 1998 e 2008), valor que em Espanha situa em redor dos 96%-97% entre 2005 e 2008 .

Duvido da utilidade de um meio de recurso que mata a fiscalização concreta e consome a atividade do Tribunal Constitucional, não a julgar recursos de amparo na tutela de direitos fundamentais dos cidadãos mas a indeferir esse tipo de recursos.

Já o *cenário de insegurança jurídica* que resulta do efeito *inter partes* do julgamento da inconstitucionalidade de uma norma constitui o argumento mais pertinente contra a arquitetura do modelo misto português. E sei que o mesmo problema ocorre no Brasil. Ora, é esta questão e os remédios para a mesma que consumirão a restante parte da nossa intervenção.

III. Insegurança jurídica e remédios do sistema
1. O Argumento da insegurança jurídica

No controlo concreto, a norma inválida é ferida pela decisão concreta de inconstitucionalidade e privada de eficácia no caso singular, mas continua a vigorar e a aplicar-se noutras situações. Situações, nas quais os tribunais podem pronunciar-se, quer no sentido da inconstitucionalidade quer no da não inconstitucionalidade. Encontramo-nos diante de *um direito incerto,* já que:

1º Paira sobre ele uma sombra de invalidade, que mergulha numa situação obscura o seu valor jurídico.

Surge aqui um dilema: a administração deve desaplicar a norma, gera-se uma situação de incerteza, falta de unidade de ação administrativa e desigualdade, dissemina-se a inconstitucionalidade, multiplicam-se processos incidentais e o Estado é obrigado a indenizar os particulares lesados por danos especiais e anormais causados pelo ato inconstitucional.

Importa referir que, no que toca aos regulamentos administrativos ilegais, a mais recente jurisprudência do STA vai no sentido de admitir que o Governo possa determinar suspensão da aplicação de normas já julgadas ilegais em concreto, pondo termo a uma jurisprudência que ditava que as normas ilegais deveriam ser aplicadas por toda a Administração até serem declaradas inválidas com força obrigatória geral.

Se esta prática se estende às leis inconstitucionais e se a suspensão for disseminada por toda a administração intermédia abrir-se-á uma porta para atribuir ao Governo um controlo difuso de constitucionalidade, com natureza derivada, que a Constituição lhe não atribui. A anomia e a desigualdade (uns órgãos aplicam e outros desaplicam) arriscam-se a assomar o sistema de controlo de constitucionalidade.

Mas a situação é dilemática, pois tão pouco conforta a solução contrária que envolve o atual regime de aplicação obrigatória pela Administração de norma já antes julgada inconstitucional em controlo concreto pelo tribunal Constitucional, quando a mesma gere lesões graves para o interesse público e os direitos das pessoas.

Como é possível forçar a Administração a aplicar uma lei já julgada inconstitucional num caso concreto, sabendo de antemão que os particulares lesados irão acionar o Estado ao abrigo da Lei da Responsabilidade civil extracontratual de entes públicos? Faz sentido num tempo em que se impõe uma poupança de recursos públicos que o Estado multiplique indenizações que seriam, em parte, evitáveis, no caso de a norma ser imediatamente eliminada sem ter de se aguardar os três casos concretos?

2º *O efeito inter partes da decisão de inconstitucionalidade* pode desvalorizar as decisões de inconstitucionalidade e a própria Constituição, em casos evidentes de desarmonia de julgados. Isto porque nas situações em que a inconstitucionalidade seja manifesta, não se entende porque é que a norma deva continuar a ser aplicada ano após ano até que seja declarada invalida em três casos concretos. Tão pouco se entende a razão pela qual se deixa espaço a arrastadas controvérsias em que uns tribunais se pronunciam pela constitucionalidade e outros pela não inconstitucionalidade; e no limite, que as próprias seções do Tribunal Constitucional se desentendam entre si sobre a questão da inconstitucionalidade.

Se a norma é julgada inconstitucional para quê a sua permanência e porquê a multiplicação de processos com o mesmo objeto?

2. A vantagem comparativa de outros sistemas

Dito isto, reconhece-se, que o processo de controlo de base difusa em Portugal é muito mais incerto, arrastado, economicamente oneroso, lesivo do princípio da igualdade e, ainda, perturbador da segurança jurídica do que o controlo em processo concentrado, com suspensão da instância, dado que o julgamento da inconstitucionalidade da norma neste último sistema, tem força obrigatória geral. A norma inválida não é apenas privada da sua eficácia *in casu*, mas declarada nula com efeitos vinculativos *ultra partes*.

Esta debilidade no sistema de controlo difuso vigente em Portugal, no tocante à segurança jurídica é adensada em face dos recursos de outros ordenamentos que também consagram o sistema difuso mas contém remédios mais eficazes.

Nos Estados Unidos, a regra do precedente (*stare decisis*) uniformiza a jurisprudência e vincula as jurisdições inferiores a acatarem a orientação.

3. A obsolescência do sistema de repetição do julgado

Fará sentido manter o regime da eficácia *inter partes* associada ao mecanismo da repetição do julgado em três casos concretos para que a norma seja eliminada com força obrigatória geral?

Três argumentos têm sido esgrimidos em favor da subsistência deste sistema.

1º Argumento: A teleologia dos três casos concretos submeteria a norma julgada inconstitucional à chamada *prova do tempo*. Haveria, que conceder um tempo útil ao Tribunal Constitucional para o mesmo se conscencializar da efetiva inconstitucionalidade de uma norma.

O argumento não convence. Porque é que o Tribunal Constitucional precisa de todo esse tempo para se consciencializar da existência de uma relação de desvalor e os seus congéneres alemão, italiano e espanhol não? A questão lança uma perturbante e imerecida dúvida sobre a aptidão dos juízes portugueses em assumirem posições seguras sobre uma questão de constitucionalidade, não lhes fazendo justiça. E dá uma imagem de sistema "amigo do legislador", apostado na poupança de normas (às quais são dadas

INSUFICIÊNCIAS DOS EFEITOS *INTER PARTES* DAS DECISÕES...

segundas e terceiras oportunidades) o que turba a independência do órgão. Se em controlo abstrato preventivo a questão é rapidamente decidida pelos juízes-conselheiros do Palácio Ratton (25 dias) será que o período de 6 meses a um ano que demora em média um processo de controlo concreto não bastará para chegar ao mesmo resultado? Se a questão fazia sentido no início do funcionamento do sistema, presentemente deixou de o fazer.

2º Argumento: Como nem sempre existiria consenso entre as seções do Tribunal Constitucional sobre a invalidade de uma dada norma importaria deixar a questão retornar, mais de uma vez, ao mesmo órgão, para reponderação e eventual uniformização jurisprudencial.

Não parece um argumento convincente. Se uma decisão com força obrigatória geral for tirada em plenário, a problemática da falta de consenso entre seções e a uniformização jurisprudencial ficaria resolvida de uma vez por todas.

3º Argumento: Alguma doutrina chega a considerar que se os efeitos das decisões do Tribunal Constitucional em fiscalização concreta tivessem força obrigatória geral, o TC, em situações duvidosas, coibir-se-ia de julgar inconstitucionais ou ilegais muitas normas.

Trata-se de um argumento psicanalítico sobre o Tribunal Constitucional. que já teve o seu tempo. Fazia sentido num Tribunal que dava os primeiros passos mas não numa jurisdição adulta com quase trinta anos de jurisprudência consolidada.

A questão central a ponderar é a da perda de sentido da repetição do julgado.

Este instituto consumiu quase um quarto da fiscalização abstrata sucessiva: entre 1984 e 2008, abarcou cerca de 100 em 433 decisões, todas com uma taxa muito elevada de sucesso. As exceções de não confirmação são muto raras (vide recentemente o Ac. nº 221/2009 sobre a exibição de prova de utente do Serviço Nacional de Saúde). Terá razão de ser que a questão retorne uma e outra vez ao TC, dado que o efeito é, em regra, o da confirmação?

Num momento em que discute na Justiça a luta contra a morosidade processual fará sentido o arrastamento temporal da norma inconstitucional? Se no passado houve normas que não eram impugnadas sequer depois do 3º caso concreto (famoso caso do Conselho dos Oficiais de Justiça), nos últimos anos a prática tem consistido em acionar o controlo abstrato ao terceiro caso (contando com as decisões sumárias). Mesmo assim, as leis inconstitucionais vagueiam como *zoombies* durante dois a três anos (vide Ac. 173/2009 e 186/2009), e às vezes mais (Ac. 187/2009).

Para quê este espúrio arrastamento se o desfecho é quase sempre a confirmação dos acórdãos anos mais tarde? O sistema deixou de fazer sentido.

4. Posição adotada

No respeito por uma segurança jurídica que repudia uma justiça tardia, incerta quanto ao valor do direito aplicado e criadora de desigualdades e incertezas dispensivas quanto à aplicação de normas inconstitucionais, caberá ponderar, antes de mais, a reforma do instituto dentro do sistema.

Defendemos uma solução que implique que decisões de inconstitucionalidade proferidas pelo Tribunal Constitucional em controlo concreto revistam força obrigatória geral. Trata-se da forma mais adequada de conservar fiscalização incidental, difusa na base, como manda a nossa tradição constitucional, mas concentrada no topo, tendo por objetivo garantir a certeza jurídica e a economia processual no controlo incidental da constitucionalidade.

Considera-se que o Tribunal já amadureceu o suficiente em quase três décadas para poder julgar a invalidade de uma norma em controlo concreto com eficácia *erga omnes* sem se ter de amparar na certeza ou no conforto de um conjunto de prévias decisões no mesmo sentido, com eficácia *inter partes*.

Embora a questão de constitucionalidade deva ser julgada em seção, tem-se que, no caso de a decisão dessa mesma seção se inclinar no sentido da inconstitucionalidade, cumpriria então que a mesma fosse obrigatoriamente sujeita a confirmação ou revogação pelo Plenário, mediante recurso ou reclamação obrigatória do Ministério Público, e no caso da confirmação ter lugar a decisão teria eficácia *erga omnes*.

Certo é que a ser adotada haveria que discutir várias realidades: i) a interpretação conforme passaria a ter força obrigatória geral? É possível mas não seria necessário (Itália); ii) Seria possível a prolação sentenças aditivas? Parece que sim, como o demonstram os ordenamentos espanhol e italiano, desde que se defina o que é uma sentença aditiva constitucionalmente obrigatória; iii) Poderá haver restrição temporal de efeitos? Em Portugal não tem sido essa a prática.

Claro está que esta opção implica que se tenha de operar através de uma revisão constitucional. Sei que no Brasil o ministro Gilmar Mendes no relatório relativo ao julgamento da **RECLAMAÇÃO 4.335-5 ACRE 2009** (e que terá sido secundado pelo ministro Eros Roberto Grau), defendeu que a prática do STF teria gerado uma mutação constitucional e que as decisões em controlo concreto do STF já estariam investidas em força obrigatória geral, não tendo o Senado outra Função que não a de atribuir obrigatoriamente publicidade à decisão declaratória de ilegitimidade. Trata-se de uma engenhosa sentença aditiva de revisão constitucional em projeto. Não sei se no Brasil ela poderá impor-se mas em Portugal seria juridicamente inexistente porque invasiva da reserva de Constituição. Daí que, embora defenda para Portugal solução idêntica, seja indispensável para o efeito rever a CRP para implantar essa medida.

A evolução do sistema brasileiro de controle de constitucionalidade e a constituição de 1988

Elival da Silva Ramos

Mestre, doutor e livre-docente em Direito do Estado pela Faculdade de Direito da Universidade de São Paulo. Professor Titular de Direito Constitucional da Faculdade de Direito da Universidade de São Paulo. Vice-Presidente do Instituto Pimenta Bueno – Associação Brasileira dos Constitucionalistas. Procurador do Estado de São Paulo. Ex-Procurador Geral do Estado de São Paulo (2001/2006). Procurador Geral do Estado de São Paulo (2011-até o presente)

A consolidação de um sistema político democrático em qualquer Estado se faz ao longo do processo histórico, raramente linear e, portanto, suscetível de avanços e retrocessos, assinalando as dificuldades que se antepõem à construção de instituições que, de modo adequado à realidade social, importem na concretização do princípio da soberania popular.

Não é fácil atestar a efetiva implantação do ideário democrático, porquanto se trata de algo obtido por meio de aproximações sucessivas, restando a prática institucional sempre aquém dos objetivos colimados. Pode-se, entretanto, com alguma segurança, identificar critérios de avaliação do nível de democratização de determinada sociedade estatal. Esses critérios ora dizem respeito à eficácia do aparato institucional na realização das finalidades do Estado democrático[34], ora pretendem aferir o funcionamento das instituições consideradas em si mesmas.

---

[34] Assim, a amplitude de fruição das liberdades públicas ou de acesso aos direitos sociais, econômicos e culturais (na verdade, dois critérios complementares) permite estimar o grau de enraizamento da democracia.

OS EFEITOS DAS DECISÕES DE INCONSTITUCIONALIDADE EM CONTROLE CONCRETO

Por certo, o maior ou menor sucesso do sistema de controle de constitucionalidade das leis e atos normativos e de combate às omissões normativas inconstitucionais, em Estados estruturados a partir de Constituições rígidas, compõe relevante indicador do grau de vivência do ideário democrático, já que se cuida de manter o funcionamento dos Poderes estatais o mais próximo possível das exigências normativas e axiológicas do Poder Constituinte, responsável último pela proposta política que se quer viabilizar.

Se a democracia é o regime político das sociedades maduras, a Constituição de 5 de outubro de 1988 parece assinalar o amadurecimento político da sociedade brasileira, pois, ao longo dessas últimas duas décadas, pode-se identificar a efetiva vigência de um sistema democrático entre nós, algo que, em nossa história, tem precedente apenas no interregno que vai da Constituição de 18 de setembro de 1946 à instauração do regime autoritário, de feições militar-tecnocráticas, de 31 de março de 1964.

Compreende-se, destarte, porque, sob o signo da Carta de 88, o controle de constitucionalidade assumiu a importância decisiva que hoje desfruta no sistema jurídico brasileiro, impactando a todo o momento as construções legislativas e doutrinárias que o conformam, bem como a atividade de seus operadores, oficiais ou não.

Pretendo neste trabalho, apenas situar, em linhas gerais, o estágio evolutivo atingido por nossa jurisdição constitucional, o que demanda um rápido olhar para o passado, permitindo-me, outrossim, breves especulações de natureza prospectiva.

I. O controle difuso de padrão clássico

Não é o caso, dentro dos limites anteriormente postos ao desenvolvimento da matéria, de abordar o controle de constitucionalidade, de natureza política, existente ao tempo da Constituição do Império de 1824. Na verdade, em razão de sua reduzidíssima eficácia operacional, não é desarrazoado afirmar que apenas com o advento da Constituição de 24 de fevereiro de 1891, e correlata introdução do controle jurisdicional de constitucionalidade, começou a ser escrita, entre nós, a história do instrumental destinado a tornar efetivo o princípio da supremacia da Constituição.

E não há dúvida de que o controle jurisdicional de constitucionalidade adotado por nossa primeira Constituição republicana correspondia,

64

A EVOLUÇÃO DO SISTEMA BRASILEIRO DE CONTROLE...

perfeitamente, ao sistema modelar de padrão estadunidense[35]. Assim sendo, cuidava-se de um controle repressivo (quanto ao momento de sua incidência), difuso (quanto à competência para o seu manejo), incidental (quanto ao procedimento) e propiciador de decisões judiciais de natureza declaratória (sanção de nulidade) e de eficácia *inter partes* (limites subjetivos da decisão).

A difusão constitui traço característico da fiscalização jurisdicional da constitucionalidade no Brasil, presente desde a sua implantação, contemporânea ao nascimento da República, até os dias atuais. Ou seja, no sistema brasileiro, a competência para verificar a adequação de lei ou ato normativo às normas constitucionais que lhes determinam a validade desde 1891 tem-se mantido pulverizada por todo o aparato judiciário, independentemente do grau de jurisdição ou do caráter monocrático ou colegiado do órgão controlador[36].

Sob o regime da Constituição de 1891, o controle jurisdicional se fazia no bojo de processos judiciais comuns, isto é, que não tinham como objeto a fiscalização da constitucionalidade de leis ou atos normativos, a qual, então,

---

[35] Coube a Rui Barbosa, em antológico arrazoado forense, recentemente republicado sob o título *Atos inconstitucionais*, 1. ed., Campinas, Russel, 2003, p. 19, estabelecer, de modo indelével, a vinculação do sistema de controle jurisdicional de constitucionalidade estruturado pela Carta de 1891 com aquele vigorante nos Estados Unidos da América, a partir do *leading case Marbury v. Madison*, julgado pela Suprema Corte em 1803: "Nesta excursão pelas novidades de um regime inteiramente sem passado entre nós, através dos artifícios, com que as conveniências e os infortúnios de uma época anormal lhe vão solapando o solo, e cavando-lhe mina a mina o esboroamento, nossa lâmpada de segurança será o direito americano, suas antecedências, suas decisões, seus mestres. A Constituição brasileira é filha dele, e a própria lei nos pôs nas mãos esse foco luminoso, prescrevendo, nos artigos orgânicos da justiça federal, que 'os estatutos dos povos cultos, especialmente os que regem as relações jurídicas na República dos Estados Unidos da América do Norte, os casos de *common law* e *equity* serão subsidiários da jurisprudência e processo federal'." A norma infraconstitucional a que se referia Rui era o artigo 387 do Decreto nº 848, de 11-10-1890.

[36] Em nada afetou a característica da difusão o fato de o controle em via principal, criado por emenda à Constituição de 46 (EC nº 16/65), haver sido atribuído, com exclusividade, ao Supremo Tribunal Federal, se tomada como parâmetro a Constituição Federal, ou aos Tribunais de Justiça dos Estados, se realizado em defesa das Constituições locais, porquanto ao se afirmar que a competência para a fiscalização permeia todo o aparato judiciário não se exclui, obviamente, a necessidade de se observarem as regras processuais disciplinadoras da competência dos juízos e tribunais. Em suma, considera-se a competência para o controle genericamente e não em uma ou outra de suas manifestações específicas.

OS EFEITOS DAS DECISÕES DE INCONSTITUCIONALIDADE EM CONTROLE CONCRETO

exsurgia na estruturação dos fundamentos da decisão, enquanto mera questão prejudicial. Em outros termos, se indispensável precisar a validade ou não das normas a serem utilizadas na solução do caso, o juiz ou tribunal, como parte de seu mister ordinário, controlava a constitucionalidade dessas disposições. No entanto, essa fiscalização, de natureza incidental, figurava na fundamentação da decisão proferida pelo órgão judiciário, produzindo efeitos apenas para as partes, nos limites do caso concreto[37].

Da combinação dos elementos difusão e incidentalidade decorria importante consequência no que toca à identificação da sanção de invalidade cominada para as leis e atos normativos ofensivos à Constituição: esta somente poderia ser a de nulidade[38], tal qual reconhecida pelo Juiz Marshall, ao conduzir a Suprema Corte na decisão de *Marbury v. Madison*:

"Ora, com certeza, todos os que têm formulado Constituições escritas, sempre o fizeram com o intuito de assentar a lei fundamental e suprema da nação; e, conseguintemente, a teoria de tais governos deve ser que qualquer ato da legislatura, ofensivo da Constituição, é nulo."[39]

O principal instrumento processual propiciador do controle incidental de constitucionalidade era, na vigência da Carta de 1891, o recurso extraordinário, por importar na revisão das decisões finais das Justiças dos Estados (Justiça comum) pelo Supremo Tribunal Federal, desde que afirmassem elas a invalidade de tratados ou leis federais ou a validade de leis estaduais, sempre tendo como parâmetro de confronto a Constituição Federal[40].

---

[37] O equacionamento da questão constitucional no controle incidental não faz, vale notar, coisa julgada *erga omnes*, porém se torna preclusa na medida mesma da definitividade da sentença (coisa julgada formal).

[38] Sobre o assunto, veja-se a monografia de minha autoria intitulada *A inconstitucionalidade das leis: vício e sanção*, São Paulo, Saraiva, 1994, p. 94-101.

[39] Tradução de Rui Barbosa, ob. cit., p. 41, anotando-se que Marshall vincula a sanção de nulidade ao fato de ser a Constituição "escrita", isto é, compreendida em um corpo articulado (Constituição orgânica), o que não é acertado, bastando que se invoque o Estatuto Albertino (Constituição da Itália monárquica), cujas normas, organicamente dispostas, admitiam contrariedade por legislação ordinária superveniente. O vício de inconstitucionalidade se prende ao binômio supremacia/rigidez, ao passo que a sanção de nulidade decorre de determinadas características do sistema-tipo de padrão estadunidense.

[40] Cf. artigo 59, § 1º, alíneas *a* e *b*, da CF de 1891, em sua redação originária, dispositivos esses que vieram a se converter nas alíneas *a* e *b*, do artigo 60, § 1º, após a EC de 3-9-1926.

II. Da Constituição de 1934 à emenda constitucional nº 16/1965

O consenso em torno da opção brasileira pelo sistema de controle de matriz estadunidense iniciou um paulatino processo de enfraquecimento a partir da ruptura constitucional que assinalou o final da República Velha e o advento do Estado providência.

Afinal, não se tardou a perceber os malefícios do método difuso/incidental em ordenamentos que, como o nosso, se filiam à família romano--germânica, no que concerne à uniformidade das decisões de controle, condição de sua previsibilidade pelos destinatários e operadores do sistema, algo que, décadas mais tarde, seria explicitado por Mauro Cappelletti:

"Pois bem, a introdução, nos sistemas de *civil law*, do método 'americano' de controle, levaria à consequência de que uma mesma lei ou disposição de lei poderia não ser aplicada, porque julgada inconstitucional, por alguns juízes, enquanto poderia, ao invés, ser aplicada, porque não julgada em contraste com a Constituição, por outros. Demais, poderia acontecer que o mesmo órgão judiciário que, ontem, não tinha aplicado uma determinada lei, ao contrário, a aplique hoje, tendo mudado de opinião sobre o problema de sua legitimidade constitucional."[41]

Embora tenha vigorado por pouco mais de três anos, a Constituição de 16 de julho de 1934 veio a se converter em um dos textos normativos mais criativos de nosso constitucionalismo. No que tange à fiscalização da constitucionalidade dos atos legislativos, se não chegou ao ponto de romper com a solução adotada pelo Constituinte de 91[42], introduziu novos institutos que procuraram atenuar o problema da oscilação jurisprudencial em matéria constitucional.

Sob inspiração de prática consagrada pela Suprema Corte dos Estados Unidos, consolidada na máxima prudencial do *full bench*[43], prescreveu-se

---

[41] Cf. *O controle judicial de constitucionalidade das leis no direito comparado*, trad. Aroldo Plínio Gonçalves, Porto Alegre, Fabris, 1984, p. 77.

[42] Era esse o sentido da proposta apresentada pelo Deputado Constituinte Nilo Alvarenga, em 20-12-1933, como lembra Gilmar Mendes na obra *Direitos fundamentais e controle de constitucionalidade: estudos de Direito Constitucional*, 2. ed., São Paulo, Celso Bastos – IBDC, 1999, p. 240.

[43] Observa José Levi Mello do Amaral Júnior, em estudo dedicado ao incidente de arguição de inconstitucionalidade, que "desde 1902 já se tinha, no direito brasileiro, norma sobre o *quorum* para apreciação da questão constitucional (artigo 1º do Decreto 938, de 29.12.1902)." Cf. *Incidente de arguição de inconstitucionalidade: comentários ao artigo 97 da Constituição e os arts. 480 a 482 do Código de Processo Civil*, São Paulo, Revista dos Tribunais, 2002, p. 26.

que "só por maioria absoluta de votos da totalidade dos seus juízes, poderão os tribunais declarar a inconstitucionalidade de lei ou de ato do Poder Público"[44]. No entanto, a disposição constitucional brasileira não disciplinava, propriamente, o *quorum* para deliberação dos tribunais sobre matéria constitucional e sim estabelecia um número de votos favoráveis superior à maioria simples para que esses colegiados pudessem declarar a inconstitucionalidade de lei ou ato do Poder Público[45], contribuindo, ainda que modestamente, para a estabilização da jurisprudência constitucional.

O Constituinte de 34 inovou, outrossim, ao introduzir um mecanismo de controle político repressivo, no âmbito do instituto da intervenção federal. Com efeito, na hipótese de intervenção da União nos Estados para assegurar a observância dos denominados princípios constitucionais sensíveis[46], estabeleceu-se que a intervenção somente seria efetivada depois que a Corte Suprema, por provocação do Procurador-Geral da República, declarasse a constitucionalidade da lei federal que decretasse a medida extrema[47]. A decisão do Supremo Tribunal Federal constituía, pois, um pressuposto para a execução da lei interventiva, importando, indiretamente, na avaliação da constitucionalidade da lei ou ato do Poder Público Estadual ofensivo aos princípios constitucionais resguardados pela União. Tenho para mim que a denominada "ação direta interventiva", então instituída, não consubstancia o exercício de função jurisdicional pelo STF. Porém, é certo que germinava ali a semente que, após mais de três décadas, desabrocharia na ação direta declaratória de inconstitucionalidade dita genérica, que assinalou o advento do controle jurisdicional abstrato entre nós[48].

Na busca de soluções criativas para a exacerbada oscilação da jurisprudência constitucional, que não desfigurassem o sistema de controle

---

[44] Artigo 179 da CF de 34.

[45] A redação do dispositivo que consagra norma equivalente na Constituição de 88 (artigo 97) restringe a exigência a ato *normativo* do Poder Público.

[46] Aqueles arrolados no artigo 7º, nº I, alíneas *a* a *h*, da Carta de 34.

[47] Cf. o artigo 12, V e § 2º, da CF de 34.

[48] Gilmar Mendes considera a representação interventiva confiada ao Procurador-Geral da República "a mais fecunda e inovadora alteração introduzida pelo Texto Magno de 1934" no sistema brasileiro de controle, pois não se pode olvidar o seu significado "para todo o desenvolvimento do controle de constitucionalidade mediante ação direta no Direito brasileiro": *Direitos fundamentais*, cit., p. 238-9.

jurisdicional brasileiro, de padrão estadunidense (difuso/incidental), a Constituição de 1934 deferiu ao Senado Federal[1] competência para "suspender a execução, no todo ou em parte, de qualquer lei ou ato, deliberação ou regulamento, quando hajam sido declarados inconstitucionais pelo Poder Judiciário" (artigo 91, IV). O artigo 96 da referida Carta Constitucional esclarecia que não se cuidava de declaração de inconstitucionalidade proveniente de qualquer órgão do Poder Judiciário, mas do Supremo Tribunal Federal (decidindo, pois, em última instância), cabendo ao Procurador-Geral da República comunicar a decisão ao Senado Federal para o exercício (discricionário) da reportada competência.

Essa a origem do instituto, genuinamente brasileiro, da resolução senatorial suspensiva da execução de lei ou ato normativo, declarados inconstitucionais em decisão definitiva do órgão máximo do Poder Judiciário, na busca da superação dos efeitos limitados (*inter partes*) atribuídos ao controle jurisdicional de constitucionalidade efetuado em processos comuns, de modo incidental.

A Constituição de 10 de novembro de 1937 em nada contribuiu para o aperfeiçoamento do sistema de controle de constitucionalidade brasileiro. Ao contrário, em demonstração de evidente falta de compromisso com o princípio da supremacia que lhe deveria servir de suporte, consagrou fórmula destinada a afastar, por critério político, os efeitos de declaração judiciária (incidental) da inconstitucionalidade de ato legislativo[2].

Por seu turno, em sua redação originária, a Constituição seguinte, de 18 de setembro de 1946, preservou as linhas gerais do sistema brasileiro de controle, que se manteve essencialmente jurisdicional, com atuação descentralizada por todo o aparato judiciário e no âmbito de processos comuns, em que a questão constitucional aflora de modo incidental, sem prejuízo aos institutos delineados pelo Constituinte de 34, no sentido de atenuar o problema de falta de uniformidade das decisões de controle.

---

[1] Não é despiciendo notar que o Senado Federal, sob o pálio da Constituição de 34, muito mais do que uma câmara legislativa de revisão, fora concebido como um órgão de coordenação entre os Poderes, o que se ajustou, perfeitamente, à atribuição de competência para suspender a execução de leis ou atos normativos declarados inconstitucionais pelo STF, fazendo, assim, a ponte entre o exercício ordinário da jurisdição e a atividade legislativa ou administrativo-normativa. Em última análise, emprestava a Câmara Alta eficácia *erga omnes* à declaração incidental de inconstitucionalidade proveniente do Poder Judiciário.

[2] A referência é ao disposto no par. único, do artigo 96, da CF de 37.

Até a edição da Emenda nº 16, a contribuição mais significativa da Carta de 46 consistiu na maturação que propiciou às inovações institucionais de 34, por ela agasalhadas, notadamente no que tange à denominada representação interventiva, objeto de regulação procedimental em nível ordinário[3].

III. O controle misto quanto ao aspecto modal

De tantas reformas do Poder Judiciário já experimentadas no Brasil, em nível constitucional, talvez aquela patrocinada pela Emenda nº 16, de 6 de dezembro de 1965, à Constituição de 46, tenha sido a de maior impacto, quanto ao desempenho ulterior da função jurisdicional, por haver modificado uma das características essenciais de nosso sistema de controle de constitucionalidade, a incidentalidade.

Com efeito, agregou-se às competências originárias do Supremo Tribunal Federal a de processar e julgar "a representação contra inconstitucionalidade de lei ou ato de natureza normativa, federal ou estadual, encaminhada pelo Procurador-Geral da República"[4]. A partir da entrada em vigor da EC nº 16/65 o sistema de controle brasileiro, no que concerne ao aspecto modal ou procedimental, passou a combinar a técnica da declaração incidental, em concreto, consagrada no sistema modelar estadunidense, com a da fiscalização em abstrato da constitucionalidade de leis e atos normativos, de inspiração europeia[5]. Na técnica da declaração em abstrato, então acolhida em nosso constitucionalismo, a questão de constitucionalidade é examinada pelo Poder Judiciário de modo autônomo, inteiramente desvinculado da solução de um litígio específico, constituindo-se o pedido de reconhecimento da invalidade do ato subalterno diante da Constituição no objeto principal do processo[6]. Dali em diante, o controle jurisdicional brasileiro assumiu caráter misto, porém apenas no tocante ao aspecto modal, permanecendo difuso quanto ao aspecto subjetivo ou orgânico[7].

---

[3] Com efeito, na vigência da Carta de 46, foi editada a Lei Federal nº 2.271/54, que determinou a aplicação do rito do mandado de segurança à arguição de inconstitucionalidade para fins de intervenção, sendo sucedida pela Lei nº 4.337/64. Esta última criou procedimento específico para a representação, sob forte inspiração de soluções anteriormente encontradas pela própria jurisprudência.

[4] Nova redação da alínea *k*, do inc. I, do artigo 101, da CF de 46.

[5] cf. Mauro Cappelletti, *O controle*, cit., p. 101-14.

[6] Veja-se M. Cappelletti, *O controle*, p. 104-5.

[7] Veja-se o comentário da nota de rodapé nº 4.

Se é certo que a denominada representação para fins de intervenção federal, objetivando a preservação de princípios constitucionais particularmente sensíveis, preparou o terreno fértil em que laborou o Constituinte de Reforma, o uso de idêntica terminologia na identificação do novel instituto não impediu que desde logo se constatassem as marcantes diferenças entre ambos os instrumentos.

Na verdade, a diferença de maior relevo está na própria natureza dos institutos, porquanto a representação interventiva consubstancia controle de constitucionalidade político-repressivo[8], ao passo que a ação direta de inconstitucionalidade, à época intitulada de "representação por inconstitucionalidade", se situa nos domínios do controle jurisdicional-repressivo. Ademais, o campo de abrangência da representação interventiva era muito menor do que o da ação direta introduzida pela EC nº 16/65: aquela tinha por objeto unicamente leis ou atos normativos estaduais, enquanto por meio desta se podia impugnar a validade de leis ou atos normativos federais ou estaduais; no primeiro caso, o fundamento do pedido de declaração de inconstitucionalidade se restringia à agressão aos princípios elencados no inciso VII, do artigo 7º, da Carta de 46, enquanto, no segundo caso, a causa de pedir compreendia a violação a toda e qualquer norma da Constituição Federal.

A diferença quanto à natureza da atuação da Corte Suprema nas duas modalidades de controle redundava em relevante diferença quanto aos efeitos da decisão declaratória por ela proferida: o veredito de procedência da representação dita interventiva simplesmente autorizava ao Congresso Nacional a decretar, por meio de lei, a intervenção federal, que se limitaria a suspender, *ex nunc*, a execução do ato impugnado, se essa medida bastasse ao restabelecimento da normalidade no Estado[9]; já o acolhimento de ação direta declaratória de inconstitucionalidade importava em provimento jurisdicional declaratório, que reconhecia, de per si, a invalidade *ab initio* da lei ou ato normativo censurado, ostentando, como é próprio de sentenças declaratórias, retroatividade aparente[10].

---

[8] O que não tem sido observado pela doutrina pátria.

[9] Artigo 13 da CF de 1946, que delineou, claramente, a denominada intervenção normativa.

[10] Daí haver se generalizado na doutrina e na jurisprudência a alusão à eficácia *ex tunc* dessas decisões.

A declaração de inconstitucionalidade em via principal implementava por si mesma a sanção de nulidade inerente ao sistema de controle jurisdicional brasileiro, dispensando qualquer outra providência de caráter executório, senão a mera comunicação aos órgãos emissores do ato invalidado. Durante algum tempo, contudo, a falta de tradição no manejo de instrumento, importado do sistema europeu, fez com que se titubeasse quanto à necessidade de, também nessa hipótese, ser editada resolução pelo Senado Federal, suspendendo a execução da lei ou ato normativo declarados inconstitucionais pelo Pretório Excelso[11].

A EC nº 16/65 previu, ainda, a institucionalização pelos Estados-membros de controle abstrato de normas de nível local, ao facultar-lhes a atribuição aos respectivos Tribunais de Justiça da competência para a declaração de inconstitucionalidade de lei ou ato normativo municipal, em conflito com a Constituição Estadual[12]. Todavia, a não reprodução do dispositivo-matriz na Constituição de 24 de janeiro de 1967, bem como na Emenda nº 1, de 17 de outubro de 1969, somada a entendimento restritivo consolidado na jurisprudência do Supremo Tribunal Federal, adiaram o efetivo desenvolvimento do controle principal estadual para o período posterior à Constituição vigente.

A Constituição de 67/69 promoveu apenas modificações secundárias nos instrumentos de fiscalização de constitucionalidade assentados após a reforma de 1965 à Carta de 46. Apesar das promissoras perspectivas que se abriram com chegada ao Brasil do controle principal/abstrato, o certo é que a ação direta de inconstitucionalidade teve o seu florescer bastante prejudicado em face da atribuição da legitimação para agir, a título exclusivo, ao Procurador-Geral da República, o que seria alterado apenas com o advento da Constituição de 1988. O monopólio da competência para a propositura de ADIs, no período 65/88, era agravado pelo fato do Ministério Público Federal estar envolvido também, à época, com a advocacia da União, sendo o seu Chefe nomeado em comissão pelo Presidente da República e, portanto, passível de dispensa *ad nutum*[13], sendo que até

---

[11] A polêmica só refluiu com o advento do atual Regimento Interno do STF, em 1980, ao patentear, nas disposições de seus arts. 175 e 178, que as resoluções senatoriais suspensivas estavam adstritas ao controle incidental.

[12] Cf. o artigo 19 da EC nº 16/65, que acresceu o inc. XIII ao artigo 124 da CF de 46.

[13] Cf. o artigo 126 da CF de 46, o artigo 138 da CF de 67 e o artigo 95 da EC nº 1/69.

mesmo a prévia aprovação da escolha pelo Senado Federal foi eliminada no texto da Emenda nº 1/69 à Carta de 67.

Não se tardou a constatar a subutilização do controle principal anteriormente a 5 de outubro de 1988, limitando-se o uso da ADI, precipuamente, à impugnação de normas resultantes da superação de vetos opostos pelo Presidente da República ou pelos Governadores, o que era raro ocorrer em nível federal, mas que, com alguma frequência, causava incômodo aos Chefes dos Poderes Executivos estaduais[14].

IV. A fiscalização de constitucionalidade à luz do texto original da Constituição de 1988

A Constituição promulgada em 5 de outubro de 1988, a cuja elaboração se dedicou durante vinte meses o Congresso Nacional[15], não promoveu alterações em nosso sistema de controle de constitucionalidade que significassem o abandono do modelo estadunidense, vigorante desde a proclamação da República. Entretanto, é inegável o fato de que, sob o seu influxo, acentuou-se a europeização da fiscalização brasileira, que se iniciara com a Carta de 34.

Destarte, das disposições constantes da Constituição de 88, em sua versão originária, colhem-se as seguintes notas características: configuração essencialmente jurisdicional-repressiva, atribuindo-se reduzida importância ao controle político e ao controle preventivo; difusão da competência de controle por todo o aparato judiciário; combinação das técnicas de controle incidental e principal, operando a primeira em processos concretos/subjetivos, em contraposição à abstração e objetividade dos processos deflagrados por ADIs; variação da eficácia subjetiva das decisões de controle em função da modalidade utilizada, afetando apenas as partes em litígio se produzidas incidentalmente, mas gerando efeitos *erga omnes* se consistentes em declaração de inconstitucionali-

---

[14] No sistema político que vigorou de 1964 a 1985, os Governadores dos Estados mantiveram a característica de representantes do poder civil, mas foram postos em situação de extrema dependência para com a Presidência da República, por força da ameaça permanente de intervenção federal, com base no Ato Institucional nº 5/69 (artigo 3º), e da eleição indireta para os respectivos cargos, que vigorou na maior parte do período.

[15] A EC nº 26/85 à CF de 67 atribuiu ao Congresso Nacional poderes constituintes, que foram exercidos sem prejuízo das atribuições ordinárias de suas duas Casas.

dade[16] a título principal; natureza declaratória da decisão de controle, que somente se habilita a operar sanção de nulidade[17], vale dizer, atestatória da invalidade *ab initio* e de pleno direito do ato controlado, se julgada procedente a questão de constitucionalidade.

No entanto, em resposta às críticas dos que viam na atribuição de legitimação para agir exclusivamente ao Procurador Geral da República o principal obstáculo ao pleno desenvolvimento do controle abstrato entre nós, acolheu o Constituinte de 88 a ideia de titularidade plural da ação direta de inconstitucionalidade. Disso resultou elenco abrangente de órgãos e entidades, públicas e privadas, às quais foi deferida competência para provocar a avaliação em tese da constitucionalidade de leis e atos normativos federais e estaduais, em face da Constituição Federal, consoante disposto no artigo 103 da Carta Magna[18]. A democratização do controle em via principal reforçou-se, ademais, pelo reconhecimento de independência institucional ao Ministério Público da União, cujo Chefe, o Procurador-Geral da República, passou a ser nomeado pelo Presidente da República, após a aprovação de seu nome pela maioria absoluta dos membros do Senado Federal, sendo-lhe fixado um período de mandato de dois anos (com a possibilidade de uma recondução), em que a destituição do cargo, por iniciativa presidencial, se sujeita ao controle parlamentar[19]. Em decorrência, apartou-se da Procuradoria-Geral da República a repre-

---

[16] O veredito de improcedência de ação direta de inconstitucionalidade importa em declaração de constitucionalidade que, entretanto, não faz coisa julgada *erga omnes*, a despeito de abalizadas manifestações doutrinárias em sentido contrário, como, por exemplo, a do atual Presidente do STF, Gilmar Mendes, tendo por objeto o período de nosso sistema de controle anterior à criação da ADC: "Parece legítimo admitir, portanto, que, já no modelo da Emenda nº 16/65, tanto a decisão que, no processo de controle abstrato de normas, declarava a inconstitucionalidade de uma lei, como aquela, na qual se afirmava a legitimidade da norma, transitavam em julgado, com eficácia *erga omnes*." Cf. *Jurisdição constitucional*, São Paulo, Saraiva, 1996, p. 278.

[17] Sobre o tema das sanções de invalidade em matéria constitucional, veja-se a nossa monografia *A inconstitucionalidade das leis: vício e sanção*, São Paulo, Saraiva, 1994.

[18] Talvez tenha o Constituinte exagerado na dose da abertura que promoveu, em sede de legitimação ativa para a propositura de ADI, provocando a reação do órgão de controle, o STF, que, em via jurisprudencial e sem claro supedâneo constitucional, passou a exigir o preenchimento do requisito da pertinência temática para o manejo do instrumento pelos proponentes ditos *especiais* (incs. IV, V e IX, do artigo 103, em contraposição aos legitimados *universais*).

[19] Artigo 127, §§ 1º e 2º, da CF de 88.

sentação judicial da União e a consultoria e assessoramento jurídico do respectivo Poder Executivo, que passaram a constituir o cerne das atribuições institucionais da Advocacia-Geral da União, então criada[20].

Não se tardou a constatar o incremento na propositura de ações diretas de inconstitucionalidade, propiciadoras de considerável acervo de decisões em matéria constitucional, prolatadas pelo órgão de cúpula do Poder Judiciário e dotadas de eficácia geral. A consolidação do controle jurisdicional abstrato, de outra parte, provocou o esvaziamento da intervenção federal de caráter normativo, que apenas formalmente continuou presente no sistema constitucional posterior a 1988, bem como a sensível diminuição da importância da competência do Senado para editar resoluções suspendendo a execução, no todo ou em parte, de leis declaradas inconstitucionais por decisão definitiva do Supremo Tribunal Federal[21].

Outro passo no sentido do fortalecimento do controle em via principal foi dado com a criação da arguição de descumprimento de preceito fundamental[22], porquanto a legislação infraconstitucional pretendeu atribuir ao instituto o perfil de autêntica ação direta de inconstitucionalidade subsidiária, utilizável nas situações que restaram à margem do controle abstrato de normas[23], sem embargo de nele se vislumbrar, outrossim, um modo de obter, incidentalmente, decisões sobre a validade de leis e atos normativos dotadas de eficácia contra todos[24]. Todavia, a modelagem

---

[20] Artigo 131, *caput*, da Carta de 1988.

[21] Na CF de 88 os referidos institutos têm assento, respectivamente, nos arts. 34, VII, e 36, III e § 3º (rep. interventiva) e no artigo 52, X (resolução suspensiva).

[22] A ADPF havia sido prevista no par. único, do artigo 102, do texto originário da Constituição de 88, dispositivo esse que passou a § 1º com o advento da EC nº 3/93.

[23] Dentre outras situações do gênero, podem-se mencionar: a avaliação da compatibilidade do direito pré-constitucional com a CF de 88, o que pode redundar em eventual declaração de não-recepção ou de revogação por inconstitucionalidade; o controle de constitucionalidade de legislação posterior à CF de 88, porém já revogada; o controle de leis e atos normativos municipais. Cf. o artigo 1º, par. único, I, c.c. o artigo 4º, § 1º, da Lei Federal nº 9.882, de 3-12-1999.

[24] Assim caminhou boa parte das proposições doutrinárias acerca da denominada arguição incidental, construídas a partir da combinação das disposições dos arts. 5º, § 3º, e 10 da LF nº 9.882/99. Dentre outros, cite-se Walter Claudius Rothemburg, no artigo Arguição de descumprimento de preceito fundamental, *in Arguição de descumprimento de preceito fundamental: análises à luz da Lei nº 9.882/99*, org. André Ramos Tavares e Walter Claudius Rothemburg, São Paulo, Atlas, 2001, p. 203.

OS EFEITOS DAS DECISÕES DE INCONSTITUCIONALIDADE EM CONTROLE CONCRETO

meramente legal de modalidades de exercício extraordinário da jurisdição pelo Supremo Tribunal Federal não permite vaticínios otimistas quanto ao futuro da ADPF, por pretender excepcionar o arranjo da separação dos Poderes, à margem da normatividade constitucional em que se assenta[25].

Para estancar as controvérsias sobre a viabilidade do controle abstrato de nível estadual e superar a jurisprudência restritiva consolidada pelo Supremo Tribunal Federal, quando da vigência da Carta de 67/69, inseriu-se no Texto Magno disposição expressa autorizadora da instituição pelos Estados de ação direta de inconstitucionalidade, tendo por objeto leis ou atos normativos estaduais ou municipais, confrontados com as normas de suas Constituições[26].

O constitucionalismo social-democrático da segunda metade do século passado apresenta como uma de suas notas características a preocupação com a efetividade das normas constitucionais, consciente de que o divórcio entre o projeto político por elas delineado e a realidade se converte em fator de descrédito em relação ao papel central que Constituição desempenha no sistema político[27]. E o descrédito na força normativa da Constituição faz com que os principais atores sociais não se engajem na tarefa de sua cabal implementação[28], o que, em momento subsequente, contribuirá para afastá-la ainda mais do plano fático.

[25] Importa lembrar que a Ordem dos Advogados do Brasil postulou, por meio da ADI nº 2.231-8, o reconhecimento da inconstitucionalidade total da Lei nº 9.882/99, não tendo o STF completado, ainda, o julgamento da matéria.

[26] Cuida-se do § 2º, do artigo 125, o qual, desde logo, vedou a atribuição da legitimação ativa da ADI estadual a um único órgão.

[27] Nas palavras de Konrad Hesse, "quanto mais o *conteúdo* de uma Constituição lograr corresponder à natureza singular do presente, tanto mais seguro há de ser o desenvolvimento de sua força normativa": *in A força normativa da Constituição*, trad. Gilmar Ferreira Mendes, Porto Alegre, Fabris, 1991, p. 20.

[28] Em suma, resta abalada a vontade de Constituição a que alude K. Hesse, ob. cit., p. 19: "Embora a Constituição não possa, por si só, realizar nada, ela pode impor tarefas. A Constituição transforma-se em força ativa se essas tarefas forem efetivamente realizadas, se existir a disposição de orientar a própria conduta segundo a ordem nela estabelecida, se, a despeito de todos os questionamentos e reservas provenientes dos juízos de conveniência, se puder identificar a vontade de concretizar essa ordem. Concluindo, pode-se afirmar que a Constituição converter-se-á em força ativa se fizerem-se presentes, na consciência geral – particularmente, na consciência dos principais responsáveis pela ordem constitucional –, não só a *vontade de poder*, mas também a *vontade de Constituição*."

Nesse aspecto, a Constituição de 5 de outubro revelou-se em sintonia com o seu tempo, acolhendo, de forma pioneira na história de nossas instituições fundamentais, instrumentos voltados à superação do fenômeno deletério da omissão inconstitucional de caráter normativo.

Desse modo, em sede de controle abstrato, admitiu-se modalidade peculiar de exercício da ação direta de inconstitucionalidade, consistente na obtenção de provimento declaratório da "omissão de medida para tornar efetiva norma constitucional"[29]. A ausência de experiência anterior na disciplina do instituto, mesmo se considerados os sistemas constitucionais estrangeiros[30], e as dificuldades impostas pelo princípio da separação dos Poderes, explicam a moderação do Constituinte quanto às consequências do reconhecimento judicial da inconstitucionalidade omissiva. Assim é que, julgada procedente a ADI por omissão, o Supremo Tribunal Federal[31] se limita a dar "ciência ao Poder competente para a adoção das providências necessárias e, em se tratando de órgão administrativo, para fazê-lo em trinta dias".

No que concerne à omissão inconstitucional normativa em detrimento de direitos fundamentais patenteou o Constituinte a intenção de ir mais longe, disponibilizando aos prejudicados a garantia do mandado de injunção, a ser concedido "sempre que a falta de norma regulamentadora torne inviável o exercício dos direitos e liberdades constitucionais e das prerrogativas inerentes à nacionalidade, à soberania e à cidadania"[32]. Após haver assentado jurisprudência que emprestava ao novo *writ* tratamento muito próximo ao de uma ação direta de inconstitucionalidade por omissão, o Supremo Tribunal Federal, ao julgar o Mandado de Injunção nº 721-7/DF, em 30 de agosto de 2007, atribuiu outra configuração ao instituto, que, tanto quanto os demais remédios constitucionais, enseja-

---

[29] Artigo 103, § 2º, da CF de 88.

[30] É o caso de Portugal, em cuja Constituição se inspirou o Constituinte brasileiro: cf. o artigo 283 da Constituição lusa de 2-4-1976.

[31] A quem compete processá-la e julgá-la, se o parâmetro para se avaliar a existência de inconstitucionalidade for a Constituição Federal.

[32] Artigo 5º, LXXI, da CF de 88. A jurisprudência do STF não fez, como deveria, a necessária conexão entre esse inciso e o § 1º do artigo 5º, o que situaria o mandado de injunção como um instrumento para se obter a aplicação imediata de normas definidoras de direitos e garantias fundamentais de eficácia limitada, desde que de natureza não-programática, admitindo o seu uso em favor de todo e qualquer direito de porte constitucional.

ria controle incidental e concreto da violação ao Texto Magno[33]. Não se pode afirmar com segurança, contudo, que esteja concluída a revisão do entendimento pretoriano, porquanto no julgamento dos MIs nº 670/ES, 708/DF e 712/PA (todos sobre o direito de greve dos servidores públicos), cerca de dois meses depois, a Corte Excelsa tornou a reposicionar o instituto, desta feita concebendo-o como instrumento de fiscalização principal e abstrata, em que se pleiteia decisão mandamental, de caráter normativo.

V. A ação declaratória de constitucionalidade e o efeito vinculante

A Emenda Constitucional nº 3, de 17 de março de 1993, reforçou ainda mais o controle em via principal e abstrata, ao introduzir a ação declaratória de constitucionalidade de lei ou ato normativo federal, de competência originária e, portanto, exclusiva do Supremo Tribunal Federal, mediante alteração na redação da aliena *a*, do inciso I, do artigo 102, da Constituição de 88. De início, a legitimação ativa para a ADC ficou restrita ao Presidente da República, às Mesas do Senado Federal e da Câmara dos Deputados e ao Procurador-Geral da República[34], o que se mostrava coerente com a gênese do instituto, que veio a lume no bojo da reforma que autorizou à União a instituição de imposto provisório sobre movimentação ou transmissão de valores e de créditos e direitos de natureza financeira (IPMF). A criação da ADC, na verdade, resultou da preocupação do Governo Federal com a falta de uniformidade das decisões judiciais sobre a constitucionalidade de normas tributárias, dificultando ao extremo o planejamento financeiro, dada a incerteza gerada quanto aos resultados da atividade de arrecadação de tributos. Porém, com a edição de Emenda nº 45, em 2004, estabeleceu-se a unificação do rol de legitimados para a propositura das duas ações diretas de nível federal, tomando-se como referência a disciplina da ADI[35]. No entanto, o objeto da ADC permaneceu circunscrito às leis e atos normativos federais.

---

[33] No acórdão do julgamento do MI nº 721-7, publicado no DJ de 30-11-2007, a Suprema Corte, conduzida pelo Min. Marco Aurélio, declarou que na injunção "há ação mandamental e não simplesmente declaratória de omissão", sendo que "a carga de declaração não é objeto da impetração, mas premissa da ordem a ser formalizada". Ademais, "tratando-se de processo subjetivo, a decisão possui eficácia considerada a relação jurídica nele revelada".

[34] Cf. o § 4º do artigo 103 da CF, acrescido pela EC nº 3/93.

[35] Mediante a supressão do § 4º do artigo 103 e modificação da redação do *caput* do dispositivo.

Ao contrário do que ocorreu com a ação direta de inconstitucionalidade, o surgimento da ação declaratória de constitucionalidade provocou intensa polêmica doutrinária[36], tanto pelas dúvidas suscitadas quanto à sua viabilidade jurídico-constitucional, quanto pela falta de consenso no tocante à conveniência e oportunidade do novel instituto. Se o primeiro aspecto foi logo dirimido, de modo convincente, pelo Supremo Tribunal Federal[37], não se pode dizer o mesmo do segundo, até porque, em sede de fiscalização abstrata, a declaração de constitucionalidade de atos legislativos não gera, usualmente, coisa julgada oponível contra todos. Afinal, é sabido que o vício de inconstitucionalidade, por vezes, somente é detectado após algum tempo de aplicação do diploma controlado, mostrando-se a estabilização dos efeitos de decisão judicial que proclame sua constitucionalidade extremamente danosa ao princípio da supremacia da Constituição.

Por meio da legislação infraconstitucional que disciplinou o processo e o julgamento das ações diretas compreendidas no controle principal de nível federal, buscou-se atenuar o problema das declarações prematuras de constitucionalidade, estabelecendo-se específica condição da ação para as ADCs, consistente na "existência de controvérsia judicial relevante sobre a aplicação da disposição objeto da ação declaratória"[38].

A propósito, a mencionada legislação, consubstanciada na Lei Federal nº 9.868/99, incrementou a via principal de fiscalização, ao assentar em texto normativo, pela primeira vez desde a introdução do controle abstrato no Brasil, o rito das ações diretas genéricas, aproveitando o legado das soluções alcançadas por meio de conspícua jurisprudência do Supremo Tribunal Federal. Excedeu-se, porém, o legislador ordinário, ao contemplar modalidade de convalidação parcial de lei ou ato normativo viciado por inconstitucionalidade, fundada em razões de segurança jurídica ou excepcional interesse social, deferindo-a à Corte Suprema, que somente pode decretá-la pelo voto de dois terços de seus membros[39]. Cuida-se da denominada modulação dos efeitos temporais da declaração de inconstitu-

---

[36] Parte dessa polêmica está condensada na obra *Ação declaratória de constitucionalidade*, coord. Ives Gandra da Silva Martins e Gilmar Ferreira Mendes, São Paulo, Saraiva, 1994.

[37] Ao resolver questão de ordem no julgamento da ADC nº 1-1/DF, em acórdão publicado no DJ de 16-6-1995, o STF proclamou a constitucionalidade da EC nº 3/93, em relação à nova modalidade de controle principal.

[38] Artigo 14, III, da Lei Federal nº 9.868, de 10-11-1999.

[39] Cf. o artigo 27 da LF nº 9.868/99.

cionalidade em sede de controle principal, a qual, a princípio, por força da natureza da sanção inerente ao sistema brasileiro (de nulidade), remonta ao nascimento do ato impugnado. Permitiu-se por mera disposição legal que o STF restrinja os efeitos daquela declaração ou decida "que ela só tenha eficácia a partir de seu trânsito em julgado ou de outro momento que venha a ser fixado", o que suscitou a arguição de inconstitucionalidade do próprio dispositivo[40], adaptação canhestra ao direito pátrio de norma equivalente inserta na Constituição portuguesa de 1976[41]. Não obstante a pendência a propósito da constitucionalidade do artigo 27 da Lei Federal nº 9.868/99, dele tem feito uso o Supremo Tribunal, cada vez mais frequentemente e inclusive no âmbito do controle incidental, o que, posta de lado a discussão sobre a validade do preceito, constitui mais uma demonstração da tendência evolutiva do sistema de fiscalização brasileiro rumo ao modelo europeu.

Outra novidade trazida pela Emenda nº 3/93 foi a disposição sobre a dimensão subjetiva das decisões definitivas de mérito proferidas nas ações declaratórias de constitucionalidade, as quais, a teor do § 2º, então acrescido ao artigo 102 da Constituição, produzem eficácia contra todos e efeito vinculante, esse último "relativamente aos demais órgãos do Poder Judiciário *(que não o STF)* e ao Poder Executivo". No que concerne à eficácia *erga omnes*, sempre foi ela considerada ínsita às decisões de mérito proferidas em sede de controle principal de constitucionalidade, independentemente de previsão expressa na Carta Magna. O efeito vinculante, todavia, não era da tradição de nosso sistema de controle, gerando sua estipulação enorme perplexidade no campo doutrinário. Posteriormente, o efeito vinculante foi estendido às decisões de mérito proferidas em ações diretas de inconstitucionalidade por meio da Lei nº 9.868/99[42], tendo a Emenda nº 45/04 modificado a redação do § 2º, do artigo 102, no sentido de equiparar a eficácia subjetiva das decisões de mérito proferidas em ADIs e ADCs, abarcando, nos dois casos, a eficácia *erga omnes* e o efeito vinculativo[43].

---

[40] ADIs nº 2.154-2 e 2.258-0, pendentes de julgamento pelo STF.
[41] Artigo 282, nº 4.
[42] Artigo 28, par. único.
[43] Na redação conferida ao § 2º, do artigo 102, da CF, pela EC nº 45/04, dentre os destinatários do efeito vinculante não mais figura o Poder Executivo e sim a Administração Pública, direta e indireta, nas esferas federal, estadual e municipal.

A pretensão da proposta doutrinária que inspirou a atribuição de efeito vinculante às decisões definitivas de mérito em ADIs e ADCs era a de estabelecer a obrigatoriedade da observância pelos demais órgãos do Poder Judiciário e pelos órgãos e entidades da Administração Pública, direta e indireta, dos fundamentos determinantes da decisão[44]. Contudo, ainda não se pode dizer que o Supremo Tribunal Federal tenha emprestado essa conotação ao efeito vinculante, rompendo com o princípio arraigado em nossa legislação processual de que os motivos da sentença não fazem coisa julgada (e, portanto, não vinculam quem quer seja), "ainda que importantes para determinar o alcance da parte dispositiva da sentença"[45]. De minha parte, preconizo interpretação neutralizante para a polêmica cláusula constitucional do efeito vinculativo, no sentido de se entender que ela apenas equiperou o descumprimento do dispositivo das decisões proferidas em controle abstrato de normas de nível federal ao descumprimento da lei, para efeito da promoção da responsabilidade disciplinar ou político-administrativa das autoridades judiciárias ou administrativas renitentes[46].

VI. A reforma do Judiciário e os institutos da súmula vinculante e da repercussão geral

Duas questões, que se entrelaçam no âmbito do Supremo Tribunal Federal, continuaram a desafiar todos aqueles preocupados com o bom desempenho da função jurisdicional após o advento da Constituição de 88: a conhecida deficiência de nosso sistema de controle, relativamente à falta de uniformidade e consequente imprevisibilidade das decisões, e o congestionamento das vias judiciais, de um modo geral.

No encaminhamento de soluções bem ao gosto do formalismo normativista, pouco tempo após a entrada em vigor da "Constituição-cidadã" passou-se a discutir no âmbito do Congresso Nacional proposta de emenda

---

[44] Bastante elucidativo a esse respeito o texto de Gilmar Mendes intitulado *O efeito vinculante das decisões do Supremo Tribunal Federal nos processos de controle abstrato de normas*, publicado na obra *Direitos fundamentais e controle de constitucionalidade*, cit., p. 435-58.

[45] Artigo 469, I, do CPC.

[46] Veja-se o artigo Arguição de descumprimento de preceito fundamental: delineamento do instituto, *in Arguição de descumprimento de preceito fundamental: análises à luz da Lei nº 9.882/99*, cit., p. 119-20.

tendo como eixo a reforma do Judiciário[47], propositura essa que veio, afinal, a se converter na Emenda Constitucional nº 45, de 8 de dezembro de 2004.

Em relação à fiscalização da constitucionalidade de leis e atos normativos, procurou-se reforçar a eficácia das decisões adotadas pelo Supremo Tribunal Federal em sede de controle incidental, por meio da súmula vinculante. As súmulas de orientação editadas pelo STF já haviam tido o seu poder de uniformização, via convencimento dos demais órgãos judiciários, incrementado pela Lei Federal nº 9.756, de 17 de dezembro de 1998, que, alterando a redação do artigo 557 do Código de Processo Civil, permitiu ao relator negar seguimento a recurso em confronto com jurisprudência dominante na Suprema Corte, sumulada ou não, ou, ao contrário, reformar, monocraticamente, a decisão recorrida que esteja em discrepância com essa jurisprudência[48].

O que se fez na reforma de 2004 foi autorizar o Pretório Excelso a, "*de ofício ou por provocação, mediante decisão de dois terços de seus membros, após reiteradas decisões sobre matéria constitucional, aprovar súmula que, a partir de sua publicação na imprensa oficial, terá efeito vinculante em relação aos demais órgãos do Poder Judiciário e à administração pública direta e indireta, nas esferas federal, estadual e municipal*"[49].

Se as resoluções suspensivas do Senado já estavam em processo de atrofiamento, por força do impacto do alargamento da via principal de controle, é de se prever que o seu espaço institucional, nos próximos anos, passe a ser ocupado pelas súmulas vinculantes, pois autorizam elas atuação normativa direta do Supremo em matéria constitucional, sem que fique a Corte na dependência de providência discricionária do Senado Federal. Ademais, o seu objeto é mais amplo do que o das resoluções senatoriais, porquanto podem ter por objetivo a validade (inconstitucionalidade ou constitucionalidade), a interpretação e a eficácia (vigência ou revogação) de normas determinadas (legais ou constitucionais), "*acerca das quais haja controvérsia atual entre órgão judiciários ou entre esses e a administração pública que acarreta grave insegurança jurídica e relevante multiplicação de processos sobre questão idêntica*"[50]. É certo, entretanto, que a expedição de súmula

---

[47] PEC 96/92.
[48] Artigo 557, *caput* e § 1º, do CPC.
[49] Artigo 103-A, introduzido pela EC nº 45/04.
[50] § 1º, do artigo 103-A.

vinculante tem, como um de seus pressupostos, a existência de reiteradas decisões do STF sobre a matéria sumulada, necessariamente de ordem constitucional, ao passo que o Senado, a partir de uma única decisão definitiva da Corte, declaratória da inconstitucionalidade de lei (federal, estadual ou municipal), está autorizado a suspender a execução, no todo ou em parte, do ato impugnado.

Se, por um lado, a súmula vinculante potencializa os efeitos do controle incidental realizado pelo STF, cuidou o Constituinte reformador de limitar o cabimento do recurso extraordinário apenas às questões constitucionais com repercussão geral, assim reconhecidas por, pelo menos, quatro de seus Ministros[51]. A disciplina conferida ao instituto da repercussão geral pela Lei Federal nº 11.418, de 19 de dezembro de 2006, mediante o acréscimo dos artigos 543-A e 543-B ao Código de Processo Civil, seguiu a diretriz, já contemplada pela Lei nº 9.756/98, de se atribuir eficácia geral indireta às decisões do STF em processos concreto-subjetivos[52], o que deve contribuir para a amenização do déficit decisório de nossa mais alta Corte.

Ademais, começa a se esboçar uma tendência de utilização combinada dos institutos da súmula vinculante e da repercussão geral, de sorte que, uma vez reconhecida a repercussão geral e decidido no mérito o recurso extraordinário, o Supremo Tribunal Federal, por seu plenário, consagra em súmula o entendimento prevalente[53], tornando-o de observância obrigatória aos destinatários mencionados no *caput* do artigo 103-A.

De outra parte, se a própria ideia de súmula jurisprudencial de caráter normativo não se ajusta, comodamente, a um sistema jurídico radicado na família da *civil law*, sofrendo resistências justificáveis por parte da doutrina e dos operadores do sistema, a avaliação quanto aos efeitos positivos que possa trazer em termos de diminuição da carga de trabalho no âmbito do STF também não se faz de modo consensual. Afinal, "*do ato administrativo ou decisão judicial que contrariar a súmula aplicável ou que indevidamente a aplicar,*

---

[51] Nos termos do § 3º, acrescido ao artigo 102 da CF pela EC nº 45/04, que reza: "No recurso extraordinário o recorrente deverá demonstrar a repercussão geral das questões constitucionais discutidas no caso, nos termos da lei, a fim de que o Tribunal examine a admissão do recurso, somente podendo recusá-lo pela manifestação de dois terços de seus membros."

[52] Destaquem-se as normas do § 5º, do artigo 543-A, e do artigo 543-B, *caput* e §§, do CPC.

[53] Foi o que sucedeu na aprovação das Súmulas nº 7 (RE nº 582.650), nº 8 (REs nº 560.626, 556.664 e 559.882) e nº 10 (RE nº 482.090).

caberá reclamação ao Supremo Tribunal Federal que, julgando-a procedente, anulará o ato administrativo ou cassará a decisão judicial reclamada, e determinará que outra seja proferida com ou sem a aplicação da súmula, conforme o caso"[54]. Ora, na medida em que se o Pretório Excelso passe a fazer uso constante do instrumento e considerando as ambiguidades e incertezas que fatalmente decorrerão dos textos sumulados[55], corre-se o risco da diminuição da quantidade de recursos extraordinários e de agravos de instrumento se dar à custa de um aumento vertiginoso na quantidade de reclamações, de protocolização direta no âmbito da Suprema Corte.

VII. Análise prospectiva e conclusão

No tocante à evolução da fiscalização da constitucionalidade das leis e omissões legislativas no Brasil, a Constituição de 1988, complementada pelas reformas promovidas pelas Emendas nº 3/93 e 45/04, tornou ainda mais evidente a tendência no sentido da adoção do padrão europeu para o nosso sistema de controle[56], rompendo em algum momento, de modo definitivo, com as características que ainda o vinculam ao sistema modelar estadunidense.

Assim é que a valorização da via principal e abstrata de controle, manejada precipuamente pelo Supremo Tribunal Federal[57], ao lado das variadas formas pelas quais vem se procurando dotar as decisões profe-

---

[54] § 3º, do artigo 103-A, da CF.

[55] O artigo 4º da Lei Federal nº 11.417, de 19-12-2006, que disciplinou, em nível infraconstitucional, a edição, revisão e o cancelamento de enunciado de súmula vinculante, estabeleceu: "A súmula com efeito vinculante tem eficácia imediata, mas o Supremo Tribunal Federal, por decisão de 2/3 (dois terços) dos seus membros, poderá restringir os efeitos vinculantes ou decidir que só tenha eficácia a partir de outro momento, tendo em vista razões de segurança jurídica ou de excepcional interesse público." Tal modulação da eficácia vinculante do enunciado sumular deverá constituir fonte inesgotável de controvérsias envolvendo a sua aplicação, ensejando a interposição das correspondentes reclamações pelos insatisfeitos com a solução dada pelos órgãos administrativos ou jurisdicionais de base.

[56] Dentre outros autores, é o que sustenta Gilmar Mendes, ao ensinar que no Brasil se constata a tendência, ainda que fragmentária, "à adoção de um sistema aproximado a modelos concentrados de controle de constitucionalidade". Veja-se *Direitos fundamentais e controle de constitucionalidade*, cit., p. 264.

[57] Basta observar que a União detém a competência legislativa sobre as matérias de maior relevo, sendo a constitucionalidade da legislação federal avaliada apenas pela ADI de competência originária do STF.

ridas pela Corte *incidenter tantum* de efeitos gerais[58], apontam para, em horizonte não muito distante, a concentração da competência de controle nas mãos de Corte Constitucional Federal e, possivelmente, de tribunais congêneres de nível estadual, voltados à guarda das Constituições locais. Em face da tradição histórica e do fortalecimento da presença do STF na estrutura judiciária brasileira nos últimos anos[59], o mais provável é que a própria Corte Suprema, que já ostenta as feições essenciais de um tribunal constitucional, venha a ser adaptada ao desempenho desse novo papel institucional.

Por outro lado, não haveria dificuldade alguma em se manter entre nós as duas formas de atuação da jurisdição constitucional, vale dizer, o método principal e o método incidental, em sintonia com a tendência do sistema europeu do pós-guerra, porquanto a combinação entre uma e outra via já ocorre na atualidade, embora inexista entre nós um incidente de inconstitucionalidade similar ao que é submetido às Cortes Constitucionais do Velho Mundo.

Quanto à sanção de invalidade operada pelo sistema de fiscalização, pode-se afirmar que não mais existe o consenso em torno das virtudes do sistema sancionatório vigente, que, inquestionavelmente, comina a invalidade absoluta (nulidade) para o ato normativo inconstitucional. A pressão exercida pelo legislador infraconstitucional para se atenuarem as

---

[58] Desde a eficácia geral indireta, consistente em se dificultar o seguimento de recursos extraordinários em contraste com a jurisprudência do STF ou em facilitar a acolhida daqueles que a ela se afeiçoem, até a constrição dos demais órgãos judiciários e da Administração Pública, direta e indireta, à observância do enunciado de súmulas vinculantes sobre matéria constitucional, passando por inúmeras propostas, *de lege ferenda* ou de sentido meramente interpretativo em relação ao direito posto, que preconizam a atribuição de eficácia *erga omnes* às decisões do STF em sede de controle concreto/incidental. É o caso, p. e., da PEC nº 406/01, em que se propõe o acréscimo de parágrafo ao artigo 103 da CF, com a seguinte redação: "O Supremo Tribunal Federal, acolhendo incidente de constitucionalidade proposto por pessoas ou entidades referidas no *caput*, poderá, em casos de reconhecida relevância, determinar a suspensão de todos os processos em curso perante qualquer juízo ou tribunal, para proferir decisão, com eficácia e efeito previstos no § 2º do artigo 102, que verse exclusivamente sobre matéria constitucional suscitada."

[59] Exemplo disso é a liderança exercida junto ao Conselho Nacional de Justiça, órgão máximo de controle político-administrativo no âmbito interno do Poder Judiciário, instituído pela EC nº 45/04, cuja presidência cabe a um Ministro do STF, indicado pela Corte, tendo tal escolha, até agora, recaído na figura do próprio Presidente do Supremo.

consequências drásticas, e nem sempre adequadas, da sanção de nulidade, de que são provas incontestes os artigos 27 da Lei nº 9.868/99 e 11 da Lei nº 9.882/99, ainda que incidindo ele próprio em inconstitucionalidade, está a demonstrar o amadurecimento da superação da sistemática atual, passando-se a trabalhar com a sanção de anulabilidade, para o que se mostra imprescindível a concentração da competência de controle, como já deixei assentado em trabalho doutrinário[60].

Penso que não se trata apenas de uma tendência evolutiva de nosso sistema de controle, porém, mais do que isso, da necessidade de seu ajustamento, de modo a superar, em definitivo, a crise de funcionalidade provocada pelo advento da concepção social-democrática de Estado, registrada nos preceitos da Constituição de 34.

O que se espera é que tal reforma institucional, vital para a plena consecução dos generosos objetivos traçados pelo Constituinte de 88, não seja postergada por muito mais tempo, eclipsada por medidas alternativas de legitimidade ou conveniência duvidosas, como algumas daquelas adotadas ultimamente pelo Constituinte de Reforma, pelo legislador ordinário ou mesmo fruto de construções jurisprudenciais engendradas pelo STF. A transformação do Supremo em Corte Constitucional de feições europeias, isto é, detentora do monopólio do controle de constitucionalidade em nível federal e dedicada, com exclusividade, à jurisdição constitucional, é a chave para a solução do grave problema de sobrecarga com que tem se defrontado, crescentemente, de uns tempos a esta parte. Fora daqueles casos que se compreendem em um conceito lato de jurisdição constitucional, como o julgamento de elevadas autoridades da República pela prática de crimes comuns ou de responsabilidade ou de conflitos que possam

---

[60] Refiro-me, mais uma vez, à obra *A inconstitucionalidade das leis: vício e sanção*, em que assinalei, à guisa de conclusão: "O sistema de controle de constitucionalidade funciona como critério identificador da sanção de inconstitucionalidade acolhida pelo ordenamento. Assim, a sanção de nulidade exige a presença do controle em via incidental, apresentando a decisão que constata a incidência da sanção a aparência de uma retroatividade radical, por redundar na negativa de efeitos *ab initio* ao ato impugnado. Já a sanção de anulabilidade aparece necessariamente associada ao controle concentrado, em que se produzam decisões anulatórias com eficácia *erga omnes* e não-retroativas ou com retroatividade limitada. (...) De lege ferenda, propõe-se a modificação do regime sancionatório de inconstitucionalidade brasileiro, passando-se a acolher a sanção de anulabilidade que, aplicada alhures, tem conseguido melhor equilibrar o princípio da supremacia constitucional com as exigências de segurança nas relações jurídicas." Ob. cit., p. 244-5.

afetar gravemente a coesão federativa, o Supremo Tribunal não deve julgar causas e sim questões de constitucionalidade, inclusive as que envolvam a avaliação da recepção do direito pré-constitucional. Enquanto não se despir a nossa mais alta Corte das características de derradeira instância recursal, mediante eliminação ou profunda reformulação do recurso extraordinário, bem além de fórmulas paliativas com as da repercussão geral, não se equacionará a questão do déficit decisório, que tanto incomoda a todos os que a prezam como um dos mais importantes legados do Brasil republicano.

Se a Constituição, nesses vinte anos de vigência da Carta de 88, adquiriu maior efetividade e respeito, passando a ocupar o espaço central que lhe pertence no sistema jurídico e a condicionar e limitar a atividade política, não resta dúvida de que boa parte dos créditos deve ser atribuída à evolução experimentada no sistema de controle de constitucionalidade a partir de sua promulgação. Cabe, doravante, completar o caminho que se começou a trilhar em 34, sem se perder em desvios que possam vir a retardar ou a comprometer o êxito de tão nobre empreitada.

Subsistência do controlo difuso ou migração para um sistema concentrado de reenvio prejudicial

Maria dos Prazeres Pizarro Beleza

Docente na Universidade Católica Portuguesa (UCP), juíza conselheira do Supremo Tribunal de Justiça e ex-membro do Tribunal Constitucional português

Porque o objetivo da minha intervenção é o de refletir sobre a manutenção do regime atual de controlo difuso e sobre uma sua hipotética substituição por um sistema concentrado e de reenvio prejudicial, vou, sucessivamente:

– Recordar muito brevemente os traços mais característicos do regime português vigente;

– Tentar identificar as diferenças mais relevantes entre o sistema misto português e o sistema do reenvio prejudicial;

– E, a propósito dessas diferenças – correspondentes a outros tantos pontos que haveriam de ser modificados, optando-se pelo abandono do regime do recurso de constitucionalidade –, indicar alguns dos inconvenientes que têm sido apontados ao sistema vigente.

Advertências:

1ª Só vou referir-me ao controlo concreto da constitucionalidade (considerando-se abrangido o controlo da legalidade qualificada);

2ª Vou tentar, até onde for possível, deixar de lado a questão da introdução (ou não) de uma ação ou recurso, perante o Tribunal Constitucional, de decisões e atos individuais (nomeadamente decisões judiciais) com fundamento em violação de direitos fundamentais (amparo ou semelhante). Em primeiro lugar, porque é objeto de uma outra "mesa" neste colóquio, em segundo lugar, mas porque a opção pela via do reenvio prejudicial não implica necessariamente a existência simultânea de recurso de amparo.

No entanto, poderei ter de lhe fazer algumas referências.

3ª As minhas reflexões têm como objeto o sistema de fiscalização concentrada da inconstitucionalidade normativa que acompanhou a criação do Tribunal Constitucional português, ou seja, do que foi definido pela revisão constitucional de 1982 e que, com alguns ajustamentos, se mantém até hoje.

4ª Quando me referir a *tribunais comuns* estou a utilizar esta expressão para referir *os outros tribunais*, para além do Tribunal Constitucional (integrados portanto ou não na ordem dos tribunais judiciais).

I. Particularidades do regime português de fiscalização concreta da constitucionalidade normativa:

a) É habitual dizer que a Constituição portuguesa de 1976 desenhou um *sistema peculiar* para a fiscalização concreta da constitucionalidade dos atos normativos (ou seja, da que surge a propósito e por causa do julgamento de um *caso* nos tribunais comuns e das *normas* aplicáveis para o julgar), querendo assim referir-se a forma particular como em Direito Português se conciliou.

– a *fiscalização difusa* (todos os tribunais têm o poder de apreciar a constitucionalidade das normas aplicáveis aos litígios que lhes cabe resolver, o que implica a possibilidade de recusa de aplicação, por inconstitucionalidade, e o julgamento da inconstitucionalidade suscitada pelas partes,

– com a *fiscalização concentrada* (no Tribunal Constitucional), e que se traduz essencialmente no seguinte:

A *questão de constitucionalidade* é apreciada nos tribunais comuns,

– a *título incidental* (não como questão principal, não é admissível uma ação cujo objeto se esgote na apreciação da inconstitucionalidade de uma norma),

– suscitada pelas *partes ou oficiosamente*,

– e chega ao Tribunal Constitucional *por via de recurso* (e não através de suspensão pelo tribunal da causa, como questão prejudicial) passando então a constituir o *objeto* desse recurso.

Com efeito, seja porque houve recusa de aplicação de uma norma, porque o tribunal que julgava o caso concreto a considerou inconstitucional, seja porque, diferentemente, o tribunal julgou não inconstitucional uma norma cuja inconstitucionalidade foi suscitada no processo, cabe recurso para o Tribunal Constitucional da decisão (sentença ou acórdão) proferida no caso concreto, mas restrito à questão de constitucionalidade, cabendo-lhe a última palavra quanto à questão de constitucionalidade suscitada (fiscalização concentrada da constitucionalidade das normas).

Recorre-se, portanto, da decisão do Tribunal que julgou o caso concreto; mas o objeto do recurso restringe-se à apreciação da constitucionalidade da norma, questão que passa, assim, a constituir o objeto do processo no Tribunal Constitucional – a título principal e já não incidental, portanto,

b) Tendo em conta a definição constitucional e legal dos casos em que cabe recurso de fiscalização concreta para o Tribunal Constitucional, costumando-se agrupar em três os tipos fundamentais de recurso (artigos 280º da Constituição e 70º da LTC):

Recusa de aplicação de normas (70º, nº 1, a), c), d), e), i), 1ª parte) – o próprio tribunal afasta a aplicação de uma norma, que seria relevante para a decisão do caso concreto (*ratio decidendi*), com fundamento na sua inconstitucionalidade. Abre-se recurso direto para o Tribunal Constitucional, obrigatório para o Ministério Público no caso de se tratar de norma constante de convenção internacional, ato legislativo ou decreto regulamentar;

Aplicação de norma cuja inconstitucionalidade foi suscitada (70º, nº 1, b), f) durante o processo (ou seja, em termos de criar no tribunal recorrido a obrigação de conhecer da questão de constitucionalidade, para que possa ser conhecida pelo Tribunal Constitucional por via de recurso);

Aplicação de norma já julgada inconstitucional pelo Tribunal Constitucional (70º, nº 1, g), h), i), 2ª parte) ou pela Comissão Constitucional (quer em fiscalização concreta, quer, embora haja controvérsia quanto a este ponto, em fiscalização abstrata), obrigatório para o Ministério Público.

c) E interessa ainda recordar, neste apanhado rapidíssimo do recurso de constitucionalidade, que este tem o seu objeto restringido à questão de constitucionalidade, referindo-se esta, não à constitucionalidade da própria decisão recorrida, mas da norma ou normas que nesta foram aplicadas (ou recusadas por inconstitucionalidade).

Trata-se de um ponto chave no sistema de fiscalização da constitucionalidade pelo Tribunal Constitucional, que apenas aprecia a constitucionalidade de normas.

Com se sabe, é aos tribunais comuns que incumbe a apreciação da constitucionalidade, quer de normas, quer de outros atos, individuais e concretos, incluindo de decisões judiciais.

Coube assim ao Tribunal Constitucional a tarefa de traçar a fronteira da sua própria competência de fiscalização, nomeadamente fixando o que, para este efeito, se entende por norma ou ato normativo.

Assim, estabeleceram-se os seguintes critérios:

– Em primeiro lugar, o de que se utiliza um *conceito funcional* de norma (ou seja, um conceito adaptado ao sistema de fiscalização de constitucionalidade), abrangendo atos aprovados *sob a forma de lei*, ainda que desprovidos de generalidade e abstração, bem como *atos provenientes de entidades públicas ou dotadas de poderes públicos que, com eficácia externa, definam regras ou padrões de conduta*. Não cabe agora entrar na análise de algumas divergências verificadas no Tribunal Constitucional quanto a alguns pontos (por exemplo, quanto à possibilidade de apreciação de normas constantes de convenções coletivas de trabalho);

– Em segundo lugar, o de que o objeto de apreciação é a norma e não o preceito ou disposição legal que a contém; e de que é a norma tal como foi definida e interpretada pelo tribunal recorrido, com o sentido que lhe foi fixado e com o qual foi aplicada (ou recusada), ainda que em resultado de conjugação de diferentes preceitos ou de eventual integração de lacunas.

Também não vem agora a propósito desenvolver este ponto, central porque, do mesmo passo que define o objeto do recurso, delimita os poderes de cognição do Tribunal Constitucional.

Mas recordo que frequentemente o Tribunal Constitucional se depara com dificuldades de distinção entre a *decisão* que aplicou a norma (cuja constitucionalidade não pode apreciar) e a *norma* que a decisão aplicou (de que lhe cabe conhecer), levando a que, por vezes, se observe que em certas decisões o Tribunal Constitucional *quase* julgou como se de um recurso de amparo se tratasse.

Suponho no entanto que a solução a que o Tribunal chegou permite em geral alcançar o efeito de proteção que se costuma associar ao recurso de amparo.

II. Diferenças entre os dois sistemas.

Tendo presente a configuração do recurso de constitucionalidade, tal como foi desenhado pela Constituição portuguesa (completada pela Lei do Tribunal Constitucional), suponho que se podem identificar quatro pontos particularmente relevantes de diferenciação em relação a um (hipotético) sistema de reenvio prejudicial para o Tribunal Constitucional (e correspondente suspensão do processo até que a questão de constitucionalidade seja por ele apreciada). Dizem eles respeito:

– Aos poderes dos tribunais comuns de apreciação da constitucionalidade das leis;

– Ao acesso das partes (nesses litígios) ao Tribunal Constitucional;

– Ao processamento da questão de constitucionalidade;

– À execução das decisões do Tribunal Constitucional – de provimento, no direito português, de inconstitucionalidade, em regime de reenvio prejudicial.

a) Começando pela questão dos poderes dos tribunais comuns de apreciação da constitucionalidade das leis (usando este termo em sentido amplo, sem curar de precisar tipos de atos normativos), e deixando agora de lado desvios que eventualmente possam verificar-se em regimes concretos, os sistemas de fiscalização concreta concentrada da constitucionalidade das leis assentam no princípio da reserva ao Tribunal Constitucional do acesso à Constituição e, portanto, da reserva do poder de se pronunciar sobre a conformidade constitucional das normas de direito ordinário.

Este *exclusivo* torna necessário o mecanismo do reenvio prejudicial e da consequente suspensão do processo no tribunal *da causa*, suspensão que há de manter-se até que o Tribunal Constitucional julgue a questão de constitucionalidade.

É claro que a decisão de submeter ao Tribunal Constitucional a apreciação da questão de constitucionalidade implica a respectiva apreciação por parte do tribunal comum; e que, consoante o regime concretamente desenhado para a definição, a fundamentação e a liberdade de decisão de submeter ou não a questão ao Tribunal Constitucional, assim varia a intensidade desse poder de apreciação (exigindo que o tribunal *entenda que ocorre* inconstitucionalidade, *que apenas tenha dúvidas* sobre se ocorre ou não ou apenas que ache *não ser manifestamente desrazoável* a inconstitucionalidade).

E é igualmente claro que o regime é compatível, quer com a atribuição a qualquer instância do poder de decidir o reenvio, quer com a restrição à última instância desse mesmo poder.

Mas a verdade é que, neste sistema, os tribunais do direito ordinário (comuns, neste sentido) não têm o poder de *decidir* a questão de constitucionalidade, mormente recusando a aplicação de lei que considerem inconstitucional.

Ora o princípio em que assenta o sistema português, difuso na base e concentrado no topo, é o do acesso direto à Constituição de todos os tribunais, competindo-lhes *julgar* a constitucionalidade das normas aplicáveis aos litígios que lhes cabe decidir, *recusando* a aplicação de normas que, eles próprios, julgam inconstitucionais ou rejeitando a arguição de inconstitucionalidade deduzida pelas partes na causa.

Substituí-lo pelo sistema do reenvio prejudicial implicaria retirar aos tribunais esse poder decisório, de que dispõem desde a Constituição de 1911.

Note-se, aliás, que (deixando naturalmente de lado o sistema de fiscalização abstrata), é mais amplo o acesso direto à Constituição dos tribunais comuns do que do Tribunal Constitucional, porque, como se disse já, não estão limitados pela fiscalização da constitucionalidade de normas: cabe-lhes ainda decidir da conformidade constitucional de atos concretos, incluindo decisões judiciais.

Introduzir o sistema do reenvio (eventualmente e, sobretudo, se acompanhado do recurso de amparo) significaria, a meu ver, o entendimento de que não têm exercido adequadamente o seu poder; ou, então, que o sistema global é de tal forma inadequado que, apesar de tudo, o poder lhes deve ser retirado.

O que, a meu ver, não está, de todo, demonstrado.

b) O acesso das partes ao Tribunal Constitucional.

É naturalmente muito diverso o acesso das partes ao Tribunal Constitucional, nos dois sistemas.

Com efeito, embora a legitimidade para interpor recurso de constitucionalidade possa ser definida de forma mais ou menos abrangente, é próprio de um sistema de recurso que se abra às partes das diversas causas o poder de, por sua iniciativa, aceder ao Tribunal Constitucional, provocando a sua intervenção fiscalizadora.

Ora a Constituição e a lei portuguesas são muito generosas na concessão da legitimidade para recorrer para o Tribunal Constitucional, já que, por regra, a legitimidade se afere pelas normas processuais aplicáveis ao processo principal (processo civil, por exemplo).

As partes (e até terceiros efetivamente prejudicados, em alguns casos) têm assim ampla legitimidade para interpor recurso – em termos simplistas, desde que tenham ficado vencidas.

Mas a Constituição e a lei definem outros mecanismos de limitação do acesso ao Tribunal Constitucional, nomeadamente em função do tipo de recurso interposto (por exemplo, como se referiu já, necessidade de ter previamente suscitado a inconstitucionalidade, no tipo de recurso de longe mais frequente, o da al. b) do nº 1 do artigo 70º da LTC).

Globalmente avaliado, o regime encontrado revela que a Constituição considerou relevante o interesse particular das partes (função subjetiva do recurso de constitucionalidade), sem todavia esquecer o interesse público, seja ele o da defesa da lei ou da autoridade última do Tribunal Constitucional em questões de constitucionalidade, e que por vezes não é coincidente com aquele interesse particular; traduz-se, por vezes, na possibilidade ou na obrigação do Ministério Público de recorrer para o Tribunal Constitucional.

Num sistema de reenvio prejudicial, e ainda que as partes possam suscitar a questão, é ao tribunal da causa que cabe o poder de decidir submeter ou não a questão ao Tribunal Constitucional (variando embora, como se viu, os respectivos pressupostos).

Também por este motivo, creio mais uma vez que será de difícil aceitação a introdução em Portugal do mecanismo do reenvio prejudicial em substituição do recurso de constitucionalidade – a não ser que seja acompanhado do recurso de amparo.

Não creio, no entanto, que essa substituição resolvesse significativamente dificuldades de funcionamento que se têm sentido, e que estão ligadas ao reconhecimento aos interessados do direito de recurso para o Tribunal Constitucional.

Observa-se, fundadamente, que o sistema permite a interposição de recursos com fins meramente dilatórios; e que, em qualquer caso, tem contribuído para o prolongamento excessivo dos processos, por implicar mais um grau de recurso.

É incontestável a primeira observação: no que toca aos recursos interpostos de decisões que aplicaram normas não obstante ter sido suscitada a sua inconstitucionalidade, o sistema possibilita a interposição de recursos com o objetivo de atrasar o processo (sejam quais forem as vantagens que assim se pretendem alcançar).

O mesmo se pode no entanto dizer de um sistema que combine o reenvio prejudicial com o recurso de amparo, nomeadamente se for exigido, como condição prévia, o esgotamento das vias judiciais.

Já a segunda me não parece tão certeira, tendo em conta a duração global dos processos e o tempo de julgamento da generalidade dos recursos no Tribunal Constitucional.

A lei tem, aliás, vindo a introduzir mecanismos tendentes a limitar os efeitos do elevado número de recursos interpostos, dilatórios ou não, por exemplo permitindo o julgamento por decisões singulares (em caso de recursos inadmissíveis, manifestamente infundados ou repetitivos); e o próprio Tribunal Constitucional tem adotado procedimentos de facilidade de julgamento, por exemplo, de questões repetitivas (fixando orientação *não vinculativa* em plenário), ou de questões em que há divergências acentuadas (e em que, eventualmente, haveria o recurso para o plenário, por contradição de julgados).

c) O processamento da questão de constitucionalidade.

Do ponto de vista do processamento ou da tramitação necessária à apreciação da questão de constitucionalidade, suponho que seja inevitavelmente mais complexa a via do recurso, por contraposição à suspensão do processo e ao reenvio prejudicial.

Refiro-me, por exemplo,

– à interposição de recurso no tribunal recorrido e aos atos associados (eventual correção do requerimento, elemento decisivo no regime vigente pelas implicações que tem na definição da questão de constitucionalidade, admissão pelo tribunal recorrido ou não admissão e possível reclamação para o Tribunal Constitucional);

– à necessidade de verificação dos pressupostos relativos às partes e ao objeto do recurso;

– à existência de pressupostos específicos de admissibilidade dos diferentes tipos de recurso (por exemplo, se a questão de constitucionalidade foi oportunamente suscitada, nos recurso interpostos de decisões negativas de inconstitucionalidade);

– às reclamações que podem ocorrer já no Tribunal Constitucional (de decisões sumárias, por nulidades por pedidos de esclarecimento, por exemplo).

Naturalmente que em qualquer sistema de reenvio prejudicial se torna necessário, pelo menos, definir e fundamentar a questão de constitucionalidade, proporcionar às partes o contraditório adequado, colocar a questão ao Tribunal Constitucional, e, do ponto de vista deste, verificar os pressupostos para a sua intervenção e julgar a questão, sendo caso disso.

Assim como haverá ainda procedimentos subsequentes, nomeadamente tendo em conta a hipótese de ser atribuída força obrigatória geral ao julgamento proferido (o que não existe em direito português).

É certo que o processamento do recurso pode variar. A reforma de 1998 da Lei do Tribunal Constitucional introduziu inovações importantes do ponto de vista da simplificação e da celeridade, das quais destaco a já referida possibilidade de julgamento dos recursos por decisão sumária; e creio que a introdução do recurso de amparo que eventualmente acompanhasse a alteração de regime eliminaria as eventuais vantagens decorrentes da diferença de tramitação.

d) *A execução das decisões do Tribunal Constitucional* – de provimento, no direito português, de inconstitucionalidade, em regime de reenvio prejudicial.

Numa rápida e bastante simplificada síntese, no direito português o regime é o seguinte:

– O Tribunal Constitucional apenas aprecia a questão de constitucionalidade, estando-lhe vedado pronunciar-se sobre a correção da interpretação e aplicação do direito ordinário;

– Se o recurso tiver provimento, é anulada a decisão impugnada para que o tribunal recorrido a reformule de acordo com o julgamento do Tribunal Constitucional (sistema cassatório, mitigado); a limitação dos seus poderes de cognição sempre excluiria o funcionamento do regime da substituição;

– A decisão sobre a questão de constitucionalidade faz caso julgado no processo, mas não tem efeitos *erga omnes* (não tem força obrigatória geral). Se a mesma norma for julgada inconstitucional em três casos concretos, o Ministério Público e os juízes do Tribunal Constitucional (este poder nunca foi utilizado) podem pedir a generalização, mas o Tribunal não tem de seguir os julgamentos efetuados (aspecto interessante de relacionação entre a fiscalização concreta e a fiscalização abstrata); um julgamento de inconstitucionalidade de uma norma abre recurso para o Tribunal Constitucional em outro processo em que venha a ser aplicada; mas o Tribunal Constitucional pode julgar de forma diferente, quer num caso, quer no outro;

– O Tribunal Constitucional, apesar de não ter competência para apreciar a aplicação do direito ordinário, pode, nos termos definidos pelo nº 3 do artigo 80º da LTC, proferir decisões interpretativas do direito ordinário; em tal caso, essa interpretação é obrigatória para o tribunal recorrido, quando reformular a decisão do caso (quando a inconstitucionalidade *"se fundar em determinada interpretação da mesma norma"*). Trata-se de um poder que o Tribunal Constitucional usa com parcimónia, eventualmente um pouco anómalo (mas não inconstitucional, como se sustentou já).

Assim sendo, colocou-se naturalmente o problema de saber a quem cabe o controlo da execução das decisões de provimento do Tribunal Constitucional – se, exclusivamente, aos tribunais comuns (que as têm de executar), se (também) ao próprio Tribunal Constitucional.

E, na hipótese de se reconhecer que deve caber ao Tribunal Constitucional, como deve ser exercido.

Na prática, a questão surgiu a propósito de alegadas inexecuções de julgados, invocadas perante o Tribunal Constitucional pelos interessados. Após diversas vicissitudes, veio a prevalecer a orientação que reconhecia ao Tribunal Constitucional esse poder de controlo, assente desde logo na força de caso julgado das suas decisões, no que toca à decisão da questão de constitucionalidade, e na prevalência dessas decisões sobre as dos restantes tribunais.

Creio que tal hipótese estará arredada dum sistema de reenvio prejudicial; o que não significa que não se coloque o problema de uma eventual inexecução da decisão do Tribunal Constitucional, no julgamento da causa.

Como se sabe, uma das críticas que têm sido dirigidas ao sistema do recurso de constitucionalidade, e que se relaciona justamente com os efeitos da decisão de provimento do recurso de constitucionalidade, é a de que potencia conflitos entre o Tribunal Constitucional e os outros tribunais, em particular com os Supremos Tribunais, uma vez que o provimento do recurso de constitucionalidade provoca a revogação das decisões que proferiram e implica a sua reformulação.

É indiscutível que assim é; e já ocorreram situações de conflito, que nomeadamente conduziram à afirmação da admissibilidade de recurso autónomo, para o Tribunal Constitucional, por violação de caso julgado; mas é igualmente indiscutível que o sistema gerou a solução adequada a resolvê-las.

Não creio que seja menos potenciadora de conflitos a eventualidade de anulação ou de revogação de decisões judicias determinadas na sequência da procedência de um recurso de amparo contra elas dirigido (desde logo, porque implica atribuir a violação da Constituição à própria decisão judicial, e não a uma lei que ela tenha aplicado); nem que o sistema de reenvio elimine o desencadear de conflitos em torno do cumprimento dos julgados do Tribunal Constitucional.

III. Apreciação final
Assim:

– suponho ser inadequado, retirar aos tribunais comuns o acesso direto à Constituição, ou impedir aos interessados o acesso ao Tribunal Constitucional.;

– receio haver razões para crer que a introdução do recurso de amparo apenas faça crescer as dificuldades já hoje decorrentes do elevado número de recursos inadmissíveis ou infundados, sem real vantagem (tendo em conta o equilíbrio encontrado na definição do objeto possível do recurso e, por essa via, dos poderes de cognição do Tribunal Constitucional);

– penso que se tem reconhecido que o sistema tem funcionado globalmente bem, nomeadamente permitindo ultrapassar divergências passadas entre o Tribunal Constitucional e os tribunais comuns (Supremo Tribunal de Justiça, em particular).

Concluo, portanto, no sentido de me parecer preferível manter o sistema do recurso de constitucionalidade, eventualmente aperfeiçoado (por exemplo limitando as causas de inconstitucionalidade que podem ser invocadas como fundamento dos recursos), ou ampliando a exigência de exaustão das vias de recurso.

III.

Os efeitos das decisões de inconstitucionalidade em controle abstrato sucessivo

A restrição temporal de efeitos sancionatórios e a salvaguarda do "ato administrativo inimpugnável": Reflexões sobre os efeitos do controle de constitucionalidade abstrato na esfera administrativa brasileira

Patrícia Ulson Pizarro Werner

Procuradora do Estado Diretora da Escola Superior da Procuradoria Geral do Estado de São Paulo. Mestre e Doutora em Direito do Estado pela PUC-SP

O presente estudo tem como base as reflexões originárias no Congresso Luso-Brasileiro de Direito Constitucional, realizado nos dias 8 e 9 de abril de 2010, na Faculdade de Direito de Lisboa, com o tema central "Perspectivas da Reforma da Justiça Constitucional em Portugal e no Brasil." O evento teve a excelência da coordenação científica dos Professores Doutores Jorge Miranda, Marcelo Rebelo de Sousa e Carlos Blanco de Morais, os quais apresentaram o desafio interessante de analisar a questão pontual da restrição temporal dos efeitos sancionatórios e a salvaguarda do 'ato administrativo inimpugnável' no contexto dos efeitos das decisões de inconstitucionalidade em controle abstrato sucessivo.

A proposta leva-nos a refletir sobre a relação entre o contencioso judicial e contencioso administrativo. Portugal e Brasil partiram de um passado comum e, com o tempo, construíram sistemas diversos, enquanto Portugal adotou o sistema do contencioso administrativo, o Brasil optou pelo sistema da unidade da jurisdição, o que gera sérias consequências no plano da relação entre os Poderes. O tema revela com mais clareza as divergências dos sistemas jurídicos e possibilita a compreensão dos diferentes desafios de cada Nação na atualidade, sendo coerente com o pensamento do Professor Jorge Miranda:

"O Direito Comparado é necessário para descrever e explicar as similitudes e as dissimilitudes entre as ordens jurídicas, para as estruturar segundo elementos de localização e de difusão, para proceder a agrupamentos e classificações, para, eventualmente, propor princípios comuns, para, enfim, tudo expor de modo objectivo e científico. E esta deve ser também a justificação da autonomia do Direito constitucional comparado: captar o sentido específico de cada Constituição em face das demais e captar o que há de essencial na unidade e na diversidade entre elas."[1]

I. O contencioso administrativo no Brasil e a opção pela unidade jurisdicional

1. Brasil Colônia

Para compreender o sistema administrativo brasileiro e de sua correlação com o Poder Judiciário na atualidade é importante acompanhar a sua marcha histórica, principalmente, no contexto de comparação entre os sistemas português e brasileiro, que tiveram uma raiz evolutiva comum e depois seguiram rumos diferentes. Destacam-se assim três fases do contencioso administrativo: Brasil Colônia, Brasil Império e Brasil República[2].

No *período colonial* houve tanto a fase de unidade, quanto da dualidade de jurisdição. A princípio, o exercício dos poderes concentrava-se nas mãos do rei, devido ao absolutismo. Vasconcellos destaca que existia a competência dos juízes e tribunais ordinários para conhecerem as decisões das autoridades administrativas, por motivos dos litígios entre particulares e a fazenda real, porém, afirma que era uma prerrogativa platônica por se

---

[1] *Sobre o Direito Constitucional Comparado.* In Revista de Direito Constitucional e Internacional. Ano 14, abril/junho de 2006 – 55, São Paulo: Revista dos Tribunais, p. 260.

[2] Vasconcellos, José Mattos. *Direito Administrativo.* Volume I. Rio de Janeiro: Imprensa Nacional, 1936, p. 371 – 387. Apenas como referência histórica, o autor foi Professor Catedrático da Universidade da Capital Federal. Professor da Escola de Intendência do Ministério da Guerra e do Corpo Instrutivo do Tribunal de Contas.

deparar com a autoridade incontrastável do soberano. Considera-se que nesta fase havia uma penumbra de unidade de jurisdição[3].

Marquês de Pombal criou o Real Erário ou Tesouro Real e o Conselho da Fazenda em 22 de dezembro de 1761, o qual ficou encarregado da jurisdição voluntaria e contenciosa. Segundo Visconde do Uruguay, todos os requerimentos, causas e dependências sobre arrecadação de rendas de todos os direitos e bens da Coroa eram conhecidos pelo Conselho, em única instancia e cabia a consulta a El-Rei, nos casos que o Conselho considerasse dignos[4]. Nesta época, a dívida ativa era julgada pela jurisdição contenciosa e a divida passiva pela magistratura ordinária.

Com a mudança de Dom João VI ao Brasil, institui-se o tesouro real, o tesouro público e o Conselho da Real Fazenda para mais exata administração, arrecadação, distribuição, assentamento e expediente pelo Alvará de 28 de junho de 1808 e, tanto o Erário Régio, quanto o Conselho da Real Fazenda foram modelados pelas instituições portuguesas criadas pelo Marques de Pombal.

Em suma, o Brasil Colônia conviveu com ambos os tipos de jurisdição, sendo que a jurisdição dúplice perpetuou-se até a Independência[5]. É importante compreender que nesta época já havia uma interferência do pensamento dos revolucionários franceses, com destaque à teoria da separação dos poderes desenvolvida por Montesquieu, na obra o Espírito das Leis, que posteriormente foi reproduzida na Declaração dos Direitos do Homem e do Cidadão de 26 de outubro de 1789[6]. Segundo o professor Vasco Pereira da Silva, nesta fase nasceu o *"pecado original"* do Estado liberal, ao se estabelecer a ligação da Administração à Justiça[7].

---

[3] A legislação era esparsa e constava, principalmente: Livro 1º das Ordenações, Títulos 58, 60, 65, 66 e 74, Lei de 24 de abril de 1524, Alvarás de 30 de março de 1623, 29 de maio de 1633 e 19 de janeiro de 1753, conforme Vasconcellos, op. cit., p. 371.

[4] Citado por Vasconcellos, ob. cit., p. 371.

[5] Cretella Junior, José. *Direito Administrativo no Brasil*. Volume V – Processo Administrativo. São Paulo: Revista dos Tribunais, 1962,p. 56.

[6] Artigo 16º – A sociedade em que não esteja assegurada a garantia dos direitos nem estabelecida a separação dos poderes não tem Constituição.

[7] Silva, Vasco Pereira da. *O contencioso Administrativo no Divã da Psicanálise*: ensaio sobre as ações no novo processo administrativo. Coimbra: Almedina, 2009, p. 13 e seguintes.

Ressalta-se que a Constituição Portuguesa de 1822 tentou manter o Reino Unido de Portugal, Brasil e Algarves, criando a Nação Portuguesa, com a união de todos os portugueses de ambos os hemisférios[8].

2. Brasil Império

A Constituição Política do Império do Brasil, em 25 de março de 1824[9], reconheceu a tripartição dos poderes, de modo que o Monarca era o chefe do Poder Executivo e cumulava as funções de imperar, governar e administrar[10]. Neste período instaurou-se a dualidade de jurisdição. Nas palavras de Vasconcellos: *"O Contencioso Administrativo, construído em terreno movediço, adstrito ao Ministério da Fazenda (os outros Ministérios o desconheciam), provocará atritos e sérias dissenções."*[11] *(sic)*

A Constituição não criava diretamente o contencioso administrativo, na verdade, da legislação pombalina de 22 de setembro de 1761, restou somente o Conselho da Fazenda, com jurisdição contenciosa, fazendo com que Visconde do Uruguay, admirador do contencioso administrativo, lamentasse a retroação. A Fazenda passou a ser acionada e foi condena a pagar, fato que gerou indignação e levou ao restabelecimento da cobrança

---

[8] Jorge Miranda destaca que "a união areal – talvez a primeira formalizada numa Constituição do tipo francês – deve ter-se por imperfeita, por faltar, pelo menos, uma assembleia eletiva que funcionasse junto dos órgãos do poder executivo brasileiro." *Manual de Direito Constitucional*. Tomo I. 6.ª Ed. Coimbra: Coimbra Editora, 1997, p. 266.

[9] Seguindo-se as lições de Jorge Miranda, observa-se que Portugal era regido pela Carta Constitucional, obra pessoal de D. Pedro IV, redigida em curtíssimo tempo pelo Monarca, no Brasil, antes de abdicar da coroa portuguesa. (ob. cit., p. 269); Tanto a Carta Constitucional, como a Constituição brasileira previam além dos três poderes, o Poder Moderador, que "não era um poder anterior e superior à Constituição. Enquadrava-se, sim, num complexo sistemático em que, pelo contrário, se definia a divisão e harmonia de poderes do Estado como <princípio conservador de Direitos do Cidadãos e o mais seguro meio de fazer efectivas as garantias que a Constituição oferece> (op. cit., p. 275). Nova Constituição foi elaborada em Portugal em 1838, com influências da Constituição francesa de 1830, da belga de 1831, da espanhola de 1837 e da brasileira e fixou-se a tripartição dos Poderes, sendo o Rei o chefe do poder executivo (pp. 281-283).

[10] Ver artigos 4, 15,§ 7º, 36, § 3º e 116; 98, 122-124, 127; 15, § 6º, 37, § 1º, 102, 142 e 165, segundo Ribas, Antonio Joaquim. *Direito Administrativo*. Brasil: Ministério da Justiça, Serviço de Documentação, 1968, p. 53. Observa-se que a obra foi premiada e aprovada pela Resolução Imperial de 9 de fevereiro de 1861 para uso nas aulas da Faculdade de Direito do Recife e São Paulo.

[11] Op. cit., p. 383.

da dívida ativa nos termos da legislação pombalina de 1850, de modo que a dívida ativa passou a ser apurada pela autoridade administrativa e a autoridade judiciária apenas fazia a execução.

O Decreto nº 2.548 de 10 de março de 1860 reorganizou o Tesouro e estabeleceu o contencioso administrativo, inclusive com a previsão de regras para o conflito de jurisidição. Nesse contexto, Visconde do Uruguay classificou os seguintes órgãos do contencioso: a) *Ministérios de Estado:* o Imperador era o juiz administrativo supremo[12]. Os Ministros eram os supremos julgadores e deu seus atos, cabia somente recurso ao Imperador. b) *Conselho de Estado:* Com a promulgação da Constituição de 1824, houve a previsão nos artigos 137 a 144, do Conselho de Estado[13] como Supremo Tribunal do Contencioso Administrativo, composto por membros vitalícios, nomeados pelo Imperador, com função meramente Consultiva. Com o ato orgânico de 1841, passou a ser composto pelos Ministros, cada qual responsável por uma pasta, sendo o Imperador era o presidente do órgão[14] e quem podia livremente nomear ou demiti-los[15]. Posteriormente, pelo Decreto nº 124, de 5 de fevereiro de 1842, o Conselho passou a ter função de jurisdição contenciosa, fato que gerou grande polêmica, pois se defendia a inconstitucionalidade do ato[16]; c) *Tesouro:* Foi extinto de 1831 e

---

[12] Primeiro Grau de Hierarquia: O Imperador – "Como primeiro representante da nação (Const. at. 98), bebe as suas inspirações na consciência de sua missão divina e popular; não está sujeito a responsabilidade alguma, nem os seus atos a inspeção, ou influência de qualquer entidade política ou administrativa.", conforme Ribas, Antonio Joaquim, ob. cit., p. 124.

[13] O embrião deste órgão foi o "Conselho de Procuradores Gerais das Províncias", criado por Pedro I, em 1822, através do Decreto 16 de fevereiro de 1822. Foi extinta em 1823, por ser sido reconhecido que os deputados eram os legítimos representantes à Assembleia Constituinte, nada justificando a ingerência dos membros daquele Conselho na Matéria. A Constituinte foi dissolvida por Decreto em 12 de *novembro* de 1823, quando Pedro I criou um Conselho de Estado composto de 10 membros, especialmente para elaborar a constituição.

[14] Lei nº 124, de 5 de fevereiro de 1842.

[15] Artigo 101, § 6º, Constituição Federal do Brasil de 1824;

[16] O abalizado Pimenta Bueno, assim se exprimiu: "A lei francêsa de 3 de março de 1849, artigo 6º, decretou que o Conselho de Estado estatuiria em última alçada sobre o contencioso administrativo. Não obstante, porém, a força dessas razões, pensamos como outros, que o voto do Conselho de Estado, mesmo, neste, assumpto não deve ser senão consultivo. A opinião contrária, de um lado, enerva a ação ministerial, subordinando-a ao Conselho de Estado, o que poderia alguma vez ser de grave perigo; e de outro limita a responsabilidade ministerial, que não poderia mais existir nesta hipótese (Direito Publico Brasileiro, nº 408, pág. 300)" *apud* Vasconcellos, ob. cit., p. 381.

substituído em 1850 pelo Tribunal do Tesouro, composto pelo Ministro da Fazenda, mais quatro Conselheiros nomeados pelo Imperador. d) *Presidentes de Províncias:* Eram os juízes do contencioso, nomeados pelo Imperador, com privilegio de foro, tratamento de excelência e honras militares. De suas decisões cabia recurso ao Conselho de Estado, nos termos do artigo 166 da Constituição de 1824; e) *Tesourarias:* Tinham extrema relevância e os negócios de sua competência eram resolvidos em Juntas.

A dualidade de jurisdição no período imperial foi esboçada de forma precária, fundada em questionada constitucionalidade[17], fato que apenas reforçou os vícios originais, sem agregar evolução e adesão cultural ao sistema.

3. Brasil República

A proclamação da República, em 15 de novembro de 1889, levou a instituição do sistema de jurisdição única[18], com a criação de foros especiais, dentre os quais, varas privativas dos feitos da fazenda. A *Carta Magna de 24 de fevereiro de 1891*[19] fixou a competência dos juízes e Tribunais Federais para processar causas fundadas em direitos individuais por atos ou decisão das autoridades administrativas da União, ao mesmo tempo, previu que não haveria foro privilegiado[20].

A *Constituição da República dos Estados Unidos do Brasil, de 16 de julho de 1934*, previu a criação do Tribunal Administrativo Brasileiro, o que nunca feito, no que pese a doutrina da época ter sido favorável, como demonstram as palavras do professor americano James W. Garner no artigo chamado *"French Administrative Law",* citado por Vasconcelos como referencial do pensamento da época, no sentido de julgar importante o Conselho de Estado Francês para a defesa dos interesses dos particulares e do acerto de

---

[17] "Nenhuma lei do Império forneceu base para a instituição do contencioso administrativo, podendo afirmar-se que o Poder Executivo o implantou à revelia e com usurpação das funções do Poder Legislativo. (Mário Masagão, Em face da Constituição Federal, não existe, no Brasil, o Contencioso Administrativo, 1927, PP. 133-134.) Conforme Cretella Júnior, José. *Filosofia do Direito Administrativo.* Rio de Janeiro: Forense, 1999, p. 235.

[18] O decreto nº 848, de 11 de outubro de 1890, ao organizar a Justiça Federal, previu a competência para julgar ações que tenham origem em atos administrativos do governo federal e ações que interessem ao fisco nacional.

[19] Em seus artigos 56 a 60, regulamentados pela Lei nº 221 de 20 de novembro de 1894.

[20] Artigo 72, § 23.

suas decisões. Dizia que com uma despesa mínima – um papel timbrado – e sem necessidade de recorrer a um advogado, qualquer cidadão poderia dirigir-se ao Conselho e obter a anulação de ato ilegal (salvo pequenas exceções)[21].

A *Constituição Federal de 1967, alterada pela Emenda nº 1/1969*, que consolidou o período ditatorial, previu o contencioso administrativo para decidir litígios decorrentes das relações de trabalho dos servidores com a União, autarquias e empresas públicas federais (artigo 111), bem como para a decisão de questões financeiras e previdenciárias, inclusive as relativas a acidentes do trabalho (artigo 203). Havia também a previsão da instância administrativa de curso forçado (artigo 153, § 4º, alterado pela EC nº 7/77), de onde se extraia a necessidade de esgotamento prévio das vias administrativas para o acesso ao Poder Judiciário. O contencioso neste formato nunca foi criado, até porque encontrava uma barreira no princípio da unidade de jurisdição previsto no artigo 153, § 4º, CF/67.

É importante assim fixar que somente no Século XIX, sob a égide da Constituição de 1824, houve a vigência efetiva no Brasil o sistema de dualidade de jurisdição, com a organização do Conselho de Estado, época em que *"permaneceu na memória a ideia de contencioso administrativo como sinônimo de julgamento realizado pela própria Administração, que atuaria, então como juiz e parte."*[22].

A experiência do contencioso administrativo incorporou na cultura brasileira o estigma do foro privilegiado. As palavras de Ruy Barbosa[23] durante discurso no Senado em 2 de dezembro de 1903, bem traduzem a atmosfera da época:

"E nesta assembleia republicana, neste regimen que nós fizemos com a declaração de que íamos melhorar as liberdades, não conhecemos senão o interesse da Fazenda, para eleger acima de tudo, para cima de tudo colocá-lo.

Acima do interesse da Fazenda está o interesse da Justiça, conculcado entre nós por leis e reformas que dizemos feitas em nome da ordem pública, mas de fato

---

[21] Op. cit., p. 461.

[22] Medauar, Odete. *A Processualidade no direito Administrativo*. São Paulo: Revista dos Tribunais, 1993, p. 45.

[23] Adota-se Ruy, grafia original e Rui, grafia alterada posteriormente. Ver a polêmica no site da Fundação Casa Rui Babosa – www.abicasaderuy.frb.br.

produzidas, as mais das vezes, sob a pressão de interesses particulares e de interesse de ocasião. Essa é que é a verdade."[24] (sic)

O sistema da unidade de jurisdição encontra-se entranhado na tradição e na memória coletiva do sistema jurídico brasileiro. Fixa-se aqui elemento essencial para a compreensão dos problemas contemporâneos brasileiros que serão analisados a seguir e que o distingue do sistema luso.

II. A trajetória do processo administrativo no Brasil após a Constituição Federal de 1988

O *contencioso administrativo* é um sistema no qual existe uma jurisdição autônoma, independente da Administração em geral, para decidir os litígios referentes à Administração Pública em geral. É adotado nos países que admitem a dualidade da jurisdição comum, sendo possível falar em dois tipos de processo administrativo: o gracioso e o contencioso.[25] A versão completa deste sistema pode ser encontrada na França, Alemanha, Portugal e Suécia; a incompleta, na Itália e na Bélgica[26]. Hoje, a tendência é a aproximação de ambos diante do Direito Comunitário.

O sistema brasileiro adota a jurisdição una ao estabelecer como direito fundamental o acesso à Justiça[27], com o monopólio judiciário do controle jurisdicional[28], conforme expresso na Constituição Federal, no artigo 5º,

---

[24] Barbalho, cit., pág. 445 apud Vasconcellos, op. cit., p. 385. Vasconcellos destaca a crítica do demorado processo judicial para execução contra a Fazenda, o chamado odioso processo judicial. Tinha razão Vieira ao afirmar: *A Fazenda real é parte rija.*

[25] Di Pietro, Maria Sylvia Zanella. *Direito Administrativo.* 20.ª ed. São Paulo: Atlas, 2007, p. 579-80.

[26] Medauar, Odete. Op. cit., p. 45.

[27] Não existe a figura prevista no Direito Português no qual se garante o direito de *acesso à Justiça Administrativa*, no artigo 268º/4 da CRP, aos particulares (cidadãos portugueses ou estrangeiros, pessoas físicas ou pessoas jurídicas) tutela jurisdicional efetiva dos seus direitos ou interesses protegidos. Segundo Canotilho: "Trata-se de uma concretização da garantia de acesso aos tribunais (artigo 20º), pois é configurada como garantia de proteção jurisdicional (dirige-se à proteção dos particulares através dos tribunais), e possui, ela própria, a qualidade ou natureza de direito análogo aos direitos, liberdades e garantias (CRP, artigo 17º). O texto constitucional, na redação da LC 1/97, fornece abertura inequívoca para processos de justiça administrativa relativamente aos quais a doutrina, legislador e jurisprudência, se mostravam até agora reticentes."Canotilho, J. J. Gomes. *Direito Constitucional e Teoria da Constituição.* 7.ª Edição. Coimbra: Almedina, p. 503.

[28] Silva, José Afonso. Curso de Direito Constitucional Positivo. 26.ª edição. São Paulo: Malheiros, 2006, 431. Também chamado pela doutrina de direito de ação, princípio do livre acesso ao judiciário. Pontes Miranda chamava de princípio da ubiquidade da Justiça.

incisos XXXV, XXXVI e XXXVII[29]. Entrega-se ao Poder Judiciário a competência para resolução dos litígios entre a Administração e os administrados[30]. Existem alguns órgãos colegiados na esfera administrativa, como o Tribunal de Contas[31] e o Tribunal de Taxas e Impostos do Estado de São Paulo[32], porém, ambos têm seus atos sujeitos à revisão judicial a qualquer momento, aplicando-se a regra geral.

A *'processualidade administrativa'* será reconhecida na Constituição, no mesmo artigo 5º, incisos LV e LXXVII, que assegura os Princípios do *Contraditório e Ampla Defesa* e da *Duração Razoável do Processo.*[33] Nota-se que há o reconhecimento do 'processo administrativo' e não do 'contencioso administrativo'. A trilha dos direito do acesso à Justiça segue de forma certeira através da previsão das ações constitucionais do *habeas corpus*, mandado de segurança, *habeas data*, mandado de injunção e ação popular.[34]

Não se admite a tese da necessidade do esgotamento das instâncias administrativas para se ter acesso ao Poder Judiciário. Para reforçar o argumento, observa-se que a própria Constituição prevê como exceção a instância de curso forçado somente perante a Justiça Desportiva[35]. A legis-

---

[29] Artigo 5º – incisos XXXV – a lei não excluirá da apreciação do Poder Judiciário lesão ou ameaça de direito; XXXVI – a lei não prejudicará o direito adquirido, o ato jurídico perfeito e a coisa julgada e XXXVII – não haverá juízo ou tribunal de exceção.

[30] Cretela Junior, José. *Direito Administrativo Comparado*. São Paulo: Bushatsky, Editora da Universidade de São Paulo, 1972, p. 197.

[31] Órgão administrativo auxiliar do Poder Legislativo

[32] Existem também os Conselhos, como, Conselho Administrativo de Defesa Econômica – CADE, Conselho Nacional de Educação, Conselho Nacional do Meio Ambiente, Conselho Nacional de Saúde, que contam com a participação da sociedade.

[33] Artigo 5º Inciso LV – aos litigantes, em processo judicial ou administrativo, e aos acusados em geral são assegurados o contraditório e ampla defesa, com os meios e recursos a ela inerentes. Inciso LXXVIII – a todos, no âmbito judicial e administrativo, são assegurados a razoável duração do processo e os meios que garantam a celeridade de sua tramitação, inciso acrescentado pela Emenda Constitucional nº 45, de 8 de dezembro de 2004.

[34] Artigo 5º, incisos LXVIII, LXIX, LXX, LXXI, LXXII, LXXIII.

[35] Artigo 217: É dever do Estado fomentar práticas desportivas formais e não formais, como direito de cada um, observados: § 1º – O Poder Judiciário só admitirá ações relativas à disciplina e às competições desportivas após esgotarem-se as instâncias da justiça desportiva, reguladas em lei. § 2º – A justiça desportiva terá o prazo máximo de sessenta dias, contados da instauração do processo, para proferir decisão final.

lação ordinária que regulamenta o *habeas data* fixou como requisito a prova da negativa ou recusa de acesso as informações[36].

A Administração Pública é estruturada de forma autônoma e tem suas atividades necessariamente regidas pelos princípios constitucionais da legalidade, impessoalidade, moralidade, publicidade e eficiência[37], os quais devem constituir a base de todo processo administrativo na busca da definição do interesse público.

O entrelaçamento desse conjunto de preceitos revela a *"tendência contemporânea de processualização da atividade administrativa."*[38] O fortalecimento do processo administrativo vai ao encontro dos fins do Estado Democrático de Direito, ao fazer com que o administrado relacione-se e conheça melhor a Administração, que na realidade deve ter como meta assegurar e dar efetividade aos direitos e garantias assegurados aos membros da sociedade. A tendência da 'processualidade' é considerada:

"exigência formal indispensável à realização das garantais dos administrados e dos princípios da publicidade e moralidade, pois permite um controle efetivo e sistemático do agir administrativo do Poder Público e até de seus delegados, quando no exercício da delegação."[39]

III. O processo administrativo no Brasil contemporâneo

A grande transformação do processo administrativo no Brasil ocorreu no início na década de 90, com a publicação de duas leis que causaram impacto ao impor um regime universal[40]. A primeira foi introduzida pela publicação da legislação paulista, Lei Estadual nº 10.177, publicada no

---

[36] Lei nº 9.507/97, artigo 8º, parágrafo único: A petição inicial deverá ser instruída com prova: I – da recusa ao acesso às informações ou do decurso de mais de 10 (dez) dias sem decisão; II – da recusa em fazer-se a retificação ou do decurso de mais de 15 (quinze) dias, sem decisão; ou III – da recusa em fazer-se a anotação a que se refere o § 2º do artigo 4º ou do decurso de mais de 15 (quinze) dias sem decisão.

[37] Título III – Da Organização do Estado. Capítulo VII – Da Administração Pública – artigos 37 a 43.

[38] Medauar, Odete. Op. cit., p. 74.

[39] Moreira Neto, Diogo de Figueiredo. *Tendências da Administração Pública*. In Direito Administrativo na Década de 90. Estudos jurídicos em homenagem ao Prof. J. Cretella Junior. Coord. Telles, Antonio A. Queiroz e Araújo, Edmir Netto. São Paulo, Revista dos Tribunais, 1997, p. 103.

[40] Sundfeld, Carlos Ari. *Processo e procedimento administrativo no Brasil*. In As Leis de Processo Administrativo, coordenado pelo autor. São Paulo: Malheiros, 2000, p. 25. Acrescenta-se neste ponto que já havia no Brasil procedimentos próprios e esparsos, como a expropriação, licitação, concurso de ingresso no quadro de pessoal de Administração.

A RESTRIÇÃO TEMPORAL DE EFEITOS SANCIONATÓRIOS...

dia 30 de dezembro de 1998, a qual inovou e serviu como parâmetro de referência[41]. A segunda norma, Lei nº 9.784, de 29 de janeiro de 1999, com âmbito federal, regulamentou com caráter geral o processo administrativo da administração direta e indireta e órgãos do Poder Legislativo e do Poder Judiciário no desempenho da suas funções administrativas. Observa-se que os entes federados têm autonomia para legislar em matéria de procedimento administrativo[42].

A inovação coaduna-se com a consolidação da democracia, um caminho para o rompimento do autoritarismo e o estabelecimento de uma melhor relação entre autoridade e liberdade, Administração e particular, com o comprometimento e otimização da aplicação dos direitos e deveres fundamentais, tanto ao respeitar o devido processo legal administrativo e a transparência, quanto na interpretação e aplicação da lei no julgamento do mérito do caso concreto.

O processo administrativo é um instrumento de garantia dos administrados em face de outros administrados e, sobretudo, diante da própria Administração[43]. A lei federal não contém um capítulo específico sobre os princípios do processo administrativo, mas a doutrina catalogou os seguintes princípios: eficiência (artigo 2º, parágrafo único, IX e XII); moralidade (artigo 2º, pu, IV); igualdade (artigo 3º, I); impessoalidade (artigo 18); publicidade (artigo 2º, pu, V); motivação (artigo 50); contraditório e ampla defesa (artigo 2º, pu, X). Há também princípios implícitos, como o princípio da finalidade (artigo 2º, pu, II); razoabilidade (artigo 2º, pu, IX); proporcionalidade (artigo 2º, pu, VI); segurança jurídica (artigo 2º, pu, IX), interesse público (artigo 2º, pu, XIII)[44].

---

[41] É importante anotar as declarações do Professor Carlos Ari Sundfeld sobre a origem a norma paulista, que já havia sido por ele e um grupo de procuradores do Estado idealizada logo após a promulgação da Constituição Federal de 1988, mas o anteprojeto apresentado em 1980, acabou não sendo enviado par a Assembleia Legislativa. Somente em 1988, com redação definitiva elaborada no âmbito da Assessoria Jurídica do Governo da PGE, sob orientação do Procurador Elival da Silva Ramos, com importantes alterações e aperfeiçoamentos ao texto original, o projeto teve prosseguimento. Ibidem, p. 18, nota de rodapé nº 1.

[42] Gasparini, Diogenes. *Direito Administrativo*. São Paulo: Saraiva, 2004, 9º, p. 92.

[43] Ferraz, Sérgio. Dallari, Adilson Abreu. *Processo Administrativo*. São Paulo: Malheiros, 2007, 2.ª edição, p. 25.

[44] Ferraz, Sérgio. Dallari, Adilson Abreu advertem que dependendo da preferência do estudioso, poderão ser eles tidos como princípios constitucionais implícitos ou infraconstitucionais (ou, ainda, legais, em senso estrito) do processo administrativo. In *Processo Administrativo*. São Paulo: Malheiros, 2007, 2.ª edição, p. 29.

IV. O controle jurisdicional da Administração Pública

A fiscalização das atividades administrativas pode ocorrer pelos três Poderes, correspondendo ao modelo de freios e contrapesos (*check and balances*), tanto de forma preventiva, como repressiva. A doutrina entende por *controle*:

"*O conjunto de mecanismos e atividades, jurídicos, jurisdicionais e administrativos, para o exercício da fiscalização e revisão que sobre ela exercem órgãos dos Poderes Judiciário, Legislativo e do próprio executivo, às vezes como faculdade de vigilância, orientação e correção, outras como poder-dever indisponível, objetivando a conformação da atuação do agente, órgão ou entidade à legalidade, conveniência, oportunidade, supremacia do interesse público e outros princípios que decorrem do ordenamento jurídico.[45]*"

Assim, o controle pode ser *interno* ou *externo*. No primeiro caso, será a própria administração que fiscalizará seus agentes, órgãos ou entidades e, no segundo, haverá o controle jurisdicional, além de atividades especiais como o Tribunal de Contas. O termo *controle da Administração* aqui é utilizado em sentido amplo, ou seja, os três Poderes exercem atividades administrativas e, quando assim agem, estão sujeitos ao mesmo tipo de controle.[46]

No âmbito do *controle interno* prepondera o *princípio da autotutela*, consistente no poder-dever de tomar providências necessárias em prol do interesse público e da legalidade[47], ou seja, há permissão da Administração Pública rever seus próprios atos quando ilegais, inoportunos ou inconvenientes.[48] A questão encontra-se consolidada pelas Súmulas 346 e 473 do Supremo Tribunal Federal[49] há mais de quarenta anos, as quais sofreram aperfeiçoamento com a interpretação conforme a Constituição, de modo que se passou a exigir o respeito ao contraditório e a ampla

---

[45] Araújo, Edmir Netto de. *Curso de Direito Administrativo*. 4.ª edição. São Paulo: Saraiva, p. 1148.

[46] Araújo, Edmir Netto de. Op. cit., p. 1149.

[47] Araújo, op. cit., p. 1151.

[48] Di Pietro. Op. cit., p. 674.

[49] *Súmula nº 346* – A Administração Pública pode declarar a nulidade dos seus próprios atos" (Aprovada na Sessão Plenária de 13.12.1963). *Súmula nº 473* – A Administração pode anular seus próprios atos, quando eivados de vícios que os tornam ilegais, porque deles não se originam direitos; ou revogá-los, por motivo de conveniência ou oportunidade, respeitados os direitos adquiridos, e ressalvada, em todos os casos a apreciação judicial." (Sessão Plenária de 03.12.1969)

defesa. A *desconstituição do ato administrativo de ofício* só pode ser aceita com cautela e respeito a segurança e boa-fé. Assim, exige-se que novo processo administrativo seja instaurado, com as garantias do devido processo legal[50].

O controle da Administração é exercido através de competências tracejadas pela legislação constitucional e infraconstitucional, de modo que se estabeleça entre órgãos e agentes públicos coordenação e subordinação, com distribuição de funções e gradação de autoridade. É o chamado *Poder Hierárquico*[51], o qual implica[52]: a) *Avocação*: de atribuições de competências; b) *Revogação*: autoriza a revogação de ofício de atos ilegais e ilegítimos, por razão de mérito (oportunidade/conveniência); de modo que os efeitos se oporem a partir de sua decretação (*ex nunc*); e, c) *Anulação*: incide sobre os vícios estruturais dos atos administrativos (ilegais ou ilegítimos) e seus efeitos retroagem a atingem os atos desde seu nascedouro (*ex tunc*)[53].

Diante da *constatação do ato ilegal* a Administração pode anular seus atos, com base no poder de autotulela. Entende-se que, em regra, há o dever de anular os atos ilegais, *"sob pena de cair por terra o princípio da legalidade"*, havendo espaço para na análise do caso concreto, decidir qual a melhor decisão diante do interesse público em jogo, seguindo as lições de Maria Sylvia Zanella Di Pietro[54].

Por fim, reitera-se que todo e qualquer ato interno da Administração está sujeito ao *controle externo* pelo Poder Judiciário e, como será analisado nos itens seguintes, a relação estabelecida neste formato vem consolidando a dificuldade de se estabelecer o limite legítimo na relação entre o Poder Judiciário e a Administração, ponto frugal do atual foco de tensão entre os Poderes.

---

[50] STF, RMS 26027 AgR, Relator Ministro Cezar Peluso, j. 02.06.2009 (perda do prazo).

[51] Abrange basicamente, de acordo com a hierarquia das competências, o poder de dar ordens (ao qual corresponde o dever de obediência do subordinado), fiscalizar, delegar competências, rever e corrigir atos de subordinados e mesmo avocar competências e decisões, adotando se for o caso medidas disciplinares. Conforme Araújo, Edmir, op. cit.,p. 1149.

[52] Com base no texto de Araújo, Edmir Netto de. Op. cit., p. 1149 e 1151-52.

[53] A doutrina brasileira entende que o ato administrativo pode ser *extinto*: a) pelo cumprimento de seus efeitos; b) desaparecimento do sujeito ou objeto; c) retirada, que abrange, a revogação, invalidação ou ilegalidade, cassação, caducidade, contraposição, além da renúncia, conforme Celso Antônio Bandeira de Mello e Maria Sylvia Zanella Di Pietro.

[54] Op. cit., p. 219.

V. O controle judicial dos atos administrativos

A Administração é regida pelo principio da legalidade, ou seja, impera o adágio suporta a lei que fizeste'[55] enunciado por Léon Duguit consubstanciado no princípio da legalidade (*patere legem quam fecist* – respeite a lei que fizeste)[56] e está sujeita ao controle interno, com o poder de autotutela. No âmbito do controle externo, com fundamento nos já citados artigos 5º, LXXIII e 37 da Constituição Federal, o Poder Judiciário pode examinar todos os atos da Administração Pública, de qualquer natureza, sejam gerais ou individuais, unilaterais ou bilaterais, vinculados ou discricionários, nos limites previstos na lei, do seguinte modo:

a) *Atos normativos* só podem ser invalidados pelo Poder Judiciário através da ação direta de inconstitucionalidade. A competência será do Supremo Tribunal Federal, no caso do ato normativo federal ou estadual (artigo 102, inciso I, alínea a, CF/88), e do Tribunal de Justiça Estadual, quando se tratar de lei ou ato normativo estadual ou municipal que contrarie a Constituição do Estado (artigo 74, inciso VI, CESP).

b) *Atos políticos* podem ser apreciados desde que se demonstre lesão aos direitos individuais ou coletivos, assim como, é aceito no mesmo contexto, a revisão de atos interna *corporis* (Regimentos de atos colegiados).

c) *Atos administrativos discricionários* criam uma questão muito delicada, pois nos casos em que a legislação admite certo espaço para opções e escolhas subjetivas da Administração Pública (não arbitrárias), não pode haver a ingerência no chamado *mérito administrativo*, ou seja, na análise da opção da *oportunidade, conveniência, justiça, equidade*[57], inerentes às funções do Poderes Executivo e Legislativo, através da legitimação democrática.

O *ato discricionário* deixa para a administração certa margem de liberdade legal para optar, ou seja, no âmbito do *mérito do ato* reside o limite para

---

[55] Di Pietro. Op. cit., p. 689.

[56] Cretella Junior. Filosofia (...). Op. cit., p. 242.

[57] A atuação da Administração Pública, no conceito de Maria Sylvia Zanella Di Pietro é *"vinculada quando a lei estabelece a única solução possível diante de determinada situação de fato; ela fixa todos os requisitos, cuja existência a Administração deve limitar-se a constatar, sem qualquer margem de apreciação subjetiva. E a atuação é discricionária quando a Administração, diante do caso concreto, tem a possibilidade de apreciá-lo segundo critérios de oportunidade e conveniência e escolher uma dentre duas ou mais soluções, todas válidas para o direito."* Op. cit., p. 197.

A atuação do Poder Judiciário e aqui se encontra o foco do desequilíbrio. Segundo Celso Antônio Bandeira de Mello, mérito do ato administrativo é:

"[o] campo de liberdade suposto na lei e que efetivamente venha a remanescer no caso concreto, para que o administrador, segundo critérios de conveniência e oportunidade, decida-se entre duas ou mais soluções admissíveis perante a situação vertente, tendo em vista o exato atendimento da finalidade legal, ante a impossibilidade de ser objetivamente identificada qual delas seria a única adequada.[58]
[...] Por derradeiro: se a lei não expressou o motivo legal justificador do ato, cabe, ainda, ao Judiciário investigar se há ou não **correlação lógica entre os suportes materiais do ato e o conteúdo** *idôneo para o atendimento dos fins que a lei elegeu como perseguíveis no caso.*[59]*"*

A preservação do espaço da discricionariedade é justamente um dos pontos de equilíbrio da relação dos Poderes, residindo aqui o impasse de analisar até que ponto opções feitas pela Administração com base na lei e segundo os princípios da moralidade, interesse público, proporcionalidade, razoabilidade, impessoalidade podem ser revistas de forma legítima via judicial.

VI. Prerrogativas judiciais da Administração Pública

A Administração Pública tem algumas prerrogativas legais no âmbito processual com fundamento no interesse público envolvido e no princípio da igualdade: Juízo privativo[60]; prazos dilatados, duplo grau de Jurisdição obrigatório[61], processo especial de execução[62], prescrição quinquenal, restrição de sequestro e perdimento de bens[63]; isenção do pagamento das

---

[58] Mello, Celso Antônio Bandeira de. *Curso de Direito Administrativo*. São Paulo: Malheiros, 2004, 17º edição, p. 847-48.

[59] Mello, Celso Antônio Bandeira de. *Op. cit.,* p. 873.

[60] A Justiça Federal está prevista no artigo 109, I da CF/88 e também há juízes especializados, como as Varas da Fazenda Pública no Estado de São Paulo.

[61] Artigo 475 do Código de Processo Civil – CPC, que recebeu recente mudança no sentido de não se garantir o duplo grau de jurisdição em causas inferiores a 60 salários mínimos. Aqui reside um dos pontos mais controversos na atual reforma do CPC brasileiro, em andamento no Congresso Nacional.

[62] Precatórios. Artigo 100 e seguintes da Constituição Federal.

[63] A partir da Lei de Improbidade – Lei nº 8.429/92 – passou a ser admitido o sequestro e perdimento de bens a favor da Fazenda Pública como maior naturalidade, incidindo sobre os agentes públicos que, no exercício do cargo, emprego de função ou função públicos causarem dano ao erário ou enriquecerem ilicitamente.

despesas processuais, restrições à concessão de liminar e à tutela antecipada, restrições à execução provisória.

A existência dessas prerrogativas é muito debatida na doutrina e na jurisprudência. Por um lado, há doutrina respeitável que utiliza o termo *privilégios da Administração Pública*[64], no sentido de regalia, vantagem, cindindo a crítica ao desrespeito da igualdade entre as partes. Por outro, há posição que adota a expressão *prerrogativa* por entender que melhor a dimensão dessas exceções fundamenta-se no principio da igualdade, o qual tem como finalidade tratar de maneira igual, os iguais e desigualmente os desiguais. Neste caso, a finalidade do tratamento diferenciado do Poder Público reside diretamente no respeito ao *princípio da supremacia do interesse público*.

Na realidade, a fórmula atual não caracteriza o contencioso administrativo, e muito menos se pode falar em de tribunal de exceção. *No Brasil há a especialização em razão da matéria dentro da estrutura do Poder Judiciário.* A Justiça Federal tem competência para processar e julgar as causas em que a União, entidade autárquica ou empresa pública federal forem interessadas na condição de autoras, rés, assistentes ou oponentes, exceto as de falência, as de acidentes de trabalho e as sujeitas à Justiça Eleitoral e do Trabalho[65]. Por exemplo, no Estado de São Paulo, há Varas da Fazenda Pública e uma sessão especial no Tribunal de Justiça, a Seção de Direito Público.

O desafio é analisar de forma crítica o modelo adotado para aperfeiçoá-lo. Os operadores do direito não estão suficientes preparados e instrumentalizados para dar resposta à demanda crescente, específica e complexa que envolve a discussão, em juízo, das mais variadas atividades e opões da Administração como gestora e condutora de políticas públicas – que devem ser revestidas de legitimidade democrática. A adoção do sistema unitário criou um *vácuo* deixado pela falta do contencioso administrativo, que acaba por sobrecarregar o sistema judiciário.

A relação direta entre Administração e Administrado sofre graves consequências qualitativas e de credibilidade. A garantia do direito do acesso à Justiça, de modo amplo, obrigada o Poder Judiciário a ter que se manifestar, cada vez mais, sobre lides que envolvem a Administração, não só no âmbito fiscal, trabalhista, responsabilidade civil, ambiental,

---

[64] Di Pietro. Maria Sylvia Zanela, ob. cit., p. 691;
[65] Artigo 109, CF/88.

urbanística etc., mas também, no âmbito de concretização de direitos fundamentais individuais e coletivos, fixando-se aqui um problema difícil a ser enfrentando pelo Estado.

Fixa-se aqui um ponto positivo inquestionável, a sociedade está cada vez mais consciente de seus direitos e busca concretizá-los, demonstra a maturidade da cidadania no Brasil.

Deveras, ressalta-se que a base dessa controvérsia está sendo analisada pelo Supremo Tribunal Federal na ação declaratória de constitucionalidade nº 11-8/DF[66], que tem por objeto o julgamento da Medida Provisória nº 2.180-35, de 24 de agosto de 2001[67], referente ao artigo que ampliou o prazo processual para manifestação somente do Poder Público. A posição preliminar da Corte deu guarida à prerrogativa nos seguintes termos[68]:

"Nesse juízo prévio e sumário, estou em que o Chefe do Poder Executivo não transpôs os limites daqueles requisitos constitucionais, na edição da Medida Provisória nº 2.180-35, em especial no que toca ao artigo 1º-B, objeto desta demanda. Com efeito, é dotada de verossimilhança a alegação de que as notórias insuficiências da estrutura burocrática de patrocínio dos interesses do Estado, aliadas ao crescente volume de execuções contra a Fazenda Pública, tornavam relevante e urgente a ampliação do prazo para ajuizamento dos embargos."

Para finalizar, destaca-se que o tema está na ordem dia no atual debate da *reforma do Código de Processo Civil*, em andamento no Congresso Nacional. A polêmica das prerrogativas ou privilégios da Administração é um dos pontos que gera a maior controvérsia e demonstra muitas vezes falta de conhecimento adequado das consequências sérias das lides administrativas debatidas em juízo para a própria sociedade[69], deixando-se minguar justamente soluções que fortaleçam a relação Administração/Administrado e Administração/Poder Judiciário de forma positiva.

---

[66] Preliminar julgada em 28.3.2007.

[67] Alterou o artigo 741 do Código de Processo Civil e artigo 836, parágrafo único da Consolidação das Leis do Trabalho.

[68] A ADC 11 está aguardando julgamento pelo STF. Para informações atualizadas verificar o endereço eletrônico: www.stf.gov.br – http://redir.stf.jus.br/paginadorpub/paginador. jsp?docTP=AC&docID=606647

[69] Para acompanhar o andamento da reforma ver site do Congresso Nacional, Projeto Lei nº 166/2010.

VII. Preclusão administrativa – *Coisa julgada administrativa*

O respeito à coisa julgada é um direito assegurado na Constituição Federal e traz em sua gênese incita a ideia de *decisão judicial* da qual não caiba recurso[70], ou seja, da imutabilidade das decisões judiciais[71]. Assim, a expressão *'coisa julgada administrativa'* é um conceito utilizado pela doutrina e jurisprudência, mas na essência é tecnicamente equívoco, diante do sistema da jurisdição una adotado.

Parte da doutrina afirma que é admissível uma *'coisa julgada' administrativa*, restrita ao âmbito da Administração, nas palavras de Edmir Netto de Araújo:

"o interesse em que as decisões administrativas possuam, no máximo grau possível, estabilidade, pois com isso se estará atendendo à necessidade de segurança que deve presidir mais restrito que a res judicata do direito processual, é inegável a existência da coisa julgada administrativa, com as condicionantes descritas neste item"[72].

Existe a questão da necessidade do estabelecimento de relações seguras entre a Administração e o Administrado, sendo o respeito aos direitos fundamentais deste a pedra angular da relação, além do direito a duração razoável do processo administrativo e dos meios que garantam a celeridade da tramitação[73].

A lei federal prevê a preclusão administrativa ao afirmar que: *"o não reconhecimento do recurso não impede a Administração de rever de ofício o ato ilegal, desde que não ocorrida preclusão administrativa"*[74].

Ambos são institutos próximos. *Preclusão* é deixar exaurir o prazo próprio enquanto que a *coisa julgada administrativa*: significa apenas que a decisão se tornou irretratável pela própria Administração.[75] Nas palavras

---

[70] Artigo 5º, inciso XXXVI e artigo 6º, § 3º da Lei de Introdução ao Código Civil.

[71] A doutrina brasileira debate muito a questão da *flexibilização da coisa julgada*, no que pese o tema ter sido erigido no rol dos direitos e garantias fundamentais. A discussão deve ser acompanhada com atenção, pois revela mais uma tendência de relativização no campo das decisões judiciais, ao lado das consequências aportadas pelo ativismo judicial. Adentrar profundamente ao tema aqui foge dos objetivos centrais do presente trabalho, mas deixo claro que se deve optar pela prevalência dos termos constitucionais, com a segurança e certeza das instituições e decisões.

[72] Op. cit., p. 487.

[73] Artigo 5º, LXXVIII, CF/88, acrescentado pela Emenda Constitucional nº 45/2004.

[74] Artigo 63, § 2º.

[75] Di Pietro, Maria Sylvia Zanella. Op. cit., p. 682.

de Bandeira de Mello: *"Toda vez que a Administração decidir um dado assunto em última instância, de modo contencioso, ocorrerá a chamada 'coisa julgada administrativa'"*[76].

O problema da transposição da coisa julgada para o âmbito da administração é que a força final da decisão é *relativa*, pois no sistema brasileiro sempre será possível o reexame do caso pelo Poder Judiciário[77]. A possibilidade de revisão do ato pela própria Administração (autotutela) e pelo Poder Judiciário são temas que geram intensos debates na doutrina:

"a imodificabilidade da decisão da Administração Pública só encontra consistência na esfera administrativa" Perante o Judiciário qualquer decisão administrativa pode ser modificada, como estabelece o inciso XXXV do artigo 5º da Constituição Federal ("a lei não excluirá da apreciação do Poder Judiciário lesão ou ameaça a direito."), salvo se também esta via estiver prescrita."[78]

A Administração deve *anular* seus próprios atos quando eivados do vício da ilegalidade e pode revogá-los por motivo de conveniência e oportunidade[79], sendo o prazo sujeito a decadência. No âmbito federal o período é de 5 (cinco) anos, contados da data em que foi praticado o ato, salvo comprovada má-fé[80]. Por outro lado, se a decisão na qual se evidencie os vícios de legalidade não acarretar lesão ao interesse público, nem prejuízo a terceiro, ou seja, se o ato apresentar *defeitos sanáveis* poderá ser convalidado pela própria Administração[81].

---

[76] Mello, Celso Antônio Bandeira de. *Curso de Direito Administrativo*. São Paulo: Malheiros, 2004, p. 421-423.

[77] "O ato administrativo, porém, em princípio, deve ser revogável, pela própria Administração Pública, porquanto o objetivo da função administrativa é criar a utilidade pública e melhorá-la constantemente, a fim de atender às novas exigências da vida em comunidade, pois os interesses públicos variam com o evolver dos tempos, com o surgimento de outras condições sociais, a suscitar a alteração de normas jurídicas, e a sugerir a modificação de relações jurídicas anteriormente formadas." In Mello, Oswaldo Antonio Bandeira de. Princípios Gerais de Direito Administrativo. Volume I. Rio de Janeiro: Forense, 1968, p. 36

[78] Gasparini, Diogenes. Direito Administrativo. São Paulo: Saraiva, 2004, p. 805.

[79] Artigo 53 da Lei Federal nº 9.784/99.

[80] Artigo 54 – O direito da Administração de anular os atos administrativos de que decorram efeitos favoráveis para os destinatários decai em cinco anos, contados da data em que foram praticados, salvo comprovada má-fé.

[81] Artigo 55 – Em decisão na qual se evidencie não acarretarem lesão ao interesse público nem prejuízo a terceiros, os atos que apresentarem defeitos sanáveis poderão ser convalidados pela própria Administração.

VIII. A posição do STF sobre a segurança e preclusão administrativa

O princípio da segurança vem ganhando contornos especiais, sendo cabível destacar o entendimento fixado pelo STF no sentido que "... *a segurança jurídica, como subprincípio do Estado de Direito, assume valor impar no sistema jurídico, cabendo-lhe o papel diferenciado na realização da própria ideia de justiça material.*"[82]

A interpretação ganhou corpo e consolidou-se nos recentes pronunciamentos da Corte. No julgamento de uma ação constitucional de mandado de segurança, na qual se discutia a ascensão ilegal de um funcionário, questionada pelo Tribunal de Contas da União[83], após 11 (onze) anos, várias questões relevantes foram abordadas, as quais demonstram os rumos da relação do controle da constitucionalidade e da segurança jurídica diante dos casos administrativos consolidados. Merece destaque o voto do Ministro Eros Grau, relator do MS 26.117/DF, j. 20.5.2009, reconheceu que:

"*4. A Administração decai do direito de anular atos administrativos de que decorram efeitos favoráveis aos destinatários após cinco anos, constados da data em que foram praticados (artigo 54 da Lei nº 9.784/99). Precedente (MS nº 26.353, Relator Ministro Marco Aurélio, DJ de 6.3.08). 5.* **A anulação tardia de ato administrativo, após a consolidação de situação de fato e de direito, ofende o princípio da segurança jurídica.** *Precedentes (Re nº 85.179, Relator o Ministro Bilac Pinto, RTJ 83/921 (1978) E MS nº 22.357, Relator o Ministro Gilmar Mendes, DJ 5.11.04)*" (g.nº)

Destaca-se pontualmente a fundamentação do voto-vista do Ministro Carlos Britto, nesse mesmo julgamento:

"*7. E o que se deu no caso em análise? Tramitou perante a Corte de Contas um processo que resultou na anulação do ato administrativo de ascensão funcional do impetrante, sem que este fosse intimado para se defender. E não atende às garantias constitucionais a espontânea interposição de recurso de reexame (que nem houve no processo em causa). É que a amplitude da defesa exige que o interessado seja ouvido e possa produzir provas antes de qualquer decisão de mérito.*

---

[82] STF, MS 24.268. Relator para o acórdão Ministro Gilmar Mendes, julgado em 5.2.2004.

[83] Órgão administrativo auxiliar do Poder Legislativo. Artigos 71 e seguintes da Constituição Federal.

8. *Já o princípio da segurança jurídica, este foi igualmente vulnerado. É que o ato de ascensão funcional do impetrante ocorreu em setembro de 1993 e o acórdão do TCU é de 2004. Neste cenário, o impetrante tem razão quando afirma que **a inércia da Corte de Contas, por onze anos, consolidou sua razoável expectativa** quanto ao recebimento de uma verba de caráter alimentar. No caso, o gozo do benefício por um lapso prolongando de tempo confere um tônus de estabilidade ao ato sindicado pelo TCU, ensejando questionamento acerca da incidência dos princípios da segurança jurídica e da lealdade (que outros designam por proteção da confiança dos administrados).*

9. *Pois bem, considerando o status constitucional do direito à segurança jurídica (artigo 5º, caput), proteção objetiva do princípio da dignidade da pessoa humana (inciso III do artigo 1º) e elemento conceitual do Estado de Direito, tanto quanto levando em linha de consideração a lealdade como um dos conteúdos do princípio da moralidade administrativa (caput do artigo 37), faz-se imperioso o reconhecimento de certas situações jurídicas subjetivas em face do Poder Público. Mormente quando tais situações se formalizam por ato de qualquer das instâncias administrativas desse Poder, como se dá com o ato formal de uma determinada ascensão funcional. [...]"*

Nessa esteia, o Ministro Carlos Ayres Britto expressamente consignou:

"Por fim, tenho por inaplicável ao caso concreto a ADI 837. É que o ato de ascensão funcional não se lastreou em nenhuma das normas cuja eficácia foi suspensa em 11 de fevereiro de 1993, por este Supremo Tribunal Federal. Ainda que assim não fosse, <u>o julgamento da ação direta de inconstitucionalidade não implica automática desconstituição dos atos concretos em desconformidade com ele</u>. É imperioso que a Administração Pública o faça, respeitando, porém, as chamadas cláusulas de preclusão, até mesmo para salvaguardar o princípio constitucional da segurança jurídica." (g.n.)

Assinala-se que a questão foi objetivo da Súmula Vinculante nº 3 pelo STF[84]:

*"Nos processos perante o Tribunal de Contas da União asseguram-se o contraditório e a ampla defesa quando da decisão puder resultar anulação ou revogação de ato administrativo que beneficie o interessado, **excetuada a apreciação da legalidade do ato de concessão inicial de aposentadoria, reforma ou pensão."***

---

[84] Ver também STF, MS 24.268-0/MG; MS 24.728/RJ.

Extrai-se a propensão da Corte em firma posição no sentido de garantir:

a) O reconhecimento do direito ao contraditório e a ampla defesa no processo administrativo primário e também naquele que visa anular ato administrativo anterior;

b) A possibilidade de consolidação do ato administrativo, ainda que ilegal, diante do fator temporal, com prevalência do princípio da segurança jurídica;

c) O julgamento da ação direta de inconstitucionalidade não implica automática desconstituição dos atos concretos em desconformidade com a decisão, devendo-se ater as cláusulas de preclusão para salvaguardar o princípio constitucional da segurança jurídica.

IX. Os efeitos da Súmula Vinculante nas atividades da Administração

A Emenda Constitucional nº 45/04, conhecida como *Emenda da Reforma do Judiciário*, trouxe inovações que ampliaram o controle do Poder Judiciário ao inserir no sistema a súmula vinculante e o consequente direito à reclamação administrativa[85].

O objetivo da criação do instrumento é fazer com que o Supremo Tribunal Federal, após reiteradas decisões concretas *e* consolidação da posição sobre determinado tema com a participação de 2/3 (dois terços) de seus membros, formalize um preposição genérica e abstrata capaz de nortear as decisões semelhantes no âmbito judicial *e* no âmbito da Administração. A súmula pode ser editada, revista ou cancelada de ofício[86], por provocação de autoridades e entidades previstas na lei[87], com destaque ao Município, que poderá fazer a proposta incidentalmente no curso de processo em que seja parte, além da possibilidade de participação de terceiros no decorrer de procedimento em que debata seu conteúdo.

Se o ato administrativo ou decisão judicial contrariar, negar vigência ou aplicar indevidamente os termos da súmula vinculante caberá *reclamação* ao Supremo Tribunal Federal. Se acolhida a reclamação, o ato administrativo

---

[85] Criou o artigo 103-A da CF/88, regulamentado pela Lei Federal nº 11.417, de 19.12.2006.

[86] Artigo 2º, § 3º – A edição, a revisão e o cancelamento de enunciado de súmula com efeito vinculante dependerão de decisão tomada por 2/3 (dois terços) dos membros do Supremo Tribunal Federal, em sessão plenária

[87] Artigo 3º da Lei 11.417/06.

será considerado nulo e haverá a determinação que outro seja praticado[88], nos exatos termos do verbete.

A lei federal exigiu como condição para conhecer a reclamação que o autor comprove ter exaurido a discussão nas vias administrativas[89], determinação que causou dissidentes posições doutrinárias. Visando chegar a uma interpretação conciliadora, pode-se dizer que se o interessado optar pela via da *reclamação administrativa* como meio de questionar o não cumprimento da súmula vinculante, terá que esgotar a discussão no âmbito administrativo primeiramente, por outro lado, se optar pelo acesso direto ao Poder Judiciário, poderá utilizar de outras formas de ação, com o mandado de segurança[90].

Conclui-se que a edição da *súmula vinculante* atinge a atividade administrativa diretamente e em sentido amplo, compelindo as autoridades administrativas a adotá-las e respeitá-las do seguinte modo:

a) *Casos em andamento e futuros*: há o dever de adequar os casos em andamento e as futuras decisões administrativas aos termos definidos na súmula vinculante, *sob pena* de responsabilização pessoal nas esferas cível, administrativa e penal[91] da autoridade administrativa, com a clara proposta de coagir a cumprir seus preceitos.

b) *Anulação do ato administrativo desconforme a súmula vinculante:* Ao julgar procedente a demanda, o Supremo Tribunal Federal anulará o ato administrativo[92], o qual deverá ser adequado aos termos determinados na súmula vinculante.

c) A autoridade prolatora da decisão administrativa impugnada pelo Administrado deverá reconsiderá-la nos termos da súmula vinculante ou,

---

[88] Artigo 103-A, § 3º – Do ato administrativo ou decisão judicial que contrariar a súmula aplicável ou que indevidamente a aplicar, caberá reclamação ao STF que, julgando-a procedente, anulará o ato administrativo ou cassará a decisão judicial reclamada, e determinará que outra seja proferida com ou sem a aplicação da súmula, conforme o caso.

[89] Lei nº 11.417/2006. Artigo 7º, § 1º – Contra omissão ou ato da administração pública, o uso da reclamação só será admitido após o esgotamento das vias administrativas.

[90] Ver discussão no item II deste texto.

[91] Artigo 9º – A Lei 9.784, de 29 de janeiro de 1999, passa a vigorar acrescidas dos seguintes artigos 64-A e 64-B: Artigo .64-B – Acolhida pelo STF a reclamação fundada em violação de enunciado da súmula vinculante dar-se-á ciência à autoridade prolatora e ao órgão competente para o julgamento do recurso, que deverá adequar as futuras decisões administrativas em casos semelhantes, sob pena de responsabilização pessoal nas esfera cível, administrativa e penal.

[92] Artigo 7º, § 2º da Lei 11.417/06.

explicitar, antes do encaminhamento do recurso à autoridade superior, as razões da aplicabilidade ou inaplicabilidade da súmula, conforme o caso[93].

O novo instituto é uma inovação no direito brasileiro e não tem aceitação integral[94]. Existem críticas no sentido que sua essência é um ato de criação, o que revela sua natureza normativa ou *função paralegislativa*[95] e, mais uma vez, estamos diante de um instrumento que pode deformar ainda mais a desequilibrada relação entre os Poderes no Brasil, se utilizada de forma ativista.

X. O Poder Judiciário e a definição das Políticas Públicas – o ativismo judicial

Um dos maiores e mais delicados problemas enfrentados no Brasil é o grande número de ações judiciais movidas por particulares com a pretensão de concretizar direitos fundamentais sociais, as quais têm levado o Poder Judiciário a ter que se manifestar diretamente sobre opções de políticas públicas, como moradia, saúde, educação, que em linhas objetivas, transcendem a discussão da ótica da Justiça comutativa e atingem dimensão da Justiça distributiva.

A nova etapa foi impulsionada claramente pela Constituição Federal de 1988 que levou à interpretação que os direitos e garantias fundamentais têm aplicação imediata, de modo que prestações positivas podem ser exigidas prontamente do Estado. Se a Administração é omissa *ou* concede os direitos de maneira insuficiente, o direito de ação é utilizado diretamente para buscar a concretização plena. A timidez e fragilidade da atuação dos Poderes Legislativo e Executivo levam o Poder Judiciário a ter que se manifestar diariamente em casos concretos individuais, ações coletivas e em sede de controle da constitucionalidade, o que pode gerar e, tem gerado, o problema contemporâneo denominado pela doutrina de *ativismo judicial*.

[93] Artigo 8º da Lei 11/417/06, que altera da Lei 9.784/99,que regulamenta o processo administrativo no âmbito federal.

[94] Elival da Silva Ramos sustenta que: "De minha parte, reitero o entendimento de que as finalidades buscadas com a criação da súmula vinculante somente serão plenamente atingidas com a modificação de nosso sistema de fiscalização de constitucionalidade para um sistema concentrado, de padrão europeu, convertendo-se o Supremo Tribunal Federal em um tribunal exclusivamente, ou quase que exclusivamente, dedicado às questões de constitucionalidade.". Op. cit., pp. 299-300.

[95] Expressão adota por Manoel Gonçalves Ferreira Filho. *Curso de Direito Constitucional*. São Paulo: Saraiva, 2008, p. 268.

Ativismo judicial é o desrespeito aos limites normativos substanciais da função jurisdicional[96], nas palavras de Elival da Silva Ramos, fato que atinge diretamente a relação entre os Poderes. Tendo em vista os fins específicos destas reflexões, destaca-se que o ativismo judicial brasileiro vai além da atuação do Poder Judiciário na esfera do controle de constitucionalidade, na realidade, atinge profunda e amplamente o controle de atos administrativos, inclusive os de dimensão de regulação de direitos sociais[97].

O impulso do ativismo judiciário encontra-se nos seguintes fatores, seguindo a lição do Jurista: a) o modelo de Estado intervencionista, com a finalidade de ampliação das realizações sociais para concretização de uma Constituição social-democrata; b) expansão do controle abstrato de normas[98]; c) a fragilidade teórica do neoconstitucionalismo[99]; d) dilemas

---

[96] "Diante disso, não se deve restringir o exame do ativismo judicial de natureza constitucional ao controle de constitucionalidade, ou seja, à jurisdição constitucional em sentido estrito. Se a essência do fenômeno está no menoscabo aos marcos normativos que balizam a atividade de concretização de normas constitucionais por juízes e tribunais, toda e qualquer situação que envolva a aplicação da Constituição por esses órgãos há que ser avaliada. Desse modo, ativismo pode se dar em sede de fiscalização de atos legislativos ou administrativos-normativos, mas, também, no âmbito do controle de atos administrativos de natureza concreta, de atos jurisdicionais atribuídos a outro Poder ou de atos relativos ao exercício de função da chefia do Estado.". Ramos, Elival da Silva. Ativismo judicial: parâmetros dogmáticos São Paulo: Saraiva, p. 138 e 140.

[97] Há decisões judiciais determinando que a Administração forneça medicamento específico de venda ilegal no Brasil, desobedeça a ordem cronologia da fila de transplantes, forneça a determinada família moradia em local exato, ferindo a ordem cronológica dos programas governamentais de habitação, determina a criação vagas em escola em desacordo com a política de educação, e por aí crescem centenas de exemplos. A questão aqui não é a análise da Justiça da decisão do caso concreto puramente, pois não há dúvida que certas lides devem ser julgadas atendendo ao seu caráter excepcional. O problema é tendência a tratar *todos* os casos como exceção, a somatória dos milhares de casos "excepcionais", torna inviável gerir programas sociais que devem ser destinados para toda a comunidade, com enfoque igualitário e distributivo.

[98] Explica o autor: [...] registra-se a tendência a se admitir a modulação dos efeitos temporais das decisões sancionatórias da inconstitucionalidade; finalmente a jurisdição constitucional, assim desenvolvida, interfere diretamente no conteúdo dos atos legislativos controlados. O exercício da fiscalização de constitucionalidade, nas condições apontadas, é fator desencadeante do ativismo judiciário na medida em que o órgão de controle perceba tornar-se menos nítida a distinção entre legislação e jurisdição.". Ramos, Elival da Silva. Op. cit., p. 277.

[99] Um viés teórico desenvolvido no Brasil que segundo o autor: "Se há algo próprio ao neoconstitucionalismo em matéria de Teoria de Interpretação é o exagero na valorização

institucionais do constitucionalismo brasileiro[100]; d) Atividade normativa atípica do Supremo Tribunal Federal, com destaque para a súmula vinculante e o mandado de injunção[101].

Com a intenção de buscar com as decisões judiciais a efetividade máxima dos direitos fundamentais individuais e sociais, tem-se valorado excessivamente os princípios constitucionais, com a desconsideração total ou parcial de regras e da legislação infraconstitucional, ou seja, opta-se pela análise parcial da Constituição e não do sistema jurídico integral[102].

O problema ganha contornos relevantes na ingerência dos *atos administrativos discricionários* que envolvem direitos sociais, por exemplo, na área de saúde, são analisadas muitas vezes somente sob o ângulo de vista de direito subjetivo, desconsiderando-se a essência imposta pela Constituição ao administrador de tratá-lo de forma igualitária e distributiva (no sentido de compensação, de redistribuição de direitos sociais, em um país com desigualdades profundas).

A análise da *discricionariedade* é o ponto central da discussão para compreender os limites da relação Administração e Judiciário, ainda que em alguns pontos permaneça um halo nebuloso. Ambos os Poderes atuam com discricionariedade, a qual é delineada pela Constituição Federal. Nesse ponto, esclarecedora é a diferenciação colocada por Elival da Silva Ramos:

*"A **discricionariedade legislativa** decorre da inexistência de parâmetros normativos ou de sua flexibilidade; a administrativa está relacionada, igualmente*

dos princípios constitucionais. Não se trata da afirmação do caráter vinculante das normas-princípios, algo que o constitucionalismo *tout court* já houvera incorporado de há muito e sim de autêntica principiologização do Direito Constitucional, que passar a desprezar regras em favor de princípios e a deles extrair desdobramentos que competiria ao legislador infraconstitucional disciplinar". Op. cit., p. 283.

[100] Dificuldades na produção legislativa, relação entre os Poderes Legislativo e Executivo. Op. cit., p. 288 e seguintes.

[101] Breve síntese do Capitulo II, Seção III. Op. cit., PP. 268-304.

[102] Na área da saúde, por exemplo, várias decisões são fundamentas no direito à vida e dignidade da pessoa humana, desconsiderando totalmente o plano constitucional chamado Sistema Único de Saúde que revela pontualmente a abrangência e limites deste direito social, que em última vertente deve ser delineado pelos Conselhos de Saúde, com a participação ativa da comunidade local. Sobre o tema, tese de dourado de Werner, Patricia Ulson Pizarro. A concretização dos direitos fundamentais sociais e a interpretação da Constituição. O direito à saúde: extensão e limites. Defendida na PUC/SP, 16.6.2008.

*à abertura textual, mas, também, ao deferimento explícito de mais de uma possibilidade de conduta diante da espécie fática; por último, a **discricionariedade judicial** cobre, de um modo muito mais amplo do que em sede legislativa ou administrativa, todo o campo da criatividade na interpretação. Há, portanto, apenas no que tange à jurisdição, uma relação íntima entre discricionariedade e interpretação, podendo-se dizer que aquela é parte integrante desta. A categoria teórica da discricionariedade, em qualquer uma de suas vertentes, está fortemente vinculada ao princípio da separação dos Poderes."[103]*

O juiz, na qualidade de intérprete, assim como os operadores do direito em geral, foram instruídos para analisar os direitos fundamentais com o enfoque da *Justiça Comutativa*, limitado ao caso concreto. Agora, deparam-se todos os dias com o desafio de analisar a questão segundo um novo paradigma, os direitos sociais ganharam o *status* de direito público subjetivo, mas não perderam o aspecto social que exige a aplicação do olhar da *Justiça Distributiva*. Não se pode negar que a consequência da soma dos milhares de processos individuais, que resultam em milhares de decisões judiciais, geram, momento da execução pelo Poder Executivo, proporções gigantescas com reflexos nas áreas orçamentárias e de gestão das políticas públicas[104].

A dinâmica estabelecida levanta um sério questionamento: a quem cabe estabelecer políticas públicas que concretizem a Constituição de modo a assegurar a repartição de benefícios e ônus sociais?

Se por um lado, tem-se como positiva a realização de audiências públicas[105] comandadas pelo Supremo Tribunal Federal, por outro lado, o processo de judicialização está deslocando o centro das opções políticas

---

[103] Ramos, Elival da Silva. *Ativismo Judicial. Parâmetros dogmáticos*. São Paulo: Saraiva, 2010, PP. 127 e 128.

[104] Em alguns momentos, a Administração consolidou com política pública na área de distribuição de medicamentos 'cumprir as decisões judiciais', não havendo praticamente possibilidade concreta e econômica de tomar outra atitude, reduzindo-se praticamente a zero o poder discricionário de escolha pelo Administrador.

[105] Seguindo a coerência do exemplo, foi realizada a Audiência Pública nº 4 pelo STF, no ano de 2009, na qual se coletou de forma democrática o posicionamento dos mais variados setores do governo e da sociedade civil, o resultado dos debates no *site* do STF. A excelência do encontro é uma realidade, o questionamento que fica é: está correto o deslocamento da discussão democrática sobre os limites do direito a medicamentos para o âmbito do Poder Judiciário. Pela estrutura constitucional este tipo de discussão não encontraria a legitimidade nos Poderes Legislativos e Executivo ...

para o Poder Judiciário, o que revela o desequilíbrio na relação dos Poderes, fato que não é um bom presságio...

Revelam-se ainda os problemas de legitimação das opções, caracterizado pela falta de um dialogo efetivo entre Administração e Administrado, como um dos fatores que tem levado o particular a perseguir a implementação de seus direitos diretamente na esfera judicial (aqui fica evidente a falta que faz um contencioso administrativo estruturado e eficaz).

Como diagnóstico pode-se afirmar, por exemplo, que julgamentos clássicos do Supremo Tribunal Federal, como o *leading case* que fez nascer o programa para tratamento de pacientes portadores do vírus HIV, reconhecido internacionalmente pela sua excelência, trouxe realmente benefícios na efetivação do direito social à saúde. A atuação do Poder Judiciário foi muitas vezes essencial neste sentido de condicionar a concretização dos direitos fundamentais e cumpriu seu papel constitucional, por outro, muitas vezes há o excesso, de modo que a boa intenção inicial acaba criando situações desestabilizadoras.

Vejamos, ainda na área da saúde, muitas vezes constata-se que a Administração deixa de conceber políticas públicas, limitando-se a cumprir as decisões judiciais. Este tipo de situação é assustadora. Afinal, em um país com sérios problemas de distribuição de benefícios e ônus sociais quem tem acesso à justiça? Será que quem realmente precisa de cuidados básicos para sua saúde, tem condições de ter acesso à Justiça? Cria-se assim circulo vicioso, quem tem oportunidade de ter acesso à justiça, tem acesso à saúde, quem não tem, fica excluído duplamente: sem acesso à saúde e sem à Justiça.

O Poder é uno. A Constituição é única. A atuação deve ser integrada e cada Poder tem que respeitar os limites de sua competência constitucional, de modo a entender que aqui não há um jogo de soma zero e sim, um *"jogo de soma 'não zero', pois a cooperação criará algo a ser dividido (pode ser lucro ou prejuízo)"*[106], benefícios e ônus sociais.

A análise do conjunto de decisões judiciais revela que no julgamento do caso concreto, muitas vezes desconsidera-se: a) se houve uma omissão do Estado legislador ou administrador; ou b) se houve uma *opção* legítima

---

[106] Lopes. José Reinaldo de Lima. *Direitos Sociais – teoria e prática*. São Paulo: Método, 2006, p. 146.

por conduzir as políticas públicas em determinado sentido (fato que pode excluir validamente a pretensão individual do autor)[107].

A crítica ao processo de judicialização é muito importante e revela aos poucos as dificuldades de construção do Estado que optou pela prevalência da soberania popular e da aplicação consciente do direito, para tanto há ainda um longo percurso a recorrer, com desafios nos planos político, econômico, educacional e cultural.

Nesse contexto, investir no aprimoramento da relação entre Administração e Administrado é essencial para recuperação da estabilidade das relações entre os Poderes. Criar um canal de compreensão das escolhas no âmbito das políticas públicas desenvolvidas, transparência, fortalecimento do processo administrativo (gracioso e contencioso), possibilitar o acesso a repostas rápidas e eficazes, ou seja, fortalecer do 'contencioso administrativo' dentro do sistema da unidade de jurisdição, é uma opção que deve ser considerada para a não ampliação do desequilíbrio da relação entre os Poderes e da decorrente perda da credibilidade da Constituição de 1988 a médio e longo prazo[108].

Deve-se superar a fase do relacionamento negativo entre Administração e Administrado, resquício que ainda não foi superado plenamente. A Administração tem o dever-poder de estabelecer uma relação positiva com o Administrado de modo a concretizar seus direitos fundamentais com a visão da Justiça Distributiva, repartindo os benefícios e ônus sociais da maneira mais equilibrada possível, tendo sempre como núcleo o respeito aos direitos fundamentais do Administrado:

---

[107] Por exemplo, ilustra-se com a escolha pela Administração do medicamento X, similar ou genérico, mais barato em relação ao Y, e que vai ter o mesmo efeito pretendido pelo médico e possibilitar uma maior número de paciente a ter acesso, a opção por uma programa de habitação em que o benefício da moradia é atingido gradualmente e com preferência a quem mais necessita segundo opções do legislativo e executivo.

[108] Destaca-se aqui a experiência exitosa do Estado de São Paulo que reuniu a Procuradoria Geral do Estado, a Defensoria Pública, a Secretaria da Saúde, a Polícia Civil (para apurar os casos de fraude) e conseguiu reduzir em praticamente 100% o número de casos que eram levados diretamente ao Poder Judiciário para pedir medicamentos. Apurou-se que a faltava de diálogo entre os órgãos e a não compreensão da política de concessão e distribuição de medicamentos. A gestão consciente fez com que todos saíssem ganhando, a Administração e o usuário, cumprindo o ditame constitucional da eficácia.

"Como nos ensinamentos de Emerson e de Payne, deve-se respeitar a soberania do homem comum para escolher os melhores rumos para a sociedade. Esta é a essência da democracia.

O homem comum quer do Estado segurança, justiça e serviços públicos eficientes, entre os quais aqueles que mais de perto interessam à sua vida, dignidade e progresso: saúde e educação. A tendência da Administração Pública mais nítida, portanto, é a que aponta para uma progressiva concentração de Poderes investidos no Estado para distribuir esses bens com imparcialidade, justiça, eficiência e com o menor custo possível."[109]

XI. O controle de constitucionalidade no Brasil e a modulação temporal

Considerando o complexo processo de controle da constitucionalidade das leis adotado no Brasil, uma nova técnica de decisão decorreu do próprio sistema constitucional[110], foi publicada a Lei nº 9.868/99, a qual regulamenta o processo de julgamento das ações diretas de constitucionalidade e inconstitucionalidade perante o Supremo Tribunal Federal, abrindo-se possibilidade de:

"Artigo 27: Ao declarar a inconstitucionalidade de lei ou ato normativo, e tendo em vista razões de segurança jurídica ou de excepcional interesse social, poderá o STF, por maioria de dois terços de seus membros, *restringir os efeitos daquela declaração ou decidir que ela só tenha eficácia a partir de seu trânsito em julgado ou de outro momento que venha a ser fixado.*" (g.n.)

O Supremo Tribunal Federal pode, em casos excepcionais, mediante decisão de maioria qualificada (2/3 dos votos), estabelecer limites aos efeitos de declaração de inconstitucionalidade com efeitos *ex nunc* ou *pro futuro*:

"*especialmente naqueles casos em que a declaração de nulidade se mostre inadequada (v.g., lesão positiva ao princípio da isonomia) ou nas hipóteses em que a lacuna resultante da declaração de nulidade possa dar ensejo ao surgimento de uma situação*

---

[109] Moreira Neto, Diogo de Figueiredo. *Tendências da Administração Pública*. In Direito Administrativo na Década de 90. Estudos jurídicos em homenagem ao Prof. J. Cretella Junior. Coord. Telles, Antonio A. Queiroz e Araújo, Edmir Netto. São Paulo, Revista dos Tribunais, 1997, p. 107.

[110] Mendes, Gilmar. Jurisdição, ob. cit., p. 332.

ainda mais afastada da vontade constitucional."[111]. *Entende-se que "a aceitação do princípio da nulidade da lei inconstitucional não impede que se reconheça a possibilidade de adoção, entre nós, de uma **declaração de inconstitucionalidade alternativa**."*[112] (g.n.)

A nova categoria ingressa nas chamadas sentenças manipulativas, conforme definição de Carlos Blanco de Morais *"consistem em decisões jurisdicionais que determinam a modelação do sentido ou dos efeitos da norma submetida a julgamento"*[113] e abre espaço, mais uma vez, para tensão entre as funções legislativas e judiciais, com claras consequências para a atividade administrativa, ao expandir as possibilidades do ativismo judicial.

A questão dos efeitos das decisões judiciais com modulação temporal é importante e será debatido com mais profundidade nas mesas específicas deste Congresso Internacional. Para fins de conexão lógica do raciocínio é importante destacar as tendências do sistema brasileiro:

a) No controle abstrato das normas, em regra, a lei declarada inconstitucional pelo Supremo Tribunal Federal será considerada nula *ipso jure* e *ex tunc*, ou seja, a disposição não poderá mais ser aplicada no âmbito privado ou na esfera estatal, portanto, todos os atos praticados com base na lei inconstitucional estão igualmente eivados de iliceidade[114]. A prescrição que era adotada como uma "verdade axiomática", nas palavras de Gilmar Mendes, está sendo maleada para ser aplicada tanto no controle abstrato, como no concreto:

"Entretanto, não parece haver dúvida de que a limitação de efeito é um apanágio do controle judicial de constitucionalidade, podendo ser aplicado tanto no controle direto quanto no incidental"[115]

b) Admite-se que uma lei declarada inconstitucional continue a gerar efeitos na relação consolidada entre Administração e Administrado com base na segurança jurídica e boa-fé, conforme se pode notar no precedente equalizado antes da Constituição Federal de 1988 e acatado na

---

[111] Mendes, Gilmar. Jurisdição, ob. cit., p. 332.

[112] Mendes, Gilmar. Jurisdição, ob. cit., p. 333.

[113] *Introdução às sentenças manipulativas e aos seus fundamentos.* In As sentenças intermédias da Justiça Constitucional. Coordenador Carlos Blanco de Morais. Lisboa: AAFDL, 2009, p. 17.

[114] STF, MS 17.076, Relator Ministro Amaral do Santos, RTJ nº 55, p. 744 *apud* Mendes, Gilmar Ferreira. Jurisdição Constitucional [...], ob. cit., p. 321.

[115] Mendes, Gilmar Ferreira. Jurisdição Constitucional [...], ob. cit., p. 322.

atualidade[116], em outras palavras, os atos praticados sob a égide da lei inconstitucional que não mais admitam revisão, não serão afetados pela declaração de inconstitucionalidade, entende-se, a princípio, que a nulidade da sentença somente é possível via ação rescisória ou nas hipóteses de cabimento da revisão criminal[117].

c) Quanto à nulidade *ipso jure* nota-se que a declaração de inconstitucionalidade pode afetar a execução da sentença transitada em julgado. Para fins de execução contra a Fazenda Pública, considera-se inexigível o título judicial fundado em lei ou ato normativo declarados inconstitucionais pelo Supremo Tribunal Federal ou em aplicação ou interpretação tidas por incompatíveis com a Constituição Federal, ou seja, a sentença transitada em julgada poderá ser afetada pela declaração de inconstitucionalidade terá efeito *ex tunc*, em regra, através da defesa nos embargos à execução ou de ação rescisória[118].

XII. Os efeitos da declaração da inconstitucionalidade perante o ato administrativo consolidado

A exposição das várias peculiaridades da relação entre Poder Judiciário e Administração no Brasil teve a intenção de apresentar um quadro contemporâneo vivenciado pelo operador do direito. Ficou evidente a tendência de ampliação dos limites da atuação judicial.

Com fundamento nos estudos do Professor Carlos Blanco de Morais[119], focados na realidade portuguesa, pode-se extrair uma questão interessante

---

[116] [...] Tenho que procede a tese, consagrada pela corrente discrepante, a que se refere o Corpus Juris Secundum, de que a lei inconstitucional é um fato eficaz, ao menos antes da determinação de inconstitucionalidade, podendo ter consequências que não é lícito ignorar. A tutela da boa-fé exige que, em determinadas circunstâncias, notadamente quando, sob a lei ainda não declarada inconstitucional, se estabeleceram relações entre particular e o poder público, se apure prudencialmente, até que ponto a retroatividade da decisão, que decreta a inconstitucionalidade, pode atingir, prejudicando-o, o agente que teve por legítimo o ato e, fundado nele, operou na presunção de que estava procedendo sob o amparo do direito objetivo. STF, RE 79.343/BA, Relator Ministro Leitão de Abreu, julgado em 31.5.1977, disponível do site www.stf.jus.br/portal/jurisprudencia

[117] STF, RE 86.056, Relator Rodrigues Alckmin, j. 31.05.1977

[118] Nos termos da Lei nº 11.232/2005, com origem na Medida Provisória nº 2.180-35, de 24 de agosto de 2001.

[119] Palestra do Professor Carlos Blanco de Morais sobre o tema *"A querela da intangibilidade do caso decidido inconstitucional"*, publicada na presente coletânea.

e complexa, que deve ser analisada perante o sistema brasileiro: como agir diante de uma decisão administrativa já consolidada pela 'coisa julgada administrativa' diante do vício externo da declaração da inconstitucionalidade posterior da norma que a fundamentou?

Como visto nos itens anteriores, a situação supõe a hipótese de uma decisão administrativa que já não admite mais a discussão na via administrativa, por esgotamento dos recursos possíveis e, que também não foi discutida no âmbito judicial, operando a eficácia preclusiva. Segundo a doutrina e jurisprudência, a tendência é considerar a operacionalização da 'coisa julgada administrativa' em nome da segurança e estabilidade das relações e da boa-fé.

Com a declaração da inconstitucionalidade de determinada lei, a Administração terá o dever de adequar:

a) todos os *procedimentos em andamento* aos termos declaração da inconstitucionalidade por força do principio da legalidade;

b) não causa dissensão o fato que se o *ato administrativo encontra-se consolidado, sem que tenha operado o período decadencial* (no prazo no qual se admite a autotulela), há o dever de recompor a legalidade com o fim do restabelecimento da ordem jurídica[120]. Nesta hipótese, o interesse público envolvido é o respeito ao sistema de controle da constitucionalidade, ou seja, é o respeito à própria Constituição.

c) Mais delicada é a hipótese das decisões administrativas consolidadas com fundamento na lei consideração inconstitucional e já afetadas pelo transcurso da 'coisa julgada administrativa'(não se admite mais a revisão via autotutela). A tendência genérica da doutrina e da jurisprudência é optar pela convalidação do ato com fundamento na segurança das relações firmadas e da boa-fé[121].

---

[120] Pode-se notar que a doutrina do Direito Administrativo permite que o ato pode ser anulado ou convalidado, devendo preponderar a melhor solução que resguarde o interesse público. No caso em questão, o interesse público envolvido é a defesa da própria Constituição.

[121] *"[...] pois a anulação tardia seria inconveniente mais grave, também se adota posição similar à corrente na doutrina brasileira citada: a presumidas validade dos atos administrativos pode consolidar-se, adquirindo o valor de uma situação jurídica, pelo decurso do tempos em impugnação, relegando ao 'perpétuo silencio' os vícios que o afetam, mas a faculdade referente ao pode de anulação do Estado no exercício de seu poder de vigilância, 'em qualquer tempo' deve entender-se em consonância com os princípios gerais do direito, sancionados pela lei formal, não podendo superar os prazos legais para impugnação."* Edmir Netto de Araújo, ob. cit., p. 497.

Cabe aqui agregar as reflexões de Carlos Blanco de Morais no sentido de ser preocupante considerar automaticamente salvaguardadas essas situações, sem se atentar para qual foi o tipo de vício reconhecido na declaração de inconstitucionalidade. Nesta hipótese, há de se considerar que se a lei declarada inconstitucional feriu direitos fundamentais do Administrado, a situação não pode ser consolidada, não pode haver o "perpétuo silêncio", mas sim, a recomposição do sistema para os parâmetros da legalidade. Fazendo-se um paralelo à revisão criminal[122], não se admite aqui manutenção de qualquer ato administrativo violador de direitos e garantias fundamentais. Seguindo a lógica apresentada até então, nesses casos, a Administração deve reavaliar a decisão e fundamentá-la.

Pode-se assim resumir em um quadro das consequências da decisão da declaração de inconstitucionalidade no âmbito administrativo:

1) *Atos Administrativos não consolidados* – devem ser revistos e adequados aos termos da declaração da inconstitucionalidade, imediata e obrigatoriamente.

2) Atos consolidados

2.1.) *Não decorrido o prazo decadencial* – dentro do período decadencial[123], a Administração deve anular diretamente o ato administrativo consolidado com base na legislação declarada inconstitucional, com fundamento nos princípios da autotutela, igualdade, legalidade e moralidade administrativa, com respeitado ao contraditório e ampla defesa, com o dever de fundamentar a decisão.

2.2) *Após o prazo decadencial* – Decorrido o prazo decadencial a doutrina e a jurisprudência fixaram entendimento que prevalece a estabilidade da decisão em nome da segurança e boa-fé. Nesse ponto, como base nas lições de Carlos Blanco de Morais, a convalidação não pode ocorrer caso seja constatado que as deformidades acarretaram vícios decorrentes da ofensa a direitos, liberdades e garantias direitos fundamentais[124]. Com fundamento

---

[122] Só pode ser feita *pro reo* e a qualquer momento.

[123] Como visto, a Lei Federal prevê o prazo de cinco anos e a Lei Estadual paulista, dez anos.

[124] *A querela da intangibilidade do caso decidido inconstitucional.* Artigo a ser publicado. Defende o Professor: *"O anacronismo gerado pelo automatismo da equiperação do caso resolvido ao julgado centrar--se-ia no fato de um regime geral de anulabilidade do ato consequentemente inconstitucional deixar de depender da gravidade do vício. É que, a ocorrer tal cenário desfigurar-se-ia o conceito de anulabilidade, que consiste numa sanção de invalidade que reprime vícios menos graves. A inconstitucionalidade que, segundo a própria jurisprudência do Tribunal Constitucional (Cfr. Ac. nº 268/88 tirado a propósito*

nos princípios da legalidade e moralidade deve-se impedir a salvaguarda de decisões administrativas que desvirtuem o sistema constitucional em seu núcleo essencial.

Conclusões

1) Portugal adotou o sistema de dualidade de jurisdição, com a formação do Contencioso Administrativo, em especial partir da Constituição da República Portuguesa de 1976[125], denominado de *'verdadeiro baptismo do Contencioso Administrativo'* por Vasco Pereira da Silva[126], o qual vem sofrendo diversas reformas desde os anos 90, com destaque a última que entrou em vigor no ano de 2004 e, ao mesmo tempo, enfrenta o desafio de adequar a ordem jurídica interna aos termos do Direito Comunitário.

A meta atual é construir as bases de um *'novo Processo Administrativo Europeu'*, o qual ganha força pela ação conjugada dos órgãos comunitários e de outras instituições europeias, como o Tribunal de Justiça da União Europeia e o Tribunal Europeu dos Direitos do Homem. A tendência é consolidar a 'integração horizontal' das ordens jurídicas dos países membros da União, com a convergência crescente do Contencioso Administrativo dos diferentes países e consequente o rompimento de divergências históricas entre os sistemas francês, britânico e alemão, ao mesmo tempo em que procura respeitar as especificidades de cada um[127].

---

da consumpção da ilegalidade de leis pela inconstitucionalidade) constitui o 'vício menos grave' (leia-se 'relação de desvalor') acabaria por receber, no respeitante à tutela dos atos consequentes de norma declarada inconstitucional, o tratamento que o ordenamento reserva no Direito Administrativo aos vícios menos graves e que é a anulabilidade."

[125] A CRP prevê no artigo 209º, na estrutura da organização dos tribunais, além do Tribunal Constitucional, o Supremo Tribunal de Justiça e os tribunais judiciais de primeira e segunda instância; o Supremo Tribunal Administrativo e os demais tribunais administrativos e fiscais e o Tribunal de Contas.

[126] Op. cit., p. 187 e 188, onde se explica o significado da expressão: *"significou um verdadeiro 'baptismo' do Contencioso Administrativo, libertando-o do 'pecado original' de ligação da Administração à Justiça, ao proceder à plena jurisdicionalização dos tribunais administrativos. Tal vai estar, aliás, associado ao reconhecimento de um direito fundamental de acesso à Justiça Administrativa, pelo que, insistindo na metáfora, se pode afirmar que, entre nós, o 'baptismo' é simultâneo da 'confirmação'. Pois, o que é típico da <actual 'fase da confirmação' do Contencioso Administrativo[é que] as modernas constituições do Estado de Direito tenham reafirmado a natureza jurisdicional do Contencioso Administrativo e acentuado a sua função de proteção dos direitos dos particulares nas relações administrativas."*

[127] Op. cit., pp. 148-150.

2) O Brasil vive uma realidade distinta. Enfrenta a crise na relação entre os Poderes, fruto da atuação precária e irresponsável de alguns órgãos e do próprio sistema unificado da jurisdição. O objetivo desta breve reflexão foi traçar um panorama da tendência crescente de colocar o Poder Judiciário como intermediário constante nas relações entre Administração e Administrado. Os desafios impostos pela Constituição Federal de 1988 implicam na conscientização e educação da comunidade para exigir a concretização de seus direitos, de modo que o Estado cumpra sua missão de estabelecer harmonia entre as áreas econômica, administrativa, judicial e legislativa. A tendência de ampliação da esfera de atuação do Poder Judiciário com medidas como a súmula vinculante, o processo de judicialização de atos administrativos discricionários, a modulação temporal no controle de constitucionalidade demonstram o quão frágil encontra-se o sistema político. Há a necessidade premente de adoção de medidas de conscientização para devolver o equilíbrio necessário, sob pena de constatarmos que a realidade espelha um caminho em descompasso com a ordem constitucional vigente, tornando-a inócua, sem efetividade.

3) No âmbito administrativo está em curso lentamente a construção e reconhecimento da importância do *processo administrativo* para fins de assegurar a melhor relação direta entre Administração e Administrado e entre os próprios órgãos da própria Administração. A falha na comunicação deve ser suprida pelo melhor aparelhamento e preparo de canais diretos e eficazes com Administrado, possibilitando a solução dos litígios de sua alçada. A resolução dos problemas na esfera judicial deve ser pontual e excepcional. Neste panorama, destacam-se os papéis dos gestores, da Advocacia Pública, dos Conselhos que auxiliam a escolha das políticas públicas, com a participação de membros da comunidade, nos âmbitos da União, Estado, Distrito Federal e Municípios, como essenciais para o sucesso desta empreitada, que envolve uma mudança educacional e cultural. O foco de atenção deste novo paradigma deve estar centrado na relação entre órgãos administrativos e entre Administrado/Administração, de modo a consolidar administrativamente diálogos com caráter resolutivo entre: a) órgãos internos da Administração (direta e indireta, da mesma esfera); b) na relação entre os órgãos administrativos de esferas federais diferentes (criar canal de comunicação para resolução prévia dos conflitos entre União, Estados e Municípios); c) na relação entre Administração e Administrado.

Sobre o pretenso efeito de "caso decidido" no Direito Constitucional e no Direito Administrativo português

Vasco Pereira da Silva

Doutor e Agregado em Direito, Professor da Faculdade de Direito da Universidade de Lisboa
e da Universidade Católica Portuguesa

O tema que me foi atribuído "cai-me bem", pois me permite falar dos meus dois amores académicos – o Direito Constitucional e o Direito Administrativo –, possibilitando uma conjugação feliz destas duas perspectivas que cultivo. A elaboração do tema de saber da relevância de um eventual efeito de caso decidido como limitador das sentenças de declaração da inconstitucionalidade, a que vou agora proceder, vai portanto assentar nesta lógica combinatória: na primeira parte, tratarei da questão do ponto de vista do Direito constitucional; na segunda parte, tratarei da questão do ponto de vista do Direito Administrativo; na terceira parte, ensaiarei uma lógica mista, procurando retirar algumas conclusões da combinação da perspectiva constitucional com a perspectiva administrativa.

I. A perspectiva do Direito Constitucional

A questão do chamado caso decidido, que resulta da inimpugnabilidade do ato administrativo, foi introduzida no Direito Constitucional, sem que haja qualquer previsão na lei fundamental, e de uma forma que não merece grandes explicações ou fundamentações, o que me leva a desconfiar de que estamos aqui perante mais um fenómeno de "psicopatologia do Direito Público", mais exatamente do perdurar de certos "traumas de infância", que vêm do Direito Administrativo e que foram transferidos para o Direito Constitucional[1]. Isto, porque a Constituição se limita a estabelecer a ressalva de caso julgado em relação às sentenças de declaração de inconstitucionalidade, tendo sido a doutrina e a jurisprudência a considerar que esta referência ao caso julgado deveria ser alargada também ao caso decidido, sem que para tanto apresentasse grande justificação teórica.

Em primeiro lugar, diga-se que a questão da relevância da ressalva do caso decidido, do ponto de vista constitucional, tem vindo a ser discutida a propósito de outro problema, que é o do desvalor jurídico do ato constitucional. Trata-se aqui de saber se o regime regra da invalidade do ato inconstitucional (construído a partir dos preceitos constitucionais relativos à matéria, nomeadamente do artigo 282º da Constituição), é correspondente à anulabilidade ou à nulidade. No início, a doutrina começou por defender a tese da nulidade, depois, houve quem defendesse a lógica da anulabilidade, hoje em dia, assiste-se a uma tendência dominante para adotar perspectivas combinatórias e conciliatórias, considerando-se que se trata de um figura *sui generis*, mais próxima do regime da nulidade, segundo uns, mais próxima do regime da anulabilidade, segundo outros[2].

---

[1] Vide VASCO PEREIRA DA SILVA, "O Contencioso Administrativo no Divã da Constituição – Ensaio sobre as Ações no Novo Processo Administrativo", 2ª. edição, Almedina, Coimbra, 2009, máximo páginas 9 e seguintes.

[2] Sobre a questão, no direito português da atualidade: 1) defendendo que a sanção-regra do ato legislativo inconstitucional é de configurar como nulidade, vide GOMES CANOTILHO/VITAL MOREIRA, "Anotação ao Artigo 282º", in GOMES CANOTILHO/VITAL MOREIRA, "Constituição da República Portuguesa Anotada", 3ª. edição, Coimbra Editora, Coimbra, 1993, páginas 1039 e seguintes, BLANCO DE MORAIS, "Justiça Constitucional", volume I, Coimbra Editora, Coimbra, 2002, páginas 232 e seguintes; BLANCO DE MORAIS, "Justiça Constitucional", volume II, Coimbra Editora, Coimbra, 2005, páginas 228 e seguintes; 2) defendendo que se trata de uma nulidade atípica ou *sui generis*, vide JORGE MIRANDA, "Manual de Direito Constitucional", tomo VI "Inconstitucionalidade e Garantia da Constituição", 3ª. edição, Coimbra Editora, Coimbra, 2008, páginas 99 e seguintes (máximo página 105); MARCELO REBELO DE SOUSA, "O Valor Jurídico do Ato Inconstitucional", Lisboa, 1988, máximo páginas 309 e seguintes; 3) defendendo uma posição mais próxima da ideia de anulabilidade (ainda que também atípica), vide RUI MEDEIROS, "A Decisão de Inconstitucionalidade – Os Autores, o Conteúdo e os Efeitos da Decisão de Inconstitucionalidade da Lei", Universidade Católica Editora, Lisboa, 1999, páginas 620 e seguintes, RUI MEDEIROS, "Anotação ao artigo 282º", in JORGE MIRANDA/RUI MEDEIROS, "Constituição Portuguesa Anotada", tomo III, Coimbra Editora, Coimbra, 2007, páginas 819 e seguintes (*máximo* página 842) .

Na verdade, e olhando para o regime jurídico resultante da Constituição, há aspectos que, do ponto de vista da teoria geral do direito, correspondem a uma lógica da nulidade, outros correspondem a uma lógica de anulabilidade. Procurando "arrumar ideias", pode-se dizer que a diferença essencial entre ambas as figuras, em tese geral, tem que ver com a falta de aptidão para a produção jurídica de defeitos, no caso de nulidade, ou a produção de efeitos do ato em causa até à sua eventual anulação – embora esta anulação, a dar-se, tenha eficácia retroativa –, no caso da anulabilidade. Daqui decorrendo ainda duas outras características principais: a ausência de prazo para a arguição da nulidade e o caráter meramente declarativo da sentença, no caso da nulidade, a existência de um prazo em que pode ser suscitada a impugnação e a eficácia constitutiva da sentença anulatória, no caso da anulabilidade.

Ora, atento o regime jurídico constante do artigo 282º da Constituição, verifica-se uma mescla de regras que tanto pode remontar a uma como a outra destas figuras jurídicas supostamente antagónicas. Diga-se ainda, em abono da verdade, que a questão da invalidade dos atos tem sido muito pouco estudada pela mais recente doutrina do Direito Público, desde que Marcello Caetano adotou e "reinventou" a justaposição entre nulidade e anulabilidade, entendida como distinção de Teoria Geral do Direito e comum a Direito Público e Privado[3]. Nestes termos, a anulabilidade é uma "originalidade" do Direito Público português, distinta do que é costume encontrar em ordens jurídicas estrangeiras, em que tende a haver uma figura geral de nulidade e depois distintos regimes especiais de nulidade, alguns dos quais correspondentes àquilo que, entre nós, na senda de Marcello Caetano, denominamos de anulabilidade. O que obriga a ter especiais cuidados, em termos comparativos, entre a ordem jurídica nacional e as estrangeiras, evitando erros de perspectiva decorrentes da utilização de conceitos e terminologias distintas.

Assim, de acordo com o regime estabelecido no artigo 282º da Constituição, resulta que:

– estamos perante uma sentença denominada de declaração de inconstitucionalidade, ou seja, tudo indica tratar-se de uma sentença meramente

---

[3] MARCELLO CAETANO, "Manual de Dircito Administrativo", volume I, reimpressão da 10ª. edição, Almedina, Coimbra, 1980, páginas 512 e seguintes.

declarativa, o que é um argumento que aponta no sentido de se considerar que o desvalor jurídico do ato corresponde à nulidade;

– estabelece-se, no entanto, que o ato inconstitucional produz efeitos até à declaração de inconstitucionalidade e que tal declaração tem efeitos retroativa, ou seja, que a sentença tem uma eficácia constitutiva, o que é um argumento no sentido de se considerar que estamos perante uma anulabilidade. Trata-se, portanto, de um argumento que funciona em sentido contrário do anterior;

– a ideia da retroação, em si mesma, tanto pode funcionar a favor ou contra cada uma destas figuras. Isto, porque se a retroação for efeito resultante de uma sentença, então trata-se de anulabilidade. Mas, se a referência à retroação significar antes a não produção de efeitos pelo ato inconstitucional, então bate certo com a figura da nulidade. Ou seja, trata-se de um argumento que pode funcionar em sentido duplo;

– a regra da repristinação, segundo a qual as normas revogadas pelo ato inconstitucional são repostas em vigor, está mais próxima da ideia de que o ato não tem aptidão para a produção de efeitos jurídicos, portanto, está mais próxima da lógica da nulidade do que da anulabilidade;

– a possibilidade de graduação dos efeitos da sentença pelo juiz, mesmo que apenas em situações tipificadas (de segurança jurídica, de equidade, de interesse público de excepcional relevo) e necessitadas de fundamentação, permite a manutenção ainda que excepcional de efeitos do ato inválido, o que é algo que corresponde à lógica da anulabilidade.

Tudo visto, a discussão entre os defensores da nulidade e da anulabilidade do ato inconstitucional, assim como dos defensores de teses compromissórias, ganharia antes, em minha opinião, em ser relativizada pela análise do regime jurídico da declaração da inconstitucionalidade e pela consideração de que se trata de um regime jurídico consagrador de uma solução sui generis, que é distinto do que se verifica noutros domínios, considerando ao mesmo tempo que a própria contraposição tradicional entre nulidade e anulabilidade, necessita também de ser reconstruída e posta em questão, no quadro do Direito Público português.

Mas, é precisamente a propósito da discussão acerca do desvalor jurídico do ato inconstitucional, que tem surgido, na doutrina constitucionalista, a questão da relevância jurídica do caso decidido como efeito limitador das sentenças de declaração de inconstitucionalidade. Isto, porque aqueles setores doutrinários mais próximos da teoria da nulidade – nomeadamente,

SOBRE O PRETENSO EFEITO DE "CASO DECIDIDO" NO DIREITO...

Blanco de Morais – se têm oposto à ideia de equiperação de caso julgado e caso decidido[4], enquanto, pelo contrário, aqueles que defendem uma concepção mais próxima da anulabilidade – nomeadamente, Rui Medeiros (inicialmente defensor da anulabilidade, em sentido restrito, agora, adotando uma formulação mais compromissória) têm defendido a equiperação de efeitos do caso julgado do caso decidido[5]. Tudo isto, mais com base em considerações sistemáticas de natureza geral, de conformidade teórica com o modelo por si defendido, do que por específicas razões que tenham a ver com a questão de saber se existe ou não caso decidido e, em caso afirmativo, da razão de ser de uma eventual aproximação ou distanciação de um e de outro. Ora, da minha perspectiva, estas "considerações de sistema", de natureza teórica, não se compadecem com a análise de um regime jurídico que não consagra o alargamento dos efeitos do caso julgado também ao caso decidido, e não é por aí que concluímos, de forma inequívoca, no sentido do alargamento, ou não, da equiperação dos efeitos do caso julgado ao caso decidido.

O Tribunal Constitucional, depois de algumas dúvidas dos anos oitenta, resolveu adotar a orientação jurisprudencial (vide os Acórdãos nº 786/96, nº 96/2000 2 e nº 32/2002) de equiperação dos efeitos da inimpugnabilidade, ou do caso decidido dos atos administrativos, ao efeito do caso julgado, e também aqui não se encontram grandes explicações para tão relevante opção. Fala-se (vagamente) na similitude de situações, fala-se na discussão acerca da contraposição da nulidade e da anulabilidade e do problema do valor jurídico dos atos, mas não existe, do ponto de vista jurídico, uma fundamentação válida e substancial para tal orientação jurisprudencial.

E, do meu ponto de vista, tratando-se de uma orientação jurisprudencial que não encontra cabimento na norma constitucional, e que também não possui qualquer fundamento legislativo, no mínimo, era de esperar uma

---

[4] Vide BLANCO DE MORAIS, "Justiça C.", vol. II, cit., pp. 228 e ss.. Vide também VITALINO CANAS, "O Tribunal Constitucional: Órgão de Garantia da Segurança Jurídica, da Equidade e do Interesse Público de Especial Relevo", in VÁRIOS, "Estudos em Homenagem ao Professor Doutor Armando de Marques Guedes", Coimbra Editora, 2004, páginas 117º. e seguintes.

[5] Vide RUI MEDEIROS, "A Decisão de I. – Os A., o C. e os E. da D. de I. da L.", cit., pp. 620 e ss., RUI MEDEIROS, "Anotação ao a. 282º", in JORGE MIRANDA/RUI MEDEIROS, "Constituição P. A.", cit., tomo III, pp. 819 e ss. (*máximo* p. 842).

fundamentação mais sólida. Não sendo esse o caso, estamos perante mais um problema cuja explicação, não sendo racional mas determinada por razões inconscientes, só pode ser de ordem psicanalítica. E que me leva a suspeitar de que o Direito Constitucional também possa ter sido influenciado pelos "traumas" da "infância difícil" do Direito Administrativo, onde o conceito de "caso decidido" nasceu, tendo-se verificado aqui um fenómeno de "transferência afetiva", de um domínio para o outro, em que é visível a influência do pensamento de Marcello Caetano...

II. A perspectiva do Direito Administrativo

Vista agora a questão do ponto de vista do Direito Administrativo, a doutrina da inimpugnabilidade do ato administrativo como geradora da figura do caso decidido, foi construída, entre nós, sob a égide de Marcello Caetano[6]. Isto, de acordo com os pressupostos, que remontam a Otto Mayer[7], da equiperação do ato administrativo à sentença, os quais são, por sua vez, uma reminiscência do "pecado original" da Justiça Administrativa, da confusão de funções entre julgar e administrar. Como é sabido, os tribunais administrativos começaram por ser órgãos privativos da Administração, e este foi um "pecado original" de que a Justiça Administrativa se demorou a libertar – diga-se, de passagem, que em Portugal só em 1976 é que os tribunais administrativos se integraram verdadeiramente no Poder Judicial, e só com a reforma do Contencioso Administrativo, que entrou em vigor em 2004, foram superados os "traumas" da "infância difícil" do Processo Administrativo[8].

Mas, em Otto Mayer, a ideia da equiparação do ato administrativo à sentença vai levar à teorização de um efeito de estabilidade dos atos administrativos, próxima da nossa ideia de caso decidido, que se considerava ser similar à eficácia de caso julgado das sentenças dos tribunais, mas dotada

---

[6] De acordo com Marcello Caetano, "quando o recurso contencioso não seja interposto no prazo legal, os efeitos são a aquisição pelo ato em causa de um caráter de incontestabilidade análogo ao do caso julgado", decorrente da "perda do direito de impugnação contenciosa" e do "saneamento do ato que passará a ser considerado como plenamente legal e válido" (MARCELLO CAETANO, "Manual de D. A.", cit., vol. II, pp. 1368 e 1369).

[7] OTTO MAYER, "Deutsches Verwaltungsrecht", I volume, 6.ª edição (reimpressão da 3.ª edição de 1924), Von Duncker & Humblot, Berlin, 1969, páginas 93 e seguintes.

[8] Vide VASCO PEREIRA DA SILVA, "O Contencioso A. no D. da C. – E. sobre as A. no Nº P. A.", cit., pp. 169 e ss.

de um alcance mais reduzido, em razão da diferenciação de funções. Ora bem, Marcello Caetano, partindo dos mesmos pressupostos teóricos de Otto Mayer de aproximação do ato administrativo às sentenças judiciais, constrói um efeito de caso decidido que, mesmo continuando a afirmar a petição de princípio de que a amplitude do caso decidido é menor do que a do caso julgado, acaba por produzir o efeito contrário. Isto, porque Marcello Caetano acrescenta que o efeito de caso decidido possui uma força convalidatória, ele implica a sanação do ato administrativo, desta forma transformando um efeito processual de inimpugnabilidade do ato numa realidade substantiva, a convalidação do ato administrativo, à semelhança de um "milagre das rosas"[9].

Assim concebido, o efeito de caso decidido acaba por possuir uma maior amplitude do que a eficácia de caso julgado. Na verdade, desde o início do século XX, que nenhum autor processualista pretende que o caso julgado equivalha à justiça da sentença, ou à transformação de uma sentença errada numa sentença certa, dizendo-se antes que, por razões de certeza e de segurança jurídicas, não é possivel continuar a discutir mais aquele caso, independentemente da bondade ou da justiça material da sentença, não se considerando que a eficácia de caso julgado possua um qualquer efeito substantivo de tipo convalidatório. A genial "batota intelectual" (se me é permitida a expressão) de Marcello Caetano foi ter pegado no conceito de caso decidido e, reafirmando que ele possuía uma menor amplitude de efeitos do que o caso julgado, fazer com que ele, na prática, possuísse muitos mais, ao atribuir-lhe esta eficácia convalidatória. O que constitui mais uma "originalidade portuguesa", que não se verifica em outros países que adotaram construções similares.

Ora, a partir do momento em que há uma separação entre Administração e Justiça, a partir do momento em que os tribunais administrativos se transformam em verdadeiros tribunais, a partir do momento em que se verifica a superação dos "traumas" da "infância difícil" do Direito Administrativo, não há qualquer razão para a equiperação dogmática do ato administrativo à sentença. Conforme antes escrevi, "hoje em dia, nem são aceitáveis os pressupostos em que assentava a noção de caso decidido, nem as respectivas conclusões. Não são aceitáveis os pressupostos porque "nem a Justiça e a Administração são atividades similares, nem os seus atos são

---

[9] MARCELLO CAETANO, "Manual de D. A.", cit., vol. II, pp. 1366 e ss.

da mesma espécie"[10]. Nem são admissíveis as conclusões decorrentes do caso decidido, pois é um paradoxo dizer que se trata de uma figura similar, mas menos intensa que a do caso julgado, mas simultaneamente conferir--lhe um efeito convalidatório dos atos administrativos, que vai muito para além dos efeitos daquele último (que são meramente processuais). E se é verdade que os atos administrativos são dotados de uma força própria (antes e depois do decurso do prazo de recurso contencioso), tal não deve ser confundido com um qualquer efeito sanador, que miraculosamente transformaria em legais os atos ilegais. O decurso do prazo preclude a possibilidade" de impugnação contenciosa, "conferindo estabilidade ao ato administrativo, mas tal não deve ser confundido com um qualquer efeito convalidatório, destinado a "fechar, para todo o sempre, as portas dos tribunais", antes deve ainda ser admitida a possibilidade de proteção jurídica subjetiva no âmbito das relações administrativas (mesmo se o ato já não pode ser afastado), seja pela via da ação de responsabilidade, seja pela via da ação"[11].

Isto, porque "uma coisa são os efeitos substantivos do ato administrativo, decorrentes do respectivo regime jurídico-material, nomeadamente aqueles que consagram a estabilidade das atuações administrativas (v.g. os regimes jurídicos da revogação, da anulabilidade, da eficácia), outra coisa são os efeitos que decorrem da não utilização, ou do uso incorreto dos meios contenciosos, os quais são de natureza exclusivamente processual (ainda que, indiretamente, se possam refletir nas relações substantivas). Da mesma maneira como uma coisa é a relação jurídica substantiva, outra coisa é a relação jurídica processual, mesmo quando a segunda seja dependente da primeira, de modo a garantir a eficácia das sentenças e a permitir a resolução dos litígios jurídico-materiais, que é função da Justiça. Falar em "caso julgado" dos atos administrativos, ou pretender construir um "caso decidido", à imagem e semelhança daquele, parece-me, pois, ser mais uma manifestação dos "traumas da infância difícil" do Direito Administrativo,

---

[10] VASCO PEREIRA DA SILVA, "O Recurso de A. – Uma A. C. R.", páginas 25 e 26. Vide também VASCO PEREIRA DA SILVA, "Em Busca do A. A. P.", cit., pp. 380 e ss.

[11] VASCO PEREIRA DA SILVA, "A Ação para o Reconhecimento de Direitos", cit., in VASCO PEREIRA DA SILVA, "Ventos de Mudança no Contencioso Administrativo", Almedina, Coimbra, 2000, página 59.

uma reminiscência dos tempos em se equiparavam atos a sentenças e se "confundiam" as funções estaduais"[12].

Mas, se isto já devia ser assim antes[13], agora a reforma do Contencioso Administrativo veio acabar com qualquer pretensa veleidade do caso decidido. Na verdade, o artigo 38º, do Código de Processo nos Tribunais Administrativos[14], vem estabelecer que é possível, apesar de o ato de ter tornado inimpugnável pelo decurso do prazo, o tribunal conhecer desse ato e julgá-lo no quadro da relação material controvertida, através da ação administrativa comum. O ato administrativo enquanto integrante do objeto do processo não pode, contudo, ser apreciado a título principal, os seus efeitos jurídicos passados não podem ser afastados, mas os respectivos efeitos jurídicos presentes e futuros podem e devem ser postos em causa, a título incidental, no julgamento daquela relação jurídica material trazida a juízo. Desta forma, o artigo 38º, nº 2, do Código de Processo nos Tribunais Administrativos, para além de admitir a situação da possibilidade do ato inimpugnável gerar responsabilidade civil, veio ainda permitir que, no âmbito da ação administrativa comum, o juiz conhecesse de atos tornados inimpugnáveis. O que significa que a reforma do Contencioso Administrativo deu o decisivo e esperado "golpe de misericórdia" na figura do caso decidido, o qual é hoje, do ponto de vista administrativo, uma "figura de museu", superada pelas mudanças jurídicas.

Mas permitam-me que desenvolva, um pouco mais, esta realidade do ponto de vista jurídico-administrativo. A reforma do Processo Administrativo veio pôr em causa a lógica do processo ao ato, o que está em causa agora é um juízo sobre a relação jurídica administrativa, que permite ao tribunal apreciar a integralidade dos vínculos jurídicos estabelecidos entre

---

[12] VASCO PEREIRA DA SILVA, "O Contencioso A. no D. da C. – E. sobre as A. no Nº P. A.", cit., pp. 442 e 443.

[13] Vide, neste sentido também, RUI MACHETE, "Sanação (do Ato Administrativo Inválido)", in "Dicionário Jurídico da Administração Pública", volume VII, Lisboa, 1996, páginas 327 e seguintes.

[14] O artigo 38,º do Código de Processo nos Tribunais Administrativos (Ato administrativo inimpugnável) determina que "nos casos em que a lei substantiva o admita, designadamente no domínio da responsabilidade civil da Administração por atos administrativos ilegais, o tribunal pode conhecer, a título incidental, da ilegalidade de um ato administrativo que já não possa ser impugnado" (nº 1). Acrescentando-se ainda que, "sem prejuízo do disposto no número anterior, a ação administrativa comum não pode ser utilizada para obter o efeito que resultaria da anulação do ato inimpugnável" (nº 2).

os sujeitos de direito, sem estar limitado por um qualquer efeito preclusivo decorrente da existência de atos administrativos anteriores que não tenham sido atempadamente impugnados.

Vejamos a hipótese do funcionário que foi ilegalmente punido (por exemplo, através da marcação de falta injustificada), há vinte anos atrás, sem que tenha reagido jurisdicionalmente contra essa sanção[15]. Ora, vinte anos depois, ele descobre que essa punição ilegal continua a produzir efeitos, por exemplo, para a contagem do tempo de serviço para a obtenção da reforma. Neste momento, o particular não pode mais impugnar aquele ato administrativo que o puniu, há vinte anos atrás, mas ele continua a ter todo o interesse em afastar da ordem jurídica os efeitos presentes e futuros dessa punição ilegal, no âmbito da relação jurídica duradoura de emprego público. Ora, desaparecida a lógica do caso decidido, aquele ato inimpugnável pode ser julgado a título incidental, podendo a sentença afastar os seus efeitos continuados e reconhecer os direitos subjetivos do particular no quadro de uma relação jurídica duradoura.

A norma do artigo 38º, do Código de Procedimento Administrativo, para além de permitir o julgamento dos atos administrativos inimpugnáveis, implica ainda consequências jurídicas substantivas muito significativas. Isto porque, da minha perspectiva, ela põe em causa a existência de um suposto efeito de caso decidido dos atos administrativos, pois o decurso do prazo apenas possui efeitos processuais, determinando somente a respectiva inimpugnabilidade, por razões de certeza e segurança jurídicas, mas sem que daí resulte qualquer efeito substantivo, de natureza convalidatória, não impedindo o tribunal de julgar acerca da invalidade do ato para a tutela dos direitos dos particulares na relação jurídica controvertida. O que obriga igualmente a repensar a teoria da invalidade do ato administrativo, uma vez

---

[15] Trata-se de uma situação hipotética mas construída a partir da situação real de funcionários públicos, ocorrida nos anos 90, que descobrem, nessa altura, quando solicitaram a contagem do tempo de serviço para efeitos de reforma, que as faltas que tinham dado ao serviço, nos anos 70, por altura das greves universitárias, tinham sido consideradas como injustificadas, o que tinha efeitos na relação duradoura de emprego público. Ora, em minha opinião, já nessa altura, como então defendi, mesmo antes da reforma do Processo Administrativo, era possível utilizar a ação para o reconhecimento de direitos para levar a juízo a relação material controvertida e permitir a tutela dos direitos dos particulares. Vide VASCO PEREIRA DA SILVA, "A Ação para o R. de D.", cit., in VASCO PEREIRA DA SILVA, "Ventos de M. no C. A.", cit., pp. 49 e ss..

que a convalidação ou sanação não pode mais continuar a ser considerada como uma das características típicas da anulabilidade.

Assim, uma coisa são os efeitos processuais da inimpugnabilidade por decurso do prazo, outra coisa é o "milagre das rosas" que transformaria os atos administrativos inválidos em atos válidos, que convalidaria os efeitos de uma atuação anulável transformando-a em legal. O que era uma construção jurídica que não apenas deixou de fazer qualquer sentido, como era também desconhecida de outras ordens jurídicas, tendo sido criada por Marcello Caetano, à imagem e semelhança do caso julgado mas sub-repticiamente dotada de efeitos acrescidos relativamente a este, a qual foi capaz de convencer e de influenciar não só a Justiça Administrativa, como também a Justiça Constitucional[16].

III. A lógica combinatória da perspectiva constitucional com a administrativa

Passando à fase das conclusões, eu diria que o pretenso efeito de caso decidido não é justificável, nem do ponto de vista constitucional, nem do ponto de vista administrativo.

Em primeiro lugar, não é justificável do ponto de vista constitucional, porque não existem razões e princípios materiais que justifiquem tal efeito de caso decidido, nem este se encontra previsto na ordem jurídica. Um ato administrativo emitido com base numa norma jurídica inconstitucional não pode continuar a produzir efeitos jurídicos – e isto independentemente desta invalidade ser qualificada, nos termos tradicionais, como uma nulidade (solução apesar de tudo mais correta, dada a primazia da Constituição) ou como uma anulabilidade (admitindo, sem conceder). E não faz sentido considerar que uma mera pré-compreensão ideológica (ainda para mais assente em pressupostos ultrapassados e superada pela ordem jurídica nacional) possa valer como princípio limitador da eficácia de uma sentença de declaração de inconstitucionalidade, violando o princípio da legalidade, que é componente essencial do Estado de Direito. Mesmo, admitindo sem conceder, que pudesse haver algum caso, em que, em razão de circinstâncias concretas, fosse de admitir, a título excepcional,

---

[16] Para uma análise mais aprofundada destas e doutras questões do novo Processo Administrativo português, vide VASCO PEREIRA DA SILVA, "O Contencioso A. no D. da C. – E. sobre as A. no Nº P. A.", cit., pp. 439 e ss.

a manutenção da produção de efeitos de um ato administrativo praticado à sombra de uma norma inconstitucional, então, a base legal para tanto deveria decorrer antes da possibilidade de graduação dos efeitos da sentença pelo tribunal (nomeadamente, por razões de equidade, por violação grave do princípio da confiança ou da boa-fé) e não de um suposto princípio genérico de caso decidido.

Mas a existência de um pretenso princípio de caso decidido limitador das sentenças de declaração de inconstitucionalidade não apenas seria ilógica e inútil, como não corresponde também ao regime expressamente consagrado na Constituição. Isto, porque a Constituição se limita a ressalvar os casos julgados (artigo 282º, nº 3), não havendo nem nas normas constitucionais nem nas legais relativas à fiscalização da constitucionalidade qualquer referência direta ou indireta a qualquer alargamento decorrente de um suposto caso decidido, o qual também não decorre de nenhuma opção constitucional por um desvalor jurídico do ato inconstitucional que pudesse conduzir inequivocamente a tal resultado (antes criando, como se viu, uma forma de invalidade sui generis, que apresenta aspectos mais próximos da nulidade, outros mais próximos da anulabilidade).

Em segundo lugar, do ponto de vista do Direito Administrativo, o pretenso caso decidido do ato administrativo corresponde a uma lógica que tem a ver com os "traumas" da "infância difícil", assentando em pressupostos do passado, por um lado, a assimilação entre Administração e Justiça, que levou ao surgimento dos tribunais administrativos como órgãos da Administração, por outro lado, a tendência positivista para a equiperação dos atos administrativos às sentenças, que procurava construir uma figura de efeitos semelhantes à do caso julgado. Ora, não apenas tais pressupostos foram superados pela distinção entre Administração e Justiça (vide o artigo 111º da Constituição), como a pretensa existência de um qualquer efeito convalidatório decorrente da inimpugnabilidade dos atos administrativos foi expressamente afastada pelo estabelecido no artigo 38º do Código de Processo Administrativo.

Termino evocando não apenas Fritz Werner, quando entendia o "Direito Administrativo como Direito Constitucional concretizado"[17], mas sobre-

---

[17] FRITZ WERNER, "Verwaltungsrecht als konkretiziertes Verfassungsrecht", in FRITZ WERNER, "Recht und Gericht unser Zeit", Carl Heymanns Verlag, Köln/Berlin/Bonn/Muenchen, 1971, páginas 212 e seguintes.

tudo Häberle, quando estabelecia a necessidade de uma relação de reciprocidade e de "cooperação frutuosa entre a doutrina constitucional e a doutrina administrativa"[18]. Assim, deve considerar-se que existe, por um lado, uma relação de "dependência constitucional do Direito Administrativo", na medida em que este concretiza as grandes opções da Constituição, os grandes ditames da realidade constitucional, mas por outro lado existe também uma "dependência administrativa do Direito constitucional", na medida em que aquele se realiza através do Direito administrativo e da ação dos tribunais administrativos[19]. Ora, tendo em conta esta última situação de "dependência administrativa do Direito Constitucional", eu atrevo-me a lançar – aqui e agora – o repto da necessidade de aproveitar a reforma do Processo Administrativo (de 2002-2004), que afastou a figura do caso decidido, incorporando-a na ordem constitucional, para afastar também a jurisprudência constitucional – ilógica e ultrapassada – que equipera os efeitos do caso decidido aos efeitos do caso julgado relativamente às sentenças de declaração de inconstitucionalidade.

[18] PETER HÄBERLE, "Verfassungsprinzipien "im" Verwaltungsverfahrengesetz in SCHMITT GLÄSER, "Verwaltungsverfahren – Festschrift fuer 50. Jäherigen Bestehen der Richard Boorberg Verlag", 1ª edição, Boorberg, Stuttgart/München/Hannover, 1977, página 51.
[19] PETER HÄBBERLE, "Auf dem Weg zum Allgemeinen Verwaltungsrecht", in "Bayerischen Verwaltungsblätter", nº 24, 15 dezembro, 1977, páginas 745 e 746

IV.

Considerações sobre as inovações na Jurisdicação Constitucional Brasileira

Anotações acerca da apreciação e revisão de fatos e prognoses legislativos perante a Corte Constitucional alemã e o Supremo Tribunal Federal brasileiro

Gilmar Ferreira Mendes

Ministro do Supremo Tribunal Federal do Brasil; Professor de Direito Constitucional nos cursos de graduação e pós-graduação da Faculdade de Direito da Universidade de Brasília(UnB); Mestre em Direito pela Universidade de Brasília (UnB) – 1988, com a dissertação *Controle de Constitucionalidade: Aspectos Políticos e Jurídicos*; Mestre em Direito pela Universidade de Münster, República Federal da Alemanha (RFA) – 1989, com a dissertação *Die Zulässigkeitsvoraussetzungen der abstrakten Normenkontrolle vor dem Bundesverfassungsgericht* (Pressupostos de admissibilidade do Controle Abstrato de Normas perante a Corte Constitucional Alemã); Doutor em Direito pela Universidade de Münster, República Federal da Alemanha (RFA) – 1990, com a tese *Die abstrakte Normenkontrolle vor dem Bundesverfassungsgericht und vor dem brasilianischen Supremo Tribunal Federal*, publicada na série *Schriften zum Öffentlichen Recht*, da Editora Duncker & Humblot, Berlim, 1991 (a tradução para o português foi publicada sob o título *Jurisdição Constitucional: o controle abstrato de normas no Brasil e na Alemanha*. 5. ed. São Paulo: Saraiva, 2005, 395 p.). Membro Fundador do Instituto Brasiliense de Direito Público (IDP). Membro do Conselho Assessor do "Anuario Iberoamericano de Justicia Constitucional" – Centro de Estudios Políticos y Constitucionales – Madri, Espanha. Membro da Academia Brasileira de Letras Jurídicas. Membro da Academia Internacional de Direito e Economia (AIDE)

Questão de importância capital para o exercício das atividades jurisdicionais das Cortes Constitucionais diz respeito à possibilidade de exame de fatos legislativos ou prognoses legislativas aceitos ou adotados pelo legislador ao promulgar uma dada norma. Em muitos casos, as dificuldades acentuam-se em razão de não ser admissível, em variados processos especiais, a produção adicional de provas ou a realização de perícias. De qualquer sorte, ainda que se aceite uma instrução processual ampla, coloca-se sempre a indagação sobre os limites dos poderes de que se encontra investido o Tribunal para rever os fatos e prognoses legislativos adotados e, assim, chegar à conclusão de que a norma não se mostra compatível com a Constituição.

No que concerne à relação da Corte Constitucional com os tribunais ordinários, especialmente no contexto do recurso constitucional (*Verfassungsbeschwerde*), reitera-se a orientação segundo a qual a verificação e a apreciação de fatos (*Tatbestand*) são da competência da jurisdição ordinária. Enfatiza-se, nessa linha, que o Tribunal não é uma simples Corte de Revisão. Na prática, identificam-se, porém, vários casos em que o Tribunal Constitucional relativiza esse postulado, procedendo a uma reavaliação ou a uma nova avaliação dos fatos apreciados pelas instâncias ordinárias[1]. Tal prática tem gerado algumas críticas por parte da doutrina, que vislumbra, nesse aspecto, uma tendência de usurpação das atribuições da justiça criminal e da justiça cível[2].

É verdade, entretanto, que essa crítica é mitigada, como observa Bryde, caso se aceite que, no tocante à (re)avaliação dos elementos fáticos, cuida-se de um critério de divisão de trabalho com o fito de proteção dos direitos fundamentais. Tal postulado poderá ser afastado se assim o exigir a defesa dos direitos fundamentais.[3]

Em estudo empírico desenvolvido por Klaus Jürgen Philippi, com base nas decisões publicadas nos primeiros 25 volumes da revista da Corte Constitucional alemã (até 1969), foi demonstrado que, em 208 decisões, o Tribunal identificou 269 fatos legislativos, e desses pelo menos um quarto (75 decisões) referia-se a prognoses[4].

Evidentemente, a ideia de **fatos legislativos** não é precisa e, até intuitivamente, revela-se mais ampla do que o conceito jurídico-processual de

---

[1] Bryde, Brun-Otto, *Verfassungsengsentwicklung, Stabilität und Dynamik im Verfassungsrecht der Bundesrepublik Deutschland*, Baden-Baden, 1982, p. 547/548.

[2] Bryde, *Tatsachenfesstellungen und soziale Wirklichkeit*, cit., p. 547/548.

[3] Bryde, *Tatsachenfesstellungen und soziale Wirklichkeit*, cit., p. 548.

[4] Philippi, Klaus Jürgen, *Tatsachenfeststellungen des Bundesverfassungsgerichts*, Colônia, 1971, p. 2 s.;

Ossenbühl, Fritz. *Kontrolle von Tatsachenfeststellungen und Prognosenentscheidungen durch das Bundesverfassungsgericht*. In: STARCK, Christian (Org.), *Bundesverfassungsgericht und Grundgesetz*, v. I., p. 461.

ANOTAÇÕES ACERCA DA APRECIAÇÃO E REVISÃO DE FATOS E PROGNOSES...

"questão de fato", entendendo-se como tal todo e qualquer "*fato real*" (*realer Sachverhalt*) que tenha relevo para aplicação de uma norma[5].

Em tese de doutorado que se converteu em estudo clássico sobre a matéria, Philippi procede à classificação dos fatos legislativos em "*fatos históricos*" (*historische Tatsache*), "*fatos atuais*" (*gegenwärtige Tatsachen*) e "*eventos futuros*" (*zukünftige Tatsachen*)[6].

Enquanto os "fatos históricos" referem-se a análises de "fatos legislativos históricos" que ensejaram determinadas decisões, a investigação sobre "fatos legislativos atuais" abrange um variado elenco de temas, que envolve não só o objetivo de determinadas organizações (partidos políticos cuja atividade seja censurada como possivelmente inconstitucional), a verificação de tratamento equiperatório ou desequiperatório (eventual violação ao princípio da igualdade), o exame de possível desigualdade eleitoral (*Wahlrechtsungleichheit*), como também a aferição dos efeitos radioativos de determinados medicamentos – que poderiam legitimar a sua prescrição apenas por médicos estabelecidos em hospitais e instituições de pesquisa- a alteração de estruturas econômicas e sociais que poderiam levar ou consolidar um processo de inconstitucionalização de uma lei, e as questões de caráter fundamental a respeito de concepções políticas, religiosas e filosóficas (criminalização do homossexualismo, descriminalização do aborto)[7].

Philippi observa que o Tribunal procura basear as suas investigações sobre os fatos legislativos em análises das mais diversas, muitas vezes de índole empírica. Em alguns casos, o Tribunal socorre-se a argumentos relacionados com a experiência comum (não empírico).

Na verificação desses fatos, o Tribunal utiliza documentos históricos, literatura especializada, dados estatísticos e análises de peritos ou *experts*.

Consoante apontado por Philippi, a Corte apoia-se com frequência em pareceres de peritos ou de grêmio de peritos, privilegiando, nesse caso, uma composição pluralista.[8]

Assim, na decisão sobre a liberdade para a instalação de farmácias (*Apothekenurteil*), o Tribunal alemão utilizou-se de literatura medieval.

---

[5] Philippi, *Tatsachenfeststellungen*, cit., p. 4.

[6] Philippi, *Tatsachenfeststellungen*,cit., p. 15 s.

[7] Philippi, *Tatsachenfeststellungen*, cit., p. 27 s.

[8] Philippi, *Tatsachenfeststellungen*, cit., p. 105-106.

CONSIDERAÇÕES SOBRE AS INOVAÇÕES NA JURISDICAÇÃO CONSTITUCIONAL BRASILEIRA

No julgamento sobre a constitucionalidade da lei que criminalizava a homossexualidade masculina, o Tribunal nomeou um grupo internacional de peritos, composto por um sexólogo, um médico judicial, um psiquiatra, um psicólogo, um sociólogo, um diretor de instituição governamental de caráter social, o Chefe da Polícia Criminal de Colônia e um criminólogo[9].

Até mesmo quando se discutem questões de princípio, relacionadas a concepções filosóficas ou de convicção, procura o Tribunal proceder a uma análise racional da controvérsia, evitando uma abordagem excessivamente abstrata da matéria. Temas relativos à recusa de prestação do serviço militar, à opção homossexual ou à pena de morte foram tratados com base na experiência aferível e em verificações de índole fática[10].

Na Alemanha, o deputado Dichgan propôs, em 1968, que se alterasse a lei de organização da Corte Constitucional para assentar que o *Bundesverfassungsgericht,* o Tribunal Federal Constitucional alemão, estava vinculado aos fatos e prognoses estabelecidos pelo legislador, salvo no caso de falsa constatação[11].

Essa proposta provocou uma intensa discussão no Parlamento alemão, tendo sido retirada pelo próprio autor, após a verificação de que a sua aprovação ameaçava a existência da Corte Constitucional e que, por isso, teria a sua inconstitucionalidade declarada.

Restou demonstrado, então, que, até mesmo no chamado controle abstrato de normas, não se procede a um simples contraste entre disposição do direito ordinário e os princípios constitucionais. Ao revés, também aqui fica evidente que se aprecia a relação entre a lei e o problema que se lhe apresenta em face do parâmetro constitucional[12].

Em outros termos, a aferição dos chamados fatos legislativos constitui parte essencial do chamado controle de constitucionalidade, de modo que a verificação desses fatos relaciona-se íntima e indissociavelmente com a própria competência do Tribunal.

Cumpre indagar sobre quando eventual *deficit* na análise dos fatos verificados por parte do órgão legislativo acarreta a ilegitimidade da lei.

---

[9] Philippi, *Tatsachenfeststellungen*, cit., p. 48-9.

[10] Philippi, *Tatsachenfeststellungen*, cit., p. 54-55; cf., também, Bryde, *Tatsachenfesstellungen und soziale Wirklichkeit*, cit., p. 540.

[11] Cf., a propósito, Ossenbühl, *Kontrolle von Tatsachenfeststellungen,* cit., p. 462.

[12] Ehmke, Horst. *Prinzipien der Verfassungsinterpretation*, cit., p. 164 (172). In: Dreier, Ralf; Schwegmann, Friedrich. *Probleme der Verfassungsinterpretation⁹* Baden-Baden, 1976.

Se se constata que a verificação dos fatos levada a efeito pelo legislador é incorreta numa decisão de caráter restritivo, então o Tribunal deverá declarar a inconstitucionalidade da medida questionada [13].

Assim, houve por bem a Corte Constitucional declarar a inconstitucionalidade da lei sobre proteção de animais, por lesão ao artigo 12, I, da Lei Fundamental (liberdade de profissão), que, no § 13, nº 9, proibia o transporte de animais sob o sistema de reembolso (*Nachnahme*), com o fundamento de que essa forma de remessa possibilitava, não raras vezes, a recusa por parte do destinatário, o que ocasionaria um tratamento inadequado dos animais e um tempo de transporte acima do tolerável.

Após verificar que grande parte do transporte de animais se operava sob o regime de reembolso, tanto pelos correios como pela empresa ferroviária, a Corte Constitucional constatou que os registros fornecidos pelo Ministério da Agricultura indicavam um número quase inexpressivo de devolução ou de qualquer outro obstáculo na entrega dos animais a seus destinatários[14]. A lei estabelecia, assim, restrição incompatível com a liberdade de profissão.

Considera-se problemática a situação jurídica quando a avaliação dos fatos pelo legislador revela-se incompleta ou ausente[15]. Ossenbühl anota, a propósito, que, na decisão sobre atividade do comércio varejista (*Einzelhandelbschluss*) (BVerfGE 19, 330 (340)), a Corte declarou a inconstitucionalidade da lei questionada por considerar que o perigo que ela pretendia evitar não se indicava singularmente nem se revelava provável[16].

Embora não haja dúvida de que a análise de fatos legislativos pelo Tribunal contribui para uma adequada proteção dos direitos fundamentais, afigura-se possível que, mediante inventário rigoroso dos elementos fáticos envolvidos, venha o Tribunal **criar** uma base fática confiável para a lei cuja constitucionalidade se questiona[17]. Ossenbühl critica tal possibilidade,

---

[13] Ossenbühl. *Kontrolle von Tatsachenfeststellungen* cit., p. 487.

[14] *BVerfGE 36, 47: "Embora inexista um levantamento estatístico confiável, um levantamento relativo ao mês de setembro de 1972 indica, no transporte ferroviário, que, das 13.204 remessas de animais levadas a efeito, verificaram-se 22 casos de obstáculos na entrega. Superados esses obstáculos, somente 10 remessas foram devolvidas ao remetente".*

[15] Ossenbühl, *Kontrolle von Tatsachenfeststellungen*, cit., p. 487 .

[16] Ossenbühl, *Kontrolle von Tatsachenfeststellungen*, cit., p. 487.

[17] Ossenbühl, *Kontrolle von Tatsachenfeststellungen*, cit., p. 487/488.

CONSIDERAÇÕES SOBRE AS INOVAÇÕES NA JURISDICAÇÃO CONSTITUCIONAL BRASILEIRA

tendo em vista especialmente que a complementação de fundamentação (*Nachschieben von Gründen*) revelar-se-ia, em princípio, inadmissível[18].

Em razão das singularidades das espécies processuais – algumas delas submetidas à Corte Constitucional após decisão de diversas instâncias judiciais, outros processos apresentados diretamente ao Tribunal – poder-se-ia cogitar, em alguns casos, de cassação de decisão impugnada, com devolução dos autos às instâncias inferiores[19].

Com relação aos *eventos futuros,* entende-se que a decisão sobre a legitimidade ou a ilegitimidade de uma dada lei depende da confirmação de um prognóstico fixado pelo legislador ou da provável verificação de um determinado evento.

Segundo Philippi, a Corte Constitucional alemã utilizar-se-ia de diversos procedimentos racionais para a realização de prognósticos:

a) o *processo-modelo* (*Modellverfahren*), que se refere a um procedimento das ciências sociais destinado a antever desenvolvimentos futuros a partir de uma análise causal-analítica de diversos fatores estáveis ou variáveis;

b) a *análise de tendências* (*Trendverfahren*), no qual se analisam determinadas tendências de desenvolvimento em função do tempo;

c) o *processo de teste* (*Testverfahren*), que propicia a generalização de resultados de experiências ou testes para o futuro;

d) o *processo de indagação* (*Befragungsverfahren*), no qual se indaga sobre a intenção dos partícipes envolvidos no processo[20].

Esses processos seriam, em geral, utilizados de forma isolada ou combinada, predominando, segundo Philippi, o *Modellverfahren*. A utilização desses procedimentos não exclui as formulações intuitivas, ainda que estas, para terem algum poder de convicção de terceiros, devam ser traduzidas para um processo racional[21].

Bryde observa que, em sua prática, a Corte Constitucional realiza muito raramente uma pesquisa social própria. O Tribunal confia no amplo diálogo aberto com os interessados e afetados pela decisão questionada e nas informações adicionais que possa requisitar dos participantes do processo[22].

---

[18] Ossenbühl, *Kontrolle von Tatsachenfeststellungen,* cit., p. 488.
[19] Ossenbühl, *Kontrolle von Tatsachenfeststellungen,* cit., p. 474.
[20] Philippi, Klaus Jürgen, *Tatsachenfeststellungen,* cit., p. 56.
[21] Philippi. *Tatsachenfeststellungen,* cit., p. 153.
[22] Bryde, *Tatsachenfesstellungen und soziale Wirklichkeit,* cit., p. 537.

Em aparente divergência com a posição de Philippi, assevera Bryde que a apreciação dos fatos legislativos gerais de forma sistemática e organizada não parece ser a regra, mas reveladora de exceções exemplares.

Cita Bryde, entre outros precedentes relevantes, a valoração de pareceres de peritos (psicólogos) na decisão sobre guarda compartilhada (*gemeinsame Sorge*) (BVerfGE 61, 358 (374 s.), a análise dos fatos na decisão sobre a paridade nos dissídios coletivos trabalhistas (*Arbeitskampfparität* – BVerfGE 92, 365 (398), a análise dos estudos médicos e criminológicos realizados na decisão sobre a criminalização da maconha (*Cannabis-Entscheidung*) (BVerfGE 90, 145 (179 s.), e alguns julgados sobre igualdade de gênero (BVerfGE 85, 191 (207 s.; BVerfGE 71 364, 390 s.; BVerfGE 87 363 (383); BVerfGE 88, 87 (101 s). Segundo Bryde, foram, muito provavelmente, casos como esses que levaram Philippi a afirmar que a análise dos fatos pelo Tribunal seria superior àquela realizada pelo legislador, afirmação que continuadamente tem sido repetida pela literatura jurídica[23]. Bryde reconhece que, muitas vezes, o Tribunal lança mão de informações constantes do próprio material legislativo (estudos, propostas) para chegar a uma conclusão contrária à seguida pelo legislador (BVerfGE 88, 5 (13). Também em caso em que o Tribunal procedeu a uma análise fortemente interventiva no âmbito do afazer legislativo, como ocorreu na decisão sobre direito tributário e o equilíbrio das despesas familiares (*Steuerrecht zum Familienlastausgleich*), a Corte valeu-se de informação técnica e de dados fornecidos por órgãos públicos e pelos terceiros interessados (BVerfGE 87, 153 (173/174 s.)[24].

Vale analisar, com maior profundidade, alguns casos apreciados pela Corte Constitucional alemã.

Clássico exemplo de um controle do prognóstico do legislador pela Corte Constitucional consta do chamado *Apotheken-Urteil*, no qual se discutiu a legitimidade de lei do Estado da Baviera, que condicionava a instalação de novas farmácias a uma especial permissão da autoridade administrativa[25].

---

[23] Cf., nesse sentido, Bryde, *Tatsachenfesstellungen und soziale Wirklichkeit*, cit., p. 538; Ossenbühl, *Die Kontrolle von Tatsachenfeststellungen*, cit., p. 518 e W. Kluth, *Beweiserhebung und Beweiswürdigung durch das Bundesverfassungsgericht*, NJW, 1999, p. 3515/3516).

[24] Bryde, *Tatsachenfesstellungen und soziale Wirklichkeit*, cit., p. 553.

[25] *BVerfGE* 7, 377 (415 s.).

Arguiu-se, no processo, que a Corte Constitucional não estaria legitimada a proceder ao exame sobre a adequação de uma dada medida legislativa, porquanto ela não estaria em condições de verificar a existência de outro meio igualmente eficaz e, ainda que isto fosse possível, de confirmar se esse exame seria realizável por parte do legislador[26].

A Corte recusou o argumento formal quanto à sua incompetência para proceder à aferição dos fatos legislativos, observando que a Constituição confiou-lhe a guarda dos direitos fundamentais em face do legislador e que, portanto, se da interpretação desses direitos decorre limitação para o legislador, deve o Tribunal dispor de condições para exercer essa fiscalização[27].

Também a questão relativa à *"liberdade de utilização de meios igualmente adequados"* (*Wahl zwischen mehreren gleichgeeigneten Mitteln*) por parte do legislador haveria de levar em conta os planos ou níveis (*Stufen*) de exigência de proteção dimanados dos próprios direitos fundamentais.

Após examinar as razões que levaram o legislador a adotar a solução questionada, concluiu a Corte que:

a) a liberdade de instalação de farmácias, em outros países com o mesmo **standard** civilizatório da Alemanha, não levou a uma efetiva ameaça da saúde pública (examinou-se em particular a situação existente na Suíça com base nos laudos apresentados pelos peritos designados)[28];

b) a liberdade de instalação de farmácias não levaria, necessariamente, a uma multiplicação ilimitada desses estabelecimentos, porquanto a decisão sobre a sua instalação, ou não, tendo em vista os elevados custos financeiros, passa por inevitáveis considerações de ordem econômica e análise de mercado[29];

c) o temor revelado pelo legislador quanto à eventual impossibilidade de os farmacêuticos cumprirem seus deveres legais em razão da queda de sua capacidade financeira revelava-se igualmente infundada, uma vez que uma decisão pessoal economicamente equivocada não poderia servir de base para a decisão legislativa em apreço. Ademais, a tendência revelada no sentido da superação do modelo de farmácia de fabricação pelo de simples

---

[26] *BVerfGE* 7, 377 (408).

[27] *BVerfGE* 7, 377 (410).

[28] *BVerfGE* 7, 377 (415).

[29] *BVerfGE* 7, 377 (419 s.)

entrega de produtos acabados reduz a responsabilidade do farmacêutico e aumenta o seu tempo livre[30];

d) a maior procura de medicamentos decorreria, segundo a opinião dos **experts**, fundamentalmente, das mudanças ocorridas nas condições de vida durante a guerra – subnutrição, estresses físico-emocionais –, não estando relacionada com a existência de múltiplos locais de venda de produtos farmacêuticos[31].

Assim, embora tenha ressaltado que não poderia decidir sobre o sistema jurídico mais adequado para regular a matéria, concluiu o Tribunal que o modelo adotado pelo Estado da Baviera revelava-se incompatível com a liberdade de exercício profissional estabelecida na Lei Fundamental.

Mostra-se evidente que, para afirmar a inconstitucionalidade do modelo legislativo consagrado, o Tribunal teve que colocar em xeque prognose estabelecida pelo legislador, quanto à possibilidade de uma multiplicação dos estabelecimentos farmacêuticos, em razão da ausência de uma regulação restritiva. A manifesta inconsistência do prognóstico estabelecido pelo legislador ressaltava que a decisão adotada cria restrição incompatível com o livre exercício de atividade profissional, sem qualquer justificativa plausível no que concerne ao interesse público.

É interessante notar que, com a ressalva de que a matéria era da competência exclusiva do legislador, o Tribunal permitiu-se apontar fórmulas que poderiam ser positivadas sem maiores prejuízos para os direitos fundamentais[32].

O Tribunal adotou decisão semelhante no chamado *Kassenzahnarzt-Urteil*, no qual se discutiu a legitimidade de norma que estabelecia um processo de admissão, com *numerus clausus*, para os dentistas das caixas de assistência, o que equivaleria, praticamente, a uma proibição de exercício profissional.

O Governo Federal observava que a disciplina normativa assentava-se em um prognóstico indicador do perigo de que a habilitação ilimitada dos dentistas vinculados às caixas de assistência acabaria por encetar uma concorrência desenfreada entre os profissionais, com a inevitável redução de

---

[30] *BVerfGE* 7, 377 (427).
[31] *BVerfGE* 7, 377 (435).
[32] *BVerfGE* 7, 377 (440).

CONSIDERAÇÕES SOBRE AS INOVAÇÕES NA JURISDICAÇÃO CONSTITUCIONAL BRASILEIRA

seus rendimentos. Se se confirmasse esse prognóstico, a própria existência das caixas de assistência restaria ameaçada.

A Corte Constitucional acabou por invalidar o prognóstico do legislador, observando que a liberação da inscrição de dentistas nas caixas de assistência provocaria um aumento de odontólogos, não superior a 12%, vinculados às caixas, o que não seria suficiente para afetar substancialmente os ganhos desses profissionais.

Na sua análise, anotou a Corte que 50% da população estava vinculada aos seguros de saúde. Se considerados os membros da família, cerca de 80% da população estaria submetida ao regime de seguro de assistência. Por isso, os dentistas, assim como os médicos, dependiam da vinculação às caixas de assistência[33].

Por outro lado, os números existentes em janeiro de 1959 demonstravam que existiam 28.742 dentistas estabelecidos como profissionais liberais. Desses, 24.286 estavam vinculados diretamente às caixas de assistência e 3.786 apenas às caixas complementares. Portanto, 84% dos consultórios estavam vinculados às caixas de assistência e 14% às caixas complementares. Em síntese, somente 2% dos profissionais liberais dessa categoria não estavam vinculados ao sistema de assistência direta ou complementar.

Em face desses números, a Corte concluiu que o livre acesso às caixas de assistência poderia, quando muito, elevar – na mais drástica das hipóteses – o número de profissionais vinculados a essas instituições em não mais do que 4.500, o que não seria suficiente para causar uma redução significativa dos ganhos médios auferidos pela categoria ou um aumento significativo das despesas das caixas de assistência[34].

Assim, não se vislumbravam razões de interesse público suficientes para restringir a liberdade de exercício profissional dos dentistas. Com esses fundamentos, a Corte entendeu que a restrição era incompatível com o princípio da liberdade de exercício profissional[35].

Tal como visto, a aferição dos fatos e prognoses legislativos pela Corte Constitucional é um controle de resultado (*Ergebniskontrolle*) e não do processo (*Verfahrenskontrolle*), até porque para isso faltaria qualquer parâ-

[33] *BVerfGE* 12, 144 (148).
[34] *BVerfGE* 12, 144 (149).
[35] *BVerfGE* 12, 144 (150-1).

metro de controle ou uma específica autorização constitucional[36]. Em outros termos, não se cuida, no juízo de constitucionalidade, de analisar *como* o Legislativo examinou os fatos legislativos, mas *o que*, efetivamente, ele constatou[37].

Na análise de Philippi, a Corte Constitucional tem revelado uma grande capacidade para estabelecer prognósticos corretos, capacidade essa que se mostra muito superior à do próprio Legislativo. Segundo sua opinião, a Corte utiliza-se de métodos de análise que se revelam superiores àqueles eventualmente adotados pelo Parlamento, permitindo que as decisões judiciais sejam racionalmente mais fundamentadas que as do legislador[38]. Conforme já anotado, Bryde coloca em dúvida, porém, a correção dessa assertiva por estar baseada em um número restrito de casos[39]. Destaca, ainda, que por se pronunciar depois da aplicação da lei, pode a Corte, às mais das vezes, confrontar o legislador com o resultado de sua obra[40].

No tocante a falhas de prognósticos, a Corte adota uma solução diferenciada, avaliando se a prognose legislativa se revela falha de início (*"im Ansatz verfehlt"*) ou se se cuida de um erro de prognóstico que somente pode ser constatado *a posteriori*, depois de uma continuada aplicação da lei.

No primeiro caso, o *deficit* de prognose há de ensejar a nulidade da lei[41]. Na segunda hipótese, quando se verifica a falha na prognose legislativa após o decurso de certo tempo, o Tribunal considera irrelevante, do prisma constitucional, o erro de prognóstico cometido, desde que seja parte integrante de uma decisão tomada de forma regular ou obrigatória. No chamado "Mühlen-Beschluss" deixou assente o Tribunal que *"erros sobre a evolução do desenvolvimento econômico devem ser admitidos, até porque o legislador está obrigado no limite do possível, para evitar perigos futuros, a tomar decisões cuja*

---

[36] Ossenbühl, Fritz. *Kontrolle von Tatsachenfeststellungen und Prognosenentscheidungen durch das Bundesverfassungsgericht.* In: Starck, Christian (org.), *Bundesverfassungsgericht und Grundgesetz,* v. I, p. 458 (483).

[37] Ossenbühl. *Kontrolle von Tatsachenfeststellungen* cit., p. 483.

[38] Philippi. *Tatsachenfeststellungen,* cit., p.166-183; Cf. também Ossenbühl, *Kontrolle von Tatsachenfeststellungen,* cit., p. 518.

[39] Bryde, *Tatsachenfeststellungen und Wirklichkeit ...,* cit. p. 538.

[40] Bryde, *Tatsachenfeststellungen und Wirklichkeit ...,* cit. p. 554. Observa o autor que tal situação poderia ficar prejudicada no processo de controle abstrato de normas e no controle realizado mediante recurso constitucional contra a lei, já que, nesses casos, o Tribunal possuiria – ao menos em princípio – as mesmas perspectivas e prognoses que o Legislador tivera.

[41] Ossenbühl. *Kontrolle von Tatsachenfeststellungen,* cit., p. 487.

eficácia depende de fatores variados e que, por isso, podem ter desenvolvimentos não desejados (ou diversos daqueles desejados)"[42].

Nesse caso, deverá o legislador, todavia, empreender os esforços necessários para superar o estado de inconstitucionalidade com a presteza necessária[43].

I. Análise dos fatos legislativos em matéria penal

O direito penal é certamente o instrumento mais contundente de que se vale o Estado para disciplinar a conduta dos indivíduos.

Na medida em que a pena constitui a forma de intervenção estatal mais severa no âmbito de liberdade individual, e que, portanto, o direito penal e o processual penal devem revestir-se de maiores garantias materiais e processuais, o controle de constitucionalidade em matéria penal deve ser realizado de forma ainda mais rigorosa do que aquele destinado a averiguar a legitimidade constitucional de outros tipos de intervenção legislativa em direitos fundamentais dotados de menor potencial ofensivo.

Em outros termos, se a atividade legislativa de definição de tipos e cominação de penas constitui, *prima facie*, uma intervenção de alta intensidade em direitos fundamentais, a fiscalização jurisdicional da adequação constitucional dessa atividade deve ser tanto mais exigente e rigorosa por parte do órgão que tem em seu encargo o controle da constitucionalidade das leis.

Esse entendimento pode ser traduzido segundo o postulado do princípio da proporcionalidade em sentido estrito, o qual, como ensina Alexy, "pode ser formulado como uma lei de ponderação cuja fórmula[44] mais simples voltada para os direitos fundamentais diz: quanto mais intensa se revelar a intervenção em um dado direito fundamental, maiores hão de se revelar os fundamentos justificadores dessa intervenção"[45].

A tarefa do Tribunal Constitucional é, portanto, fiscalizar a legitimidade constitucional da atividade legislativa em matéria penal, lastreado

---

[42] *BVerfGE* 16, 147 (181 s.) e 18/315 (332).

[43] Ossenbühl, *Kontrolle von Tatsachenfeststellungen*, cit., p. 518.

[44] Para uma formulação geral sobre princípios, cf. ALEXY, Robert. *Theorie der Grundrechte.* Frankfurt am Main: Suhrkamp, 1986, p. 146.

[45] *Colisão e ponderação como problema fundamental da dogmática dos direitos fundamentais.* Palestra proferida na Fundação Casa de Rui Barbosa, Rio de Janeiro, em 10.12.1998. Tradução informal de Gilmar Ferreira Mendes.

pelo princípio da proporcionalidade, seguindo, dessa forma, a seguinte máxima: quanto mais intensa a intervenção legislativa penal em um direito fundamental, mais intenso deve ser o controle de sua constitucionalidade realizado pelo Tribunal Constitucional.

Essas são as premissas para a construção de um modelo exigente de controle de constitucionalidade das leis em matéria penal, baseado em níveis de intensidade, que podem ser três, consoante as diretrizes elaboradas pela doutrina e jurisprudência constitucional alemã.

Na famosa decisão (*Urteil*) *Mitbestimmungsgesetz*, do Primeiro Senado de 1º de março de 1979, prolatada na audiências de 28, 29 e 30 de novembro e 1º de dezembro de 1978 – *BVerfGE* 50, 290 –, o Tribunal Constitucional alemão distinguiu os seguintes graus de intensidade do controle de constitucionalidade das leis: a) controle de evidência (*Evidenzkontrolle*); b) controle de sustentabilidade ou justificabilidade (*Vertretbarkeitskontrolle*); c) controle material de intensidade (*intensivierten inhaltlichen Kontrolle*).

No primeiro nível, o controle de constitucionalidade realizado pelo Tribunal deve reconhecer ao legislador uma ampla margem de avaliação, valoração e conformação quanto às medidas eficazes e suficientes para a proteção do bem jurídico. A norma somente poderá ser declarada inconstitucional quando as medidas adotadas pelo legislador forem inidôneas para a efetiva proteção desse bem jurídico.

Não obstante, o Tribunal deixa ressaltado que "a observância da margem de configuração do legislador não pode levar a uma redução do que, a despeito de quaisquer transformações, a Constituição pretende garantir de maneira imutável, ou seja, ela não pode levar a uma redução das liberdades individuais que são garantidas nos direitos fundamentais individuais, sem as quais uma vida com dignidade humana não é possível, segundo a concepção da *Grundgesetz*" (*BVerfGE* 50, 290).

Assim, conclui-se que "*a tarefa (do controle de constitucionalidade) consiste, portanto, em unir a liberdade fundamental própria da configuração político--econômica e político-social*" – ou político-criminal, se quisermos contextualizar essa afirmação – "*que devem permanecer reservadas ao legislador, com a proteção da liberdade, à qual o indivíduo tem direito justamente também em face do legislador*" (*BVerfGE* 50, 290).

Esse controle de evidência foi delineado também na decisão *BVerfGE* 77,170 (*Lagerung Chemischer Waffen*), na qual o Tribunal deixou assentado o seguinte:

*"Para o cumprimento dos deveres de tutela (**Schutzpflichten**) derivados do Artigo 2, II, 1 GG, cabe ao Legislativo, assim como ao Executivo, uma ampla margem de avaliação, valoração e conformação (poder discricionário), que também deixa espaço para, por exemplo, dar atenção a interesses públicos e privados concorrentes.*

Essa ampla liberdade de conformação pode ser controlada pelos tribunais tão--somente de maneira restrita, dependendo da peculiaridade da matéria em questão, das possibilidades de formação de um juízo suficientemente seguro e do significado dos bens jurídicos em jogo".

Em outros termos, o Tribunal fixou o entendimento de que a admissão de um recurso constitucional (*Verfassungsbeschwerde*) pressupõe a demonstração, *"de maneira concludente, de que o Poder Público não adotou medidas preventivas de proteção, ou que evidentemente as regulamentações e medidas adotadas são totalmente inadequadas ou completamente insuficientes para o alcance do objetivo de proteção".*

Assim, um controle de evidência em matéria penal será exercido pelo Tribunal com observância da ampla margem de avaliação, valoração e conformação conferida constitucionalmente ao legislador quanto à adoção das medidas mais adequadas para a proteção do bem jurídico penal. Uma eventual declaração de inconstitucionalidade deve basear-se na patente inidoneidade das medidas escolhidas pelo legislador para os objetivos perseguidos pela política criminal.

No segundo nível, o controle de sustentabilidade ou de justificabilidade (*Vertretbarkeitskontrolle*) está orientado a verificar se a decisão legislativa foi tomada após uma apreciação objetiva e justificável de todas as fontes de conhecimento disponíveis no momento da promulgação da lei (*BVerfGE* 50, 290).

Também na decisão *Mühlenstrukturgesetz* (*BVerfGE* 39, 210), o Tribunal Constitucional alemão fixou esse entendimento, nos seguintes termos:

"O exame de constitucionalidade compreende primeiramente a verificação de se o legislador buscou inteirar-se, correta e suficientemente, da situação fática existente à época da promulgação da lei. O legislador tem uma ampla margem de avaliação (discricionariedade) na avaliação dos perigos que ameaçam a coletividade. Mesmo quando, no momento da atividade legislativa, parece remota a possibilidade da ocorrência de perigos para um bem coletivo, não é defeso ao legislador que tome medidas preventivas tempestivamente, contanto que suas concepções sobre o possível desenvolvimento perigoso, no caso de sua omissão, não se choquem de tal sorte com

as leis da ciência econômica ou da experiência prática, que elas não possam mais representar uma base racional para as medidas legislativas [BVerfGE 25, 1 (17); 38, 61 (87)]. Nesse caso, deve-se partir fundamentalmente de uma avaliação de relações (dados da realidade social) possível ao legislador quando da elaboração da lei [BVerfGE 25, 1 (12 s.)]. Contanto que ele tenha usado os meios de estudo que lhe estavam à disposição, os (eventuais) erros (que vierem a se revelar no futuro, n. org) sobre o desenvolvimento econômico devem ser tolerados".

Nesse segundo nível, portanto, o controle de constitucionalidade estende-se à questão de se o legislador levantou e considerou diligente e suficientemente todas as informações disponíveis e se realizou prognósticos sobre as consequências da aplicação da norma, enfim, se o legislador valeu-se de sua margem de ação de "maneira sustentável".

Nesse sentido, uma das decisões mais importantes da Corte alemã pode ser encontrada no famoso caso *Cannabis (BVerfGE 90, 145)*, em que o Tribunal confirmou a constitucionalidade da tipificação penal da aquisição e do porte para consumo de produtos derivados da planta *cannabis sativa*. Ao analisar o caso sob o ângulo do princípio da proporcionalidade, que incide com maior rigor no exame de um dispositivo penal, a Corte enfatizou que cabe ao legislador uma ampla margem de avaliação no tocante à adequação e necessidade de certa medida para o alcance do fim almejado, o que pressupõe também a discricionariedade para a realização de prognósticos quanto às consequências da medida adotada. Os argumentos utilizados estão bem representados no seguinte trecho da decisão:

"Sob o ponto de vista material, ressalvadas as garantias constitucionais especiais, o princípio da proporcionalidade oferece o parâmetro geral constitucional, segundo o qual a liberdade de ação pode ser restringida [cf. BVerfGE 75, 108 (154 s.); 80, 137 (153)]. Esse princípio tem um significado mais intenso no exame de um dispositivo penal, que, enquanto sanção mais forte à disposição do Estado, expressa um juízo de valor ético-social negativo sobre uma determinada ação do cidadão [cf. BVerfGE 25, 269 (286); 88, 203 (258].

Se há previsão de pena privativa de liberdade, isso possibilita uma intervenção no direito fundamental da liberdade da pessoa, protegido pelo Artigo 2 II 2 GG. A liberdade da pessoa, que a *Grundgesetz* caracteriza como 'inviolável', é um bem jurídico tão elevado que nele somente se pode intervir com base na reserva legal do Artigo 2 II 3 GG, por motivos especialmente graves. Independentemente do fato de que tais intervenções também podem ser cogitadas sob determinados pressupostos, quando servirem para impedir que o atingido promova contra si próprio um dano pessoal maior [*BVerfGE* 22, 180 (219); 58, 208 (224 et seg.); 59, 275 (278); 60, 123 (132)], elas, em geral, somente são permitidas se a proteção de outros ou da comunidade assim o exigir, observando-se o princípio da proporcionalidade.

Segundo esse princípio, uma lei que restringe o direito fundamental deve ser adequada e necessária para o alcance almejado. Uma lei é adequada se o propósito almejado puder ser promovido com o seu auxílio; é necessária se o legislador não puder selecionar um outro meio de igual eficácia, mas que não restrinja, ou que restrinja menos, o direito fundamental [cf. *BVerfGE* 30, 292 (316); 63, 88 (115); 67, 157 (173, 176)].

Na avaliação da adequação e da necessidade do meio escolhido para o alcance dos objetivos buscados, como na avaliação e prognóstico a serem feitos, neste contexto, dos perigos que ameaçam o indivíduo ou a comunidade, cabe ao legislador uma margem (discricionária) de avaliação, a qual o Tribunal Constitucional Federal – dependendo da particularidade do assunto em questão, das possibilidades de formar um julgamento suficientemente seguro e dos bens jurídicos que estão em jogo – poderá revisar somente em extensão limitada (cf. *BVerfGE* 77, 170 (215); 88, 203 (262)].

Além disso, numa ponderação geral entre a gravidade da intervenção e o peso, bem como da urgência dos motivos justificadores, deve ser respeitado o limite da exigibilidade para os destinatários da proibição [cf. *BVerfGE* 30, 292 (316); 67, 157 (178); 81, 70 (92)]. A medida não deve, portanto, onerá-lo excessivamente (proibição de excesso ou proporcionalidade em sentido estrito: cf. *BVerfGE* 48, 396 (402); 83, 1 (19). No âmbito da punibilidade estatal, deriva do princípio da culpa, que tem a sua base no Artigo 1 I GG [cf. *BVerfGE* 45, 187 (228)], e do princípio da proporcionalidade, que deve ser deduzido do princípio do Estado de direito e dos direitos de liberdade, que a gravidade de um delito e a culpa do autor devem estar numa proporção justa em relação à pena. Uma previsão de pena não pode, quanto ao seu tipo e à sua extensão, ser inadequada em relação ao comportamento sujeito à aplicação da pena. O tipo penal e a consequência jurídica devem estar racionalmente correlacionados [cf. *BVerfGE* 54, 100 (108)].

É, em princípio, tarefa do legislador determinar de maneira vinculante o âmbito da ação punível, observando a respectiva situação em seus pormenores. O Tribunal Constitucional Federal não pode examinar a decisão do legislador no sentido de se verificar se foi escolhida a solução mais adequada, mais sensata ou mais justa. Tem apenas que zelar para que o dispositivo penal esteja materialmente em sintonia com as determinações da Constituição e com os princípios constitucionais não escritos, bem como para que corresponda às decisões fundamentais da *Grundgesetz* [cf. *BVerfGE* 80, 244 (255)]".

No caso, a Corte Constitucional, após analisar uma grande quantidade de dados sobre o tema, reconhece que ainda não estaria concluída, à época, a discussão político-criminal sobre se a redução do consumo de *cannabis* poderia ser mais bem alcançada por meio da penalização ou da liberação da conduta.

E, justamente em razão da incerteza quanto ao efetivo grau de periculosidade social do consumo da *cannabis* e à polêmica existente, tanto no plano científico como no político-social, em torno da eficácia da intervenção por meio do direito penal, é que não se poderia reprovar, do ponto de vista de sua constitucionalidade, a avaliação realizada pelo legislador, naquele estágio do conhecimento, a respeito da adequação e necessidade da medida penal.

Assim, admite o Tribunal que "*se o legislador nesse contexto se fixa na interpretação de que a proibição geral de cannabis sancionada criminalmente afastaria um número maior de consumidores em potencial do que a suspensão da previsão de pena e que, portanto, seria mais adequada para a proteção dos bens jurídicos, isso deve ser tolerado constitucionalmente, pois o legislador tem a prerrogativa de avaliação e de decisão na escolha entre diversos caminhos potencialmente apropriados para o alcance do objetivo de uma lei*".

Dessa forma, não se pode deixar de considerar que, no âmbito desse denominado controle de sustentabilidade ou de justificabilidade (*Vertretbarkeitskontrolle*), assumem especial relevo as técnicas procedimentais postas à disposição do Tribunal e destinadas à verificação dos fatos e prognoses legislativos, como a admissão de *amicus curiae* e a realização de audiências públicas, previstas em nosso ordenamento jurídico pela Lei nº 9.868/99.

Em verdade, no controle abstrato de normas não se procede apenas a um simples contraste entre a disposição do direito ordinário e os princípios constitucionais. Ao revés, também aqui fica evidente que se aprecia a relação entre a lei e o problema que se lhe apresenta em face do parâmetro constitucional. Em outros termos, a aferição dos chamados fatos legislativos constitui parte essencial do chamado controle de constitucionalidade, de modo que a verificação desses fatos relaciona-se íntima e indissociavelmente com a própria competência do Tribunal.

No âmbito do controle de constitucionalidade em matéria penal, deve o Tribunal, na maior medida possível, inteirar-se dos diagnósticos e prognósticos realizados pelo legislador para a confecção de determinada política criminal, pois é esse conhecimento dos dados da realidade – que serviram de pressuposto da atividade legislativa – que lhe permitirá averiguar se o órgão legislador utilizou-se de sua margem de ação de maneira sustentável e justificada.

No terceiro nível, o controle material intensivo (*intensivierten inhaltlichen Kontrolle*) se aplica às intervenções legislativas que, por afetarem intensamente bens jurídicos de extraordinária importância, como a vida e a liberdade individual, devem ser submetidas a um controle mais rígido por parte do Tribunal, com base no princípio da proporcionalidade em sentido estrito. Assim, quando esteja evidente a grave afetação de bens jurídicos fundamentais de suma relevância, poderá o Tribunal desconsiderar as avaliações e valorações fáticas realizadas pelo legislador para então fiscalizar se a intervenção no direito fundamental em causa está devidamente justificada por razões de extraordinária importância.

Essa fase do controle foi efetivamente definida na citada decisão *Mitbestimmungsgesetz* (*BVerfGE* 50, 290), mas já havia ficado explicitada na célebre decisão *Apothekenurteil* (*BVerfGE* 7, 377, 1958), na qual se discutiu o âmbito de proteção do direito fundamental à liberdade de profissão. Na ocasião, o Tribunal assim fixou seu entendimento:

"As limitações ao poder regulamentar, que são derivadas da observância do direito fundamental, são mandamentos constitucionais materiais que são endereçados, em primeira linha, ao próprio legislador. Sua observância deve ser, entretanto, fiscalizada pelo Tribunal Constitucional Federal. Se uma restrição da livre escolha profissional estiver no 'último degrau' (dos pressupostos objetivos de sua admissão), o Tribunal Constitucional Federal deve primeiro examinar se um bem jurídico coletivo prevalecente está ameaçado e se a regulamentação legislativa pode mesmo servir à defesa contra esse perigo. Ele deve, além disso, também examinar se justamente a intervenção perpetrada é inevitavelmente ordenada para a proteção do referido bem; em outras palavras, se o legislador não poderia ter efetivado a proteção com regulamentações de um 'degrau' anterior.

Contra um exame no último sentido supradeclinado objetou-se que ele ultrapassaria a competência de um tribunal, pois um tribunal não poderia avaliar se uma medida legislativa certa seria ordenada, vez que ele não poderia saber se haveria outros meios igualmente eficazes e se eles poderiam ser realizados pelo legislador. Isso só poderia ser feito quando se conhecem não somente todas as relações sociais a serem ordenadas, como também as possibilidades da legislação. Essa concepção, que pretende, principalmente a partir de considerações pragmáticas, limitar a competência do Tribunal Constitucional Federal é, por vezes, teoricamente fundamentada com a informação de que o Tribunal, por causa da utilização de uma ampla competência de exame, interferiria na esfera do legislador, e com isso se chocaria contra o princípio da divisão de poderes.

O Tribunal Constitucional não pode concordar com essa posição. Ao Tribunal foi atribuída a proteção dos direitos fundamentais em face do legislador. Quando da interpretação de um direito fundamental resultarem limites ao legislador, o tribunal deve poder fiscalizar a observância deles por parte dele, legislador. Ele não pode subtrair-se a esta tarefa se não quiser, na prática, desvalorizar em grande parte os direitos fundamentais e acabar com a sua função atribuída pela *Grundgesetz*.

A exigência frequentemente feita nesse contexto segundo o qual o legislador deveria, entre vários meios igualmente adequados, livremente decidir, não resolveria o problema ora em pauta. Tal exigência tem em vista o caso (normal) de um direito fundamental que não se constitui de uma área de proteção gradual (como, p. ex., na decisão *BVerfGE* 2, 266). Nesse caso, o legislador encontra-se, entretanto, dentro de determinados limites, livre para a escolha entre várias medidas legislativas igualmente adequadas, vez que elas todas atingem o mesmo direito fundamental em seu conteúdo único e não diferenciado. Não obstante, em se tratando de um direito fundamental que encerra em si zonas mais fortes e mais fracas de proteção da liberdade, torna-se necessário que a jurisdição constitucional verifique se os pressupostos para uma regulamentação estão presentes no degrau onde a liberdade é protegida ao máximo. Em outras palavras, necessário se faz que se possa avaliar se medidas legislativas no degrau inferior não teriam sido suficientes, ou seja, se deste modo a intervenção perpetrada fosse 'inexoravelmente obrigatória'. Se se quisesse deixar ao legislador também a escolha entre os 'meios igualmente adequados', que correspondessem a degraus diferentes uns dos outros, isso acarretaria que justamente intervenções que limitem ao máximo o direito fundamental seriam, em razão de seu efeito muito eficaz para o alcance da meta almejada, as mais frequentes escolhidas e seriam aceitas sem exame. Uma proteção efetiva da área de liberdade, que o Artigo 12 I GG pretende proteger com mais ênfase, não seria, destarte, mais garantida".

Nesse terceiro nível, portanto, o Tribunal examina se a medida legislativa interventiva em dado bem jurídico é necessariamente obrigatória, do ponto de vista da Constituição, para a proteção de outros bens jurídicos igualmente relevantes. O controle é mais rígido, pois o Tribunal adentra o próprio exame da ponderação de bens e valores realizada pelo legislador.

Assim, no exercício do controle material intensivo, o Tribunal verifica se a medida penal – que *prima facie* constitui uma intervenção em direitos fundamentais – mantém uma relação de proporcionalidade com as metas fixadas pela política criminal, destinadas, ao fim e ao cabo, à promoção da segurança e da incolumidade públicas, enfim, da paz social.

No Direito Brasileiro, aplicação idêntica do princípio da proporcionalidade foi realizada pelo Supremo Tribunal Federal, por ocasião do julgamento da ADI 3.112, da Relatoria do Ministro Ricardo Lewandowski, em que se discutia a legitimidade constitucional da Lei nº. 10.826, de 22 de dezembro de 2003 (Estatuto do Desarmamento). O diploma foi contestado ao argumento de que havia ferido o direito constitucional à segurança individual e ao exercício da legítima defesa (CF, artigo 5º, *caput*, e artigo 20, § 4º, IV), lesionado o direito de propriedade (CF, artigo 5º, *caput*), desatendido o princípio da razoabilidade e vulnerado o devido processo legal (CF, artigo 5º, LIV).

Entre os vários dispositivos acoimados inconstitucionais pela petição inicial, estava aquele referente ao aumento de 21 para 25 anos da idade mínima para se adquirir uma arma de fogo.

Quanto a esse ponto, realizando verdadeiro cotejo entre a medida legislativa penal e a realidade a que se dirigia, o Tribunal, baseado em certos diagnósticos e prognósticos – os quais estavam bem explicitados nas informações prestadas pelo Congresso Nacional, como a demonstração das estatísticas de que a violência por meio de armas de fogo atinge principalmente os homens com até 24 anos de idade –, entendeu que a medida afigurava-se adequada e necessária, para atingir os fins almejados no bojo da política criminal de desarmamento[46].

---

[46] ADI 3.112, Rel. Min. Ricardo Lewandowski, *DJ* de 26.10.2007.

Com relação ao artigo 21 do Estatuto do Desarmamento, aduziu-se que, ao estabelecer que os delitos capitulados nos arts. 16, 17 e 18 são insuscetíveis de liberdade provisória, o dispositivo haveria violado os princípios da presunção de não-culpabilidade e do devido processo legal.

O Tribunal considerou que a norma do artigo 21 do Estatuto partia do pressuposto de que a prisão é sempre necessária, sem levar em consideração, na análise das razões acautelatórias, as especificidades fáticas do caso concreto.

A necessidade da prisão decorreria diretamente da imposição legal, retirando-se do juiz o poder de, em face das circunstâncias específicas do caso, avaliar a presença dos requisitos do artigo 312 do Código de Processo Penal: necessidade de garantir a ordem pública, a ordem econômica, por conveniência da instrução criminal, ou assegurar a aplicação da lei penal, havendo prova da existência do crime e indício suficiente de autoria.

Considerou-se, ademais, que o legislador viola o princípio da presunção de não-culpabilidade quando, no âmbito de uma política criminal de enrijecimento do controle de certas atividades (como o uso e comércio das armas de fogo e munições), proíbe a liberdade provisória, com ou sem fiança, tornando obrigatória a prisão cautelar do acusado pelos crimes nela definidos. Tratava-se de um excesso legislativo e, portanto, de uma violação ao princípio da proporcionalidade como proibição de excesso (*Übermassverbot*), que exige a atuação do Tribunal concernente ao controle de sua constitucionalidade[47].

II. Análise dos fatos legislativos pelo Supremo Tribunal Federal

A exemplo da experiência alemã, o Supremo Tribunal Federal empreende a análise de elementos da realidade envolvendo tanto as normas constitucionais quanto as normas infraconstitucionais submetidas ao controle de constitucionalidade.

É notória essa análise nos casos de aplicação do princípio da proporcionalidade como vedação ao excesso de Poder Legislativo, ou, ainda, sob a forma de proibição de proteção insuficiente. Da mesma forma, afigura-se

---

[47] Cf., exemplificativamente, ADI 3.112, Rel. Min. Ricardo Lewandowski, *DJ* de 26.10.2007 e ADI 1.194, Redator(a) para o acórdão Min. Cármen Lúcia, *DJ* de 11-9-2009.

inevitável esse juízo sobre a realidade ou contexto social na apreciação das alegadas ofensas ao princípio da igualdade[48].

É verdade que o Supremo Tribunal limita-se, inicialmente, a apreciar as questões jurídicas com base nas provas coligidas e devidamente apreciadas pelas instâncias ordinárias. Isso se dá, ainda, fundamentalmente, no âmbito do recurso extraordinário, no qual se enfatiza que ao Tribunal não compete refazer a coleta de provas efetuada nas instâncias originárias. Ressalva-se, porém, também aqui, que ao Supremo não é vedado fazer uma (nova) valoração das provas existentes nos autos[49]. Da mesma forma, ressalta-se, nos processos de *Habeas Corpus* e de Mandado de Segurança, que o Tribunal há de se limitar a apreciar questão jurídica posta com base nas provas pré-constituídas.

Atento aos limites que a instrução probatória encontra em tais ações, o Tribunal tem traçado a distinção entre a revaloração da prova e o seu simples reexame em sede de recurso extraordinário e de *habeas corpus*.

A jurisprudência da Suprema Corte é constante ao afirmar que a valoração da prova consubstancia questão de direito, condizente ao valor jurídico da prova ou a sua admissão em face da legislação[50]. Distingue-se, portanto, do reexame da prova, que implica, necessariamente, a reapreciação do conjunto probatório com vistas a concluir-se se foram os fatos bem ou malanalisados. A esse respeito, ressalte-se o julgamento do HC 99.344, ocasião em que o Tribunal deixou assentado que "concluir se a decisão é ou não manifestamente contrária à prova dos autos importa valoração, e não reexame de provas"[51].

A mesma orientação prevaleceu em outros precedentes[52], entre os quais merece destaque o HC 82.219, indeferido, por unanimidade, ao argumento de que "nova valoração de elementos fático-jurídicos não se confunde com reapreciação de matéria probatória"[53].

---

[48] Cf., ADI 3.583, Rel. Min. Cezar Peluso, *DJ* de 14-3-2008.

[49] RHC 91.691, Rel. Min. Menezes Direito, *DJ* de 25-4-2008.

[50] RE 122.011, Rel. Min. Moreira Alves, *DJ* de 17-8-1990 e RE 99.590, Rel. Min. Alfredo Buzaid, *DJ* de 6-4-1984; .

[51] RE 99.344, Rel. Min. Oscar Corrêa, *DJ* de 6-4-1984.

[52] Cf., RE 78.036-ED, Rel. Min. Aliomar Baleeiro, *DJ* de 11-12-1974 e RHC 91.691, Rel. Min. Menezes Direito, *DJ* de 25-4-2008.

[53] HC 82.219, Rel. Min.Gilmar Mendes, *DJ* de 19-12-2002.

Sob a antiga disciplina do controle abstrato de normas, enfatizava-se que o Tribunal fazia o contraste entre a norma legal e a norma constitucional[54]. Os fatos objeto da demanda deveriam constar de provas previamente carreadas aos autos. Se houvesse necessidade de exame de matéria de fato controvertida ou a produção de provas adicionais, dizia-se tratar-se de questão que não poderia ser apreciada no âmbito desse processo especial.

A Lei 9.868, de 1999, alterou essa orientação ao admitir a designação de peritos e a realização de audiência pública no âmbito do processo de controle abstrato de normas – ADI (artigo 9º, § 1º) e ADC (artigo 20, § 1º). No mesmo sentido, estabelece a Lei nº 9.882, de 1999, quanto ao procedimento da ADPF (artigo 6º, § 1º).

A despeito das limitações procedimentais, a análise de elementos de realidade por parte do Tribunal manifesta-se, de forma evidente, em diversos precedentes.

Por ocasião do julgamento da Rp. nº 930, *v. g.*, o Supremo Tribunal Federal teve oportunidade de ressaltar a importância do princípio da proporcionalidade no controle das leis restritivas. No voto do Ministro Rodrigues Alckmin restou consignado que, no tocante às condições de capacidade para o exercício de profissão, não cabe ao legislador estabelecê-las "sem atender ao critério da razoabilidade, cabendo ao Poder Judiciário apreciar se as restrições são adequadas e justificadas pelo interesse público, para julgá-las legítimas ou não"[55].

No caso, questionava-se a constitucionalidade da Lei nº 4.116/62, que regulamentou a profissão dos corretores de imóveis, com o principal argumento de que esta limitaria o exercício da liberdade de profissão. O artigo 7º dessa lei, que dispunha que "somente os corretores de imóveis e as pessoas jurídicas, legalmente habilitadas, poderão receber remuneração como mediadores na venda, compra, permuta ou locação de imóveis, sendo, para isso, obrigado a manterem escrituração dos negócios a seu cargo", já fora declarada inconstitucional em recurso extraordinário. Na representação, foi arguida que a declaração de inconstitucionalidade desse artigo implicaria a invalidade de toda a lei.

---

[54] Cf., a propósito, a Rp 1.418, Rel. Min. Néri da Silveira, *DJ* de 25-3-1988 e o despacho do Ministro Celso de Mello prolatado na ADI 1.372, *DJ* de 17-11-1995.

[55] Rp 930, redator para Acórdão Min. Rodrigues Alckmin, *DJ* de 2-9-1977.

A maioria do Tribunal acompanhou a fundamentação do Ministro Rodrigues Alckmin e entendeu que o exercício da profissão de corretor não exige nenhuma capacitação profissional especial. Logo, não seria possível impor nenhuma espécie de limitação ao seu exercício.

Na ADI-MC 855, em que se controvertia sobre a constitucionalidade de lei estadual que estabelecia a pesagem obrigatória, à vista do consumidor, dos botijões de gás liquefeito de petróleo, tornou-se manifesta a necessidade de o Tribunal empreender a análise dos fatos legislativos, pois se argumentava que a colocação de balanças em todos os caminhões de distribuição e a mão de obra necessária à medição individual agravariam o custo do serviço e, logo, a fixação do preço cobrado pelo produto.

A decisão concessiva da cautelar, da relatoria do Ministro Sepúlveda Pertence, bem demonstra a relevância do controle judicial dos fatos legislativos (prognose) que fundamentam a opção legislativa:

"De sua vez, os esclarecimento de fato – particularmente a manifestação do Instituto Nacional de Metrologia, Normatização e Qualidade Industrial – INMETRO, do Ministério da Justiça, são de múltipla relevância para este julgamento liminar. Eles servem, de um lado – como proficientemente explorados na petição –, não só para lastrear o questionamento da proporcionalidade ou da razoabilidade da disciplina legal impugnada, mas também para indicar a conveniência de sustar – ao menos, provisoriamente – as inovações por ela impostas, as quais, onerosas e de duvidosos efeitos úteis – acarretariam danos de incerta reparação para a economia do setor, na hipótese – que não é de afastar – de que se venha ao final a declarar a inconstitucionalidade da lei. Finalmente, à primeira vista, os mesmos esclarecimentos especializados, que instruem a petição, permitem duvidar que, dadas as contingências técnicas a que tem de submeter-se, o mecanismo de distribuição do gás liquefeito, até hoje submetido a um regramento uniforme em todo o país, possa admitir variações regionais, impostas em nome da proteção do consumidor, cujos problemas, parece, hão de ter, no setor de que se cuida, soluções nacionais"[56].

Essa decisão foi, posteriormente, referendada no julgamento de mérito ocorrido em 6 de março de 2008[57].

---

[56] ADI-MC 855, Rel. Min. Sepúlveda Pertence, *DJ* de 1º-10-1993.

[57] ADI 855, Rel. Min. Octávio Gallotti, *DJ* de 27-3-2009.

Cumpre referir, igualmente, o julgamento da ADI 3.034, de Relatoria do Ministro Ricardo Lewandowski[58], em que se controvertia acerca da constitucionalidade de lei complementar do Estado do Espírito Santo que autorizava o Poder Executivo a celebrar contrato administrativo de prestação de serviços com particulares, para atender a necessidade de excepcional interesse público no sistema constituído pela Secretaria de Estado da Saúde, ao argumento de que o diploma normativo complementar afrontava os incisos II e IX do artigo 37 da Constituição da República.

Embora tenha declarado a inconstitucionalidade do diploma estadual, por considerá-lo não conforme a regra excepcional prevista no inc. IX do artigo 37 da Constituição, o Tribunal houve por bem modular os efeitos da decisão atendendo, especialmente, à circunstância fática de encontrar-se o país em meio ao surto da assim denominada gripe suína, o que tornava a dispensa imediata dos servidores contratados sem a observância da exigência constitucional do concurso público materialmente contrária ao dever do Estado de prestar serviços adequados e suficientes no âmbito da saúde.

A decisão do Supremo Tribunal Federal expôs a situação aqui destacada:

"O Tribunal, por absoluta unanimidade e nos termos do voto do Relator, julgou procedente a ação e, por maioria, nos termos do artigo 27, da Lei nº 9.868/99, modulou os efeitos da decisão para que tenha eficácia a partir de 60 dias da data de sua comunicação, tendo em conta a situação excepcional pela qual passa o país, em virtude do surto da denominada gripe suína".

Registre-se, ainda, a rediscussão da competência para julgar ação indenizatória proposta por empregado contra empregador, em caso de acidente de trabalho.

Cuidava-se, então, de discussão sobre se a competência para processar e julgar ação indenizatória por danos morais e patrimoniais, decorrentes de acidente do trabalho, proposta por empregado contra empregador era da justiça comum estadual ou da justiça especializada do trabalho (RE 438.639).

O Supremo Tribunal considerou que, a despeito da mudança do texto constitucional, o qual, aparentemente, conferia competência para processar e julgar a ação indenizatória por danos materiais ou morais decorrentes das relações de trabalho à justiça do trabalho, o tema deveria continuar a ser apreciado pela justiça comum.

---

[58] ADI 3.034, Rel Min. Ricardo Lewandowski, *DJ* de 22-10-2009.

O Relator originário, Ministro Carlos Britto, sustentou a competência da Justiça do Trabalho, com base nos elementos normativos da Constituição (artigo 114, artigo 109, artigo 7º, XXII e XXVIII). Invocou-se a nova redação conferida pela EC 45/2004 ao artigo 114 da Constituição, segundo a qual compete à Justiça do Trabalho "processar e julgar as ações de indenização por dano moral ou patrimonial, decorrentes da relação de trabalho".

Essa posição conflitava, porém, com o entendimento até então esposado pelo Supremo Tribunal, que entendia ser competente a justiça estadual também para os pleitos de caráter indenizatório formulados, em razão de acidente de trabalho, pelo empregado contra empregador.

O Ministro Peluso sustentou que a nova disciplina constitucional do artigo 114, VI, da Constituição, *"teria pura e simplesmente, positivado a jurisprudência do Supremo Tribunal em relação às ações de indenização por dano moral em si, decorrente de relação de trabalho, exceto quando o mesmo fato gere duas pretensões indenizatórias simultâneas: uma de direito comum e outra de direito acidentário".*

Nesse caso, – sustentava –, o princípio da unidade de convicção deveria fazer com que se retirasse do inciso VI as ações de indenização por dano moral ou material, quando o fato fundante fosse ao mesmo tempo qualificado como acidente do trabalho. A apreciação, pela mesma justiça, evitaria possíveis contradições de julgados, questão que também seria incompreensível aos cidadãos, caso ocorresse. *"O cidadão não é capaz de entender a razão por que a justiça estadual, por exemplo, tenha julgado improcedente a ação acidentária, considerando o fato por não provado, e a justiça do trabalho haja reputado procedente a ação de indenização por dano moral, reconhecendo que o mesmo fato aconteceu."*, complementou o Ministro Peluso.

Nessa mesma linha, posicionou-se o Ministro Sepúlveda Pertence, alertando para a gravidade de uma mudança de orientação jurisprudencial, sobretudo para os processos em curso. E destacava que a outorga de competência à justiça comum para as causa acidentárias contra a autarquia previdenciária federal decorrera de **uma razão prática**: a pouca difusão da Justiça Federal para ações de hipossuficientes econômicos.

E Sepúlveda Pertence concluiu, com ênfase:

*"Pondero que a interpretação em matéria de competência nunca pode ser distanciada da realidade dos fatos, entre elas a da estrutura da Justiça Comum ordinária em relação à das justiças especiais **lato sensu**, seja justiça federal ordinária, seja a Justiça do Trabalho.*

*(...) Por que entendemos que os crimes **conexos** aos crimes praticados em detrimento da União e de suas entidades de Administração Indireta são da competência da Justiça Federal? Não há regra constitucional que o determine.*

Uma vez mais, não com relação a ações diversas sobre o mesmo fato, mas com relação a crimes diversos, embora conexos, entendeu-se, sem discrepância, que deveria a competência da Justiça Federal atrair a decisão sobre crimes conexos.

O mesmo não se entendeu com relação à Justiça Militar, sequer na hipótese de continência, em que sempre predominou a orientação de cindir-se o processo, se o fato fosse também crime comum para entregar o paisano à Justiça Comum e o militar, à Justiça Militar".

O Ministro Carlos Velloso aduziu – a revelar a importância da análise das circunstâncias fáticas – que em Minas Gerais havia trezentas comarcas atendidas pela Justiça Estadual, contra apenas quinze cidades atendidas pela Justiça do Trabalho.

Esse argumento de índole prática foi contestado pelo Ministro Britto, que dizia estar a Justiça do Trabalho representada em todo o Brasil.

Também o Ministro Marco Aurélio perfilhou a corrente minoritária, sustentando queas ações decorrentes de acidente de trabalho propostas pelo empregado contra o empregador eram ações decorrentes da relação de trabalho e deveriam ser processadas e julgadas pela Justiça do Trabalho.

Com base na orientação sustentada no voto Ministro Cezar Peluso, o Tribunal considerou que a matéria em discussão (ação de indenização proposta pelo empregado contra o empregador em razão de acidente do trabalho) continuava a ser da competência da justiça comum estadual. Restaram vencidos os Ministros Carlos Britto (Relator) e Marco Aurélio, que defendiam a posição contrária.

Dois meses depois, o tema voltou ser debatido no Conflito de Competência 7.204-MG. Novamente, o Relator, Ministro Carlos Britto manifestou-se favoravelmente ao reconhecimento da competência da Justiça do Trabalho, tendo em vista que se cuidava de controvérsia decorrente da relação de trabalho.

O Ministro Peluso, após mencionar ter recebido "trabalho muito bem fundamentado e muito bem documentado do Juiz do TRT de Minas Gerais, Dr. Sebastião Geraldo de Oliveira, anotou ter-se convencido da posição contrária. Em síntese apertada são essas as suas conclusões:

"Antes da Emenda nº 45, parecia dever a consistente a leitura de que, se estavam excetuadas da competência da Justiça Federal as causas de acidente do trabalho, em

que sempre é interessada autarquia federal, só podiam elas caber na competência da Justiça dos Estados, porque a mesma norma as excluía das que eram, por outras regras, sujeitas à Justiça do Trabalho."

Mas, de lá pra cá, a evolução da legislação acidentária, sobretudo com a equiperação dos valores dos benefícios acidentários e previdenciários, e a disseminação dos órgãos da Justiça trabalhista, competentes para tantas outras causas ligadas à própria segurança do trabalho, desenharam nova realidade judiciária, que as próprias exigências da unidade de convicção e da especialização de conhecimentos não poderiam deixar de considerar nas perspectivas da revisão daquela exceção constitucional. Isso, sem cogitar da necessidade de coerência axiológica que impunha a vigente Constituição da República, ao conceber a indenização acidentária como direito típico da condição jurídica do empregado e, portanto, como irradiação da relação de trabalho, como se vê ao artigo 7º, inc. XXVIII, da mesma Constituição.

É, portanto, dentro desse quadro, que há de interpretar-se a Emenda nº 45, quando, explicitando, no inc. I do artigo 114, o caráter geral da competência da Justiça do Trabalho, nela incluiu todas as ações oriundas da relação de trabalho.

Suposto não tinha sido essa a intenção do constituinte derivado, a cujo olhar atento não poderia escapar a necessidade de, para guardar congruência com o eventual propósito de submissão das causas de acidente de trabalho àquela Justiça especializada, dar nova redação ao artigo 109, **caput** – para evitar dúvidas-, de modo algum pode esquivar-se, diante do papel precário e relativo do material histórico e das correlatas intenções do legislador, a conclusão de que outra há de ser a leitura da norma que excepciona as ações acidentárias da competência da Justiça Federal.

O que com isso pretendo dizer é que, perante a novidade representada pelos termos da Emenda nº 45, em particular pela redação introduzida no inc. I do artigo 114, deve o artigo 109, **caput**, significar apenas que as ações de acidente do trabalho não são da competência da Justiça Federal e, por conseguinte, que a sede dessa competência deve buscar-se alhures, agora designadamente no próprio artigo 114, que a açambarcou.

Essa interpretação acomoda ambas as cláusulas constitucionais, reverencia a especialização e a funcionalidade da Justiça do Trabalho, alivia a Justiça estadual e sustenta-se na necessária unidade de convicção, sem esvaziar o disposto no inc. VI, onde apenas se divisa a positivação, mediante relevo destinado a superar todas as dúvidas, da jurisprudência desta Corte, que, sob a redação original do artigo 114, **caput**, entendia – a meu ver, com indiscutível acerto – que, para efeito dessa competência distribuída com apoio em vários princípios, entre os quais o da unidade de convicção, era e é irrelevante a província taxinômica das normas aplicáveis ao caso, se direito trabalhista ou civil, e, pois, também a natureza mesma da responsabilidade, se negocial ou aquiliana"[59].

A nova orientação foi acolhida unanimemente, tendo o Tribunal estabelecido que seriam remetidas à Justiça do Trabalho as ações de indenização de empregado contra empregador, decorrentes de acidente de trabalho, que ainda não tivessem sentença de mérito.

Com tal ressalva, preservaram-se na justiça estadual os processos que já tivessem sido objeto de julgamento pelo menos no primeiro grau, reduzindo-se o impacto que poderia ter a anulação de julgamento de milhares de processos há muito distribuídos à Justiça Estadual.

A par dos aspectos jurídicos envolvidos, afigura-se importante destacar o relevo que se conferiu à informação sobre a disseminação da Justiça do Trabalho em todo o País (democratização do acesso) e sobre o significado das mudanças verificadas na legislação acidentária, para justificar a alteração da jurisprudência.

Conforme já observado, as posições científicas externadas na audiência pública sobre a utilização de células-tronco embrionárias para fins terapêuticos foram amplamente utilizados tanto no voto do Relator, Ministro Carlos Britto, quanto na manifestação divergente do Ministro Carlos Alberto Direito[60]. É notório, igualmente, que ambas as posições valeram-se expressamente de subsídios constantes de estudos científicos diversos, oferecidos por diferentes fontes. O Relator (Carlos Britto) fez referência também aos elementos colhidos na audiência pública realizada sobre antecipação do parto no caso de anencefalia (ADPF 54)[61].

Outro tema que revela a importância da realidade política na interpretação constitucional, entre nós, é o da fidelidade partidária.

Após a Constituição de 1988, o tema da fidelidade partidária e a questão específica quanto à extinção do mandato do parlamentar que deixasse a legenda sob a qual tenha sido eleito encontraram resposta na jurisprudên-

---

[59] CC 7.204, Rel. Min. Carlos Britto, *DJ* de 9-12-2005, p. 320-322.

[60] ADI 3.510, Rel. Min. Carlos Britto, *DJ*. em 28 e 29-5-2008.

[61] ADI 3.510, Rel. Min. Carlos Britto, *DJ*. em 28 e 29-5-2008, item nº 24 do voto.

cia do Supremo Tribunal, desde o julgamento do MS nº 20.927/DF, Rel. Min. Moreira Alves, julg. 11.10.1989, *DJ* 15.4.1994.

Na ocasião, o voto condutor, proferido pelo Relator, Ministro Moreira Alves, deixou consignado o seguinte entendimento:

"Em face da Emenda nº 1, que, em seu artigo 152, parágrafo único (que, com alteração de redação, passou a parágrafo 5º desse mesmo dispositivo, por força da Emenda Constitucional nº 11/78), estabelecia o princípio da fidelidade partidária, Deputado que deixasse o Partido sob cuja legenda fora eleito perdia o seu mandato. Essa perda era decretada pela Justiça Eleitoral, em processo contencioso em que se assegurava ampla defesa, e, em seguida, declarada pela Mesa da Câmara (arts. 152, § 5º; 137, IX; e 35, § 42).

Com a Emenda Constitucional nº 25/85, deixou de existir esse princípio de fidelidade partidária, e, em razão disso, a mudança de Partido por parte de Deputado não persistiu como causa de perda de mandato, revogado o inciso V do artigo 35 que enumerava os casos de perda de mandato.

Na atual Constituição, também não se adota o princípio da fidelidade partidária, o que tem permitido a mudança de Partido por parte de Deputados sem qualquer sanção jurídica, e, portanto, sem perda de mandato.

Ora, se a própria Constituição não estabelece a perda de mandato para o Deputado que, eleito pelo sistema de representação proporcional, muda de partido e, com isso, diminui a representação parlamentar do Partido por que se elegeu (e se elegeu muitas vezes graças aos votos de legenda), quer isso dizer que, apesar de a Carta Magna dar acentuado valor à representação partidária (artigos 5º, LXX, "a"; 58, § 1º; 58, § 4º; 103, VIII), não quis preservá-la com a adoção da sanção jurídica da perda do mandato, para impedir a redução da representação de um partido no Parlamento. Se o quisesse, bastaria ter colocado essa hipótese entre as causas de perda de mandato, a que alude o artigo 55."

Assim, com base no entendimento de que *"a vinculação ao partido é apenas condição de elegibilidade (artigo 14, § 3º)"*, o *Ministro Moreira Alves pôde concluir que "em nosso sistema constitucional atual, apesar da valorização dada à representação parlamentar federal dos partidos, não se exige qualquer modalidade de fidelidade partidária para os eleitos, após a diplomação, ainda quando não se tenha empossado como deputados".*

Moreira Alves foi acompanhado pelos Ministros Sepúlveda Pertence, Célio Borja, Octavio Gallotti, Francisco Rezek, Aldir Passarinho e Néri da Silveira. Registre-se, no mesmo sentido, o pronunciamento do Ministro Pertence:

"(...) na minha convicção – disse Pertence – restou inabalada, com todas as vênias, a premissa de que parti: a falta, em nosso direito constitucional vigente, de base para decretar a perda de mandato de titular, convicção que agora acaba de receber valiosos subsídios do eminente Ministro Moreira Alves.

A partir do sistema inferir-se essa perda não me parece definitivamente autorizado pelo texto constitucional, que é – e nem poderia ser de modo diverso, tal a gravidade da sanção – exaustivo, no artigo 55, a ponto de tornar explícito, por exemplo, o que seria muito mais fácil de extrair por inferências lógicas: que o Deputado que perde os direitos políticos perderá o seu mandato eletivo".

Como se pode constatar, a convicção formada pela maioria naquele julgamento parece ter-se baseado sobre o fato da inexistência, no ordenamento jurídico, de texto normativo expresso que prescrevesse a sanção de perda do mandato ao parlamentar que deixa a legenda sob a qual foi eleito. A não repetição, pela atual Constituição, do texto do artigo 152, parágrafo único, da Constituição de 1967/69[62] e a taxatividade do artigo 55[63] seriam os motivos determinantes dessa decisão majoritária da Corte.

Trechos do voto proferido pelo Ministro Néri da Silveira contribuem para esclarecer os fundamentos adotados pelo Tribunal:

"Penso que todos estamos de acordo com a importância, para a vida partidária, dos princípios de disciplina e de fidelidade. Qualquer entidade precisa ter fidelidade a determinados princípios, fidelidade aos programas partidários. Isso nada tem a ver com imposição de sanção, de pena por descumprimento desses princípios.

Nessa linha, o que a maioria afirmou é que a regra posta na Emenda Constitucional nº 1, artigo 152, parágrafo único, que previa sanção de

---

[62] Artigo 152. A organização, o funcionamento e a extinção dos Partidos Políticos serão regulados em lei federal, observados os seguintes princípios: (...) Parágrafo único: Perderá o mandato no Senado Federal, na Câmara dos Deputados, nas Assembleias Legislativas e nas Câmaras Municipais quem, por atitudes ou pelo voto, se opuser às diretrizes legitimamente estabelecidas pelos órgãos de direção partidária ou deixar o Partido sob cuja legenda foi eleito. A perda do mandato será decretada pela Justiça Eleitoral, mediante representação do Partido, assegurado o direito de ampla defesa.

[63] Artigo 55. Perderá o mandato o Deputado ou Senador: I – que infringir qualquer das proibições estabelecidas no artigo anterior; II – cujo procedimento for declarado incompatível com o decoro parlamentar; III – que deixar de comparecer, em cada sessão legislativa, à terça parte das sessões ordinárias da Casa a que pertencer, salvo licença ou missão por esta autorizada; IV – que perder ou tiver suspensos os direitos políticos; V – quando o decretar a Justiça Eleitoral, nos casos previstos nesta Constituição; VI – que sofrer condenação criminal em sentença transitada em julgado.

perda do mandato para o deputado que deixasse o partido pelo qual se elegeu, não mais subsiste no regime atual. Foi em virtude disso que a maioria do Tribunal decidiu o mandado de segurança no sentido de indeferi-lo.

Se a sanção não existe mais no nosso sistema, relativamente aos titulares de mandato, também não há assento na Constituição para se impor a restrição do direito ao exercício do mandato, à convocação, por parte do suplente que haja, eventualmente deixado o partido pelo qual se elegeu, quer tenha retornado, ou não, a essa agremiação partidária".

A suposta conexão lógica entre a ausência, no atual ordenamento, de texto como o do antigo artigo 152 da Constituição de 1967/69 e a impossibilidade de aplicação da sanção de perda do mandato, além da taxatividade do artigo 55, não ficou bastante clara aos olhos de alguns Ministros, que foram além da expressão textual de Constituição, por meio de uma interpretação sistemática baseada nos valores da fidelidade partidária e da democracia representativa.

Assim foram os votos de Celso de Mello, Paulo Brossard, Carlos Madeira e Sydney Sanches. Destaquem-se passagens do voto do Ministro Paulo Brossard:

"(...) os partidos continuam a ser instrumentos necessários e imprescindíveis na formação dos poderes políticos, do legislativo e do executivo, no plano federal, no estadual e no municipal. Mantendo a representação proporcional, manteve igualmente, agora de maneira implícita, a fidelidade partidária. Um partido que elege vinte deputados, não pode ficar com sua representação reduzida a quinze, dez, cinco ou nenhum deputado, e um partido que tenha eleito um não pode locupletar-se com os eleitos por outro partido e apresentar-se com uma representação que não é a sua, de cinco, dez, quinze ou vinte deputados. Ou a escolha do candidato por um partido, o seu registro, a sua eleição, a sua diplomação, enfim, todo o processo eleitoral não vale nada e não passe de mero e grotesco simulacro.

A questão partidária é séria demais para que se não lhe dê um tratamento igualmente sério. Ninguém é obrigado a ingressar em um partido, nem a nele permanecer; mas tendo sido investido por intermédio do partido de sua escolha de um mandato, seja ele qual for, não pode dele dispor como se fosse exclusivamente seu, como se se tratasse de um bem do seu patrimônio pessoal, disponível como qualquer bem material."

Na ocasião, manifestou-se o Ministro Francisco Rezek, de forma bastante elucidativa, a propósito do sistema partidário que se estava a criar e da expectativa sobre o seu desenvolvimento futuro:

"Tenho a certeza de que as coisas não permanecerão como hoje se encontram. Em breve ou a médio prazo, os partidos políticos no Brasil – de cujo exato número receio eu próprio haver perdido a conta – serão em número consentâneo com aquela divisão natural das facções políticas de que se compõe nossa sociedade. Nesse momento serão mais coesos, haverá maior homogeneidade entre seus filiados, e poder-se-á falar com mais firmeza a respeito da fidelidade a eles devida.

A Constituição de 1988 tem naturalmente um subsolo. Este consiste, basicamente, nas suas circunstâncias, no seu momento histórico. Não foi por acaso que o constituinte de 88 se omitiu de prescrever, com a riqueza vernacular quantitativa que usou em tantos temas menores, sobre a fidelidade partidária. Não quis fazê-lo por acreditar, provavelmente, que não saímos ainda daquela zona cinzenta em que nos encontramos desde os acontecimentos de 64, ou, mais precisamente, desde quando dissolvidos os antigos partidos – resultando no abandono da vida pública por homens de estatura do nosso antigo colega Oscar Corrêa. Isso é uma realidade de que o constituinte deve ter querido prestigiar, e ao direito positivo me atenho.

Sei que o futuro renderá homenagem à generosa inspiração cívica da tese que norteou os votos dos eminentes Ministros Celso de Mello, Paulo Brossard, Carlos Madeira e Sydney Sanches".

Essa constatação ficou patente no julgamento das ADIs nº 1.351 e 1.354, julgadas em 7 de dezembro de 2006, de Relatoria do Ministro Marco Aurélio, nas quais se discutiu a constitucionalidade da denominada "cláusula de barreira"[64].

Em voto proferido à época, o Ministro Gilmar Mendes fez questão de expor seu posicionamento sobre o tema, afirmando a necessidade da imediata revisão do entendimento jurisprudencial adotado pelo Tribunal desde o julgamento do MS nº 20.927:

"VI. A crise do sistema eleitoral proporcional no Brasil: novas reflexões sobre a fidelidade partidária na jurisprudência do STF

É preciso deixar enfatizado, não obstante, que as preocupações do legislador são, de fato, legítimas. A criação de uma "cláusula de barreira" para o pleno funcionamento parlamentar dos partidos políticos tem o claro intuito de antecipar alguns pontos de uma reforma política mais ampla.

Hoje, parece inegável que o sistema eleitoral de feição proporcional, que corresponde à nossa prática política brasileira desde 1932, vem apresentando significativos deficits e emitindo sinais de exaustão.

---

[64] *DJ* de 30-3-2007.

CONSIDERAÇÕES SOBRE AS INOVAÇÕES NA JURISDICAÇÃO CONSTITUCIONAL BRASILEIRA

Recentemente, o país mergulhou numa das maiores crises éticas e políticas de sua história republicana, crise esta que revelou algumas das graves mazelas do sistema político-partidário brasileiro, e que torna imperiosa a sua imediata revisão.

De tudo que foi revelado, tem-se como extremamente grave o aparelhamento das estruturas estatais para fins político-partidários e a apropriação de recursos públicos para o financiamento de partidos políticos.

A crise tornou, porém, evidente, para todos, a necessidade de que sejam revistas as atuais regras quanto à fidelidade partidária.

Em outros termos, estamos desafiados a repensar o atual modelo a partir da própria jurisprudência do Supremo Tribunal Federal. Devemos refletir, inclusive, sobre a consequência da mudança de legenda por aqueles que obtiveram o mandato no sistema proporcional, o que constitui, sem sombra de dúvidas, uma clara violação à vontade do eleitor e um falseamento grotesco do modelo de representação popular pela via da democracia de partidos!

Com efeito, é assegurada aos partidos políticos autonomia para fixar, em seus programas, seus objetivos políticos e para definir sua estrutura interna e funcionamento, devendo seus estatutos estabelecer normas de fidelidade e disciplina partidárias[65] (CF, artigo 17 e § 1º).

Nesse aspecto, tem sido até aqui pacífica a orientação no Supremo Tribunal Federal e no Tribunal Superior Eleitoral de que a infidelidade partidária não terá repercussão sobre o mandato exercido[66]. A maior sanção que a agremiação partidária poderia impor ao filiado infiel é a exclusão de seus quadros.

Se consideramos a exigência de filiação partidária como condição de elegibilidade e a participação do voto de legenda na eleição do candidato, tendo em vista o modelo eleitoral proporcional adotado para as eleições parlamentares, essa orientação afigura-se amplamente questionável.

Assim, ressalvadas situações específicas decorrentes de ruptura de compromissos programáticos por parte da agremiação ou outra situação de igual significado, o abandono da legenda, a meu ver, deve dar ensejo à perda do mandato. Na verdade, embora haja participação especial do candidato na obtenção de votos com o objetivo de posicionar-se na lista dos eleitos, tem-se que a eleição proporcional se realiza em

---

[65] O artigo 3º da Lei nº 9.096/95 diz que "é assegurada, ao partido político, autonomia para definir sua estrutura interna, organização e funcionamento". O artigo 14 da mesma lei diz que "o partido é livre para fixar, em seu programa, seus objetivos políticos e para estabelecer, em seu estatuto, a sua estrutura interna, organização e funcionamento."

[66] MS 20.297, Relator Moreira Alves, julgado em 18.12.1981. Acórdão-TSE nº 11.075, Relator Célio de Oliveira Borja, *DJ* 15.5.1990.

razão de votação atribuída à legenda. Como se sabe, com raras exceções, a maioria dos eleitos sequer logram obter o quociente eleitoral, dependendo a sua eleição dos votos obtidos pela agremiação.

Nessa perspectiva, não parece fazer qualquer sentido, do prisma jurídico e político, que o eventual eleito possa, simplesmente, desvencilhar-se dos vínculos partidários originalmente estabelecidos, carregando o mandato obtido em um sistema no qual se destaca o voto atribuído à agremiação partidária a que estava filiado para outra legenda.

Daí a necessidade imperiosa de revisão da jurisprudência do STF acima referida."[67]

Em idêntico sentido, afirmando a indispensabilidade da fidelidade partidária, manifestaram-se os Ministros Carlos Britto e Marco Aurélio, tendo este deixado assentado, em seu voto, as seguintes considerações:

"Verificada a existência jurídica do partido, a participação em certas eleições, o êxito quanto a mandatos políticos em disputa, não há como afastar do cenário a vontade dos cidadãos que elegeram candidatos, que vieram a preencher cadeiras em Casas Legislativas, desvinculando-os, em quase um passo de funesta mágica, do próprio partido que respaldou a candidatura. Surge incongruente assentar a necessidade de o candidato ter, em um primeiro plano, o aval de certo partido e, a seguir eleito, olvidar a agremiação na vida parlamentar. O casamento não é passível desse divórcio".

A questão chegou ao Tribunal Superior Eleitoral, em uma consulta, calcada, certamente, nos *obiter dicta* desenvolvidos pelo Supremo Tribunal[68]. A decisão do TSE fundamentou-se, especialmente, nas características do sistema proporcional adotado no Brasil. Em síntese, disse o TSE que, no sistema proporcional (com regras de quociente eleitoral e quociente partidário), o mandato pertence também ao partido e a mudança de agremiação, após a diplomação, sem justifica plausível, gera a perda do mandato pelo parlamentar.

Posteriormente, o TSE voltou a decidir sobre a questão, reafirmando o posicionamento anterior, no sentido de que "o mandato é do partido e, em tese, o parlamentar o perde ao ingressar em novo partido" (Consulta nº 1.423, Rel. Min. José Delgado).

---

[67] ADI 1.351, Rel. Min. Marco Aurélio, *DJ* de 30-3-2007.
[68] Consulta nº° 1.398, Rel. Min. César Asfor Rocha, *DJ.* em 27-3-2007.

A orientação adotada pela Justiça Eleitoral veio a ser referendada pelo Supremo Tribunal, por ocasião do julgamento do MS 26.602, que reinterpretou os parâmetros de controle também à luz da realidade partidária desenvolvida pós-1988[69].

Nesse sentido, suficiente o registro da nova orientação adotada pelo Supremo Tribunal, como se pode ler na ementa do acórdão proferido no MS 26.602:

EMENTA: CONSTITUCIONAL. ELEITORAL. MANDADO DE SEGURANÇA. FIDELIDADE PARTIDÁRIA. DESFILIAÇÃO. PERDA DE MANDATO. ARTS. 14, § 3º, V, E 55, I A VI, DA CONSTITUIÇÃO. CONHECIMENTO DO MANDADO DE SEGURANÇA, RESSALVADO ENTENDIMENTO DO RELATOR. SUBSTITUIÇÃO DO DEPUTADO FEDERAL QUE MUDA DE PARTIDO PELO SUPLENTE DA LEGENDA ANTERIOR. ATO DO PRESIDENTE DA CÂMARA QUE NEGOU POSSE AOS SUPLENTES. CONSULTA, AO TRIBUNAL SUPERIOR ELEITORAL, QUE DECIDIU PELA MANUTENÇÃO DAS VAGAS OBTIDAS PELO SISTEMA PROPORCIONAL EM FAVOR DOS PARTIDOS POLÍTICOS E COLIGAÇÕES. ALTERAÇÃO DA JURISPRUDÊNCIA DO SUPREMO TRIBUNAL FEDERAL. MARCO TEMPORAL A PARTIR DO QUAL A FIDELIDADE PARTIDÁRIA DEVE SER OBSERVADA [27.3.07]. EXCEÇÕES DEFINIDAS E EXAMINADAS PELO TRIBUNAL SUPERIOR ELEITORAL. DESFILIAÇÃO OCORRIDA ANTES DA RESPOSTA À CONSULTA AO TSE. ORDEM DENEGADA. 1. Mandado de segurança conhecido, ressalvado entendimento do Relator, no sentido de que as hipóteses de perda de mandato parlamentar, taxativamente previstas no texto constitucional, reclamam decisão do Plenário ou da Mesa Diretora, não do Presidente da Casa, isoladamente e com fundamento em decisão do Tribunal Superior Eleitoral. 2. A permanência do parlamentar no partido político pelo qual se elegeu é imprescindível para a manutenção da representatividade partidária do próprio mandato. Daí a alteração da jurisprudência do Tribunal, a fim de que a fidelidade do parlamentar perdure após a posse no cargo eletivo. 3. O instituto da fidelidade partidária, vinculando o candidato eleito ao partido, passou a vigorar a partir da resposta do Tribunal Superior Eleitoral

---

[69] MS 26.602, Rel. Min. Eros Grau, *DJ*. em 4-10-2007.

à Consulta nº 1.398, em 27 de março de 2007. 4. O abandono de legenda enseja a extinção do mandato do parlamentar, ressalvadas situações específicas, tais como mudanças na ideologia do partido ou perseguições políticas, a serem definidas e apreciadas caso a caso pelo Tribunal Superior Eleitoral. 5. Os parlamentares litisconsortes passivos no presente mandado de segurança mudaram de partido antes da resposta do Tribunal Superior Eleitoral. Ordem denegada[70].

No referido caso, teve-se uma notória revisão jurisprudencial fortemente influenciada por uma reapreciação por parte do Tribunal dos fatos politicamente relevantes (fatos históricos) e das eventuais consequências do sistema de (in) fidelidade partidária praticado para o sistema político--institucional.

Atento exatamente à dinâmica indesejável que o sistema político, faticamente considerado, assumiu após a Constituição de 1988, foi que o Ministro Cezar Peluso teceu as seguintes considerações:

"Arrisco diagnosticar que, a despeito das peculiaridades do nosso sistema proporcional, uma das muitas causas da debilidade dos partidos políticos reside, precisamente, nos estímulos oficiais e na indiferença popular quanto à desenfreada e censurável transmigração partidária que se observa nos parlamentos, não raro induzida por interesses menos nobres. E, aqui, abro outro parêntese, para não deixar obscurecido, no tratamento da matéria, que tal prática, ganhando contornos de normalidade institucional, introduz a mentira como princípio da vivência democrática e desfaz da ética como fundamento da ação política"[71].

No voto proferido naquele julgado, o Ministro Gilmar Mendes fez notar que o quadro do denominado "troca-troca" partidário afigurava-se lamentável, uma vez que, só em 2007, mudaram de partido 42 deputados[72].

Assentou-se, ademais, que não se deveria levar em conta a alegação segundo a qual há ocasiões em que candidato atinge, sozinho, o quociente eleitoral uma ou mais vezes, trazendo para a legenda mais de uma vaga, o que só faz transparecer as incongruências de nosso sistema proporcional.

Na verdade, embora haja participação especial do candidato na obtenção de votos com o objetivo de posicionar-se na lista dos eleitos, tem-se que

---

[70] MS 26.602, Rel. Min. Eros Grau, *DJ* de 17-10-2008.
[71] MS 26.602, Rel. Min. Eros Grau, *DJ* de 17-10-2008, p. 323.
[72] Fonte: Secretaria-Geral da Mesa da Câmara dos Deputados.

a eleição proporcional se realiza em razão de votação atribuída à legenda. Além disso, como se sabe, com raras exceções, a maioria dos eleitos sequer logram obter o quociente eleitoral, dependendo a sua eleição dos votos obtidos pela agremiação.

Essa circunstância, que bem demonstra o caráter necessariamente partidário e proporcional de nosso sistema eleitoral, restou amplamente atestada por elementos fáticos arrolados no voto que a Ministra Ellen Gracie proferiu naquela assentada:

"É sobremaneira ilustrativo o fato – e foi mencionado no voto do eminente Ministro Celso de Mello – de que, na presente legislatura, dos quinhentos e treze deputados federais eleitos, tão-somente trinta e um, ou seja, 6,04% do total, alcançaram, por si mesmos, o quociente eleitoral"[73].

É fácil ver, mediante o estudo do precedente em tela, que a análise das circunstâncias fáticas (aferíveis) teve peso decisivo para a solução da questão constitucional discutida naqueles autos.

Referências bibliográficas

BRYDE, Brun-Otto, Verfassungsengsentwicklung, Stabilität und Dynamik im Verfassungsrecht der Bundesrepublik Deutschland, Baden-Baden, 1982.

EHMKE, Horst. Prinzipien der Verfassungsinterpretation. In: DREIER, Ralf; SCHWEGMANN, Friedrich. Probleme der Verfassungsinterpretion. Baden-Baden, 1976.

HÄBERLE, Peter. Hermenêutica constitucional: a sociedade aberta dos intérpretes da Constituição: contribuição para a interpretação pluralista e "procedimental" da Constituição. Tradução de Gilmar Ferreira Mendes. Porto Alegre: Sergio Antonio Fabris Editor, 1997.

KLUTH, Winfried. Beweiserhebung und Beweiswürdigung durch das Bundesverfassungsgericht. In: NJW, 1999.

MARENHOLZ, Ernst Gottfried, Verfassungsinterpretation aus praktischer Sicht, in: Verfassungsrecht zwischen Wissenschaft und Richterkunst, Homenagem aos 70 anos de Konrad Hesse, Heidelberg, 1990.

OSSENBÜHL, Fritz. Kontrolle von Tatsachenfeststellungen und Prognosenentscheidungen durch das Bundesverfassungsgericht. In: STARCK, Christian (Org.), *Bundesverfassungsgericht und Grundgesetz*, v. I.

PHILIPPI, Klaus Jürgen, Tatsachenfeststellungen des Bundesverfassungsgerichts. Colônia, 1971.

[73] MS 26.602, Rel. Min. Eros Grau, *DJ* de 17-10-2008, p. 402.

A repercussão geral e a objetivação do controle concreto

Anna Candida da Cunha Ferraz
Mestre, Doutora e Livre Docente pela FADUSP, Professora Associada pela mesma Instituição
e Coordenadora e Professora Titular do Mestrado em Direito do Centro Universitário FIEO.
Procuradora do Estado de São Paulo – Ex-Procuradora Geral do Estado de São Paulo

Fernanda Dias Menezes de Almeida
Mestre e Doutora pela FADUSP e Professora Doutora da mesma Instituição.
Procuradora do Estado de São Paulo aposentada

O instituto da repercussão geral, uma dessas numerosas inovações introduzidas na jurisdição constitucional, como exigência para a admissibilidade do recurso extraordinário pelo Supremo Tribunal Federal, altera diretamente a configuração do controle difuso de constitucionalidade, tal qual originalmente previsto na tradição do Direito Constitucional brasileiro.

De fato, é a partir dos reflexos do instituto da repercussão geral no processo que veicula o controle difuso que se pode identificar, no controle concreto de constitucionalidade, o fenômeno da objetivação, antes próprio do controle concentrado.

Como premissa para o desenvolvimento das ideias que se pretende desenvolver, considera-se útil traçar inicialmente um panorama, ainda que bastante sintético, dos tipos de controle judicial de constitucionalidade adotados no Brasil – somente será objeto de análise o controle judicial que é o cabe examinar por sua pertinência com o tema – para, na sequência, mostrar em que medida a repercussão geral, como requisito de admissibilidade do recurso extraordinário, constitui fator que pode contribuir para aproximar o controle concreto dos moldes do controle abstrato de constitucionalidade.

I. Modalidades de controle judicial de constitucionalidade no Brasil

Ao longo do tempo, até os dias de hoje, o ordenamento jurídico constitucional brasileiro já experimentou tudo o que a doutrina e a prática constitucional estrangeira propuseram a respeito de controle judicial de constitucionalidade.

Como é sabido, essa modalidade de controle foi criação do Direito norteamericano, tornando-se célebre com a decisão do *Chief Justice Marshall*, no caso *Marbury versus Madison*. Segundo ficou então estabelecido, cabe ao Poder Judiciário analisar os conflitos suscitados entre as leis e também, obviamente, entre as leis e a Lei Maior, que é a Constituição, prevalecendo esta última, como é princípio de lógica jurídica, se as leis a contrariarem.

Igualmente, na lógica do sistema, cabe a qualquer juiz ou tribunal declarar a inconstitucionalidade da lei, o que mostra ter sido adotado então o sistema difuso de controle de constitucionalidade.

E mais, por ser a questão da constitucionalidade uma preliminar a ser apreciada pelo juiz, como alegação de defesa, para a posterior decisão sobre o direito discutido, o controle judiciário, no caso, é incidental e não principal, uma vez que o objeto central da ação não é a afirmação da constitucionalidade da lei, e sim a decisão sobre a procedência ou não do direito questionado.

Foi este o primeiro tipo de controle judicial de constitucionalidade importado pelo Brasil, ainda ao tempo da primeira Constituição republicana, por extração do disposto no seu artigo59, §1º, "a" e "b", reforçada a adoção do sistema por Rui Barbosa, cuja posição doutrinária foi decisiva na interpretação da matéria.

Assim, desde então se adota no Brasil o controle de constitucionalidade judicial, difuso, incidental e concreto, a que veio se acoplar o controle judicial concentrado, principal e abstrato, de padrão europeu, de matriz kelseniana, caracterizado pela concentração do controle num único órgão do Judiciário – normalmente seu órgão de cúpula – ou em uma corte constitucional exclusiva, que examina a constitucionalidade da lei em tese, em abstrato, como objeto principal da ação, desvinculada de caso concreto em que se discuta direito nela baseado[1].

---

[1] Sobre aspectos da evolução do controle judicial de constitucionalidade e as modalidades de controle judicial conferir, entre outros: BITTENCOURT, Carlos Alberto Lúcio. *O controle jurisdicional de constitucionalidade das leis*. 2ª edição. Rio de Janeiro: Forense, 1968; MENDES,

A REPERCUSSÃO GERAL E A OBJETIVAÇÃO DO CONTROLE CONCRETO

O sistema concentrado e abstrato, cujos primeiros passos podem ser identificados na Constituição de 1934, com a previsão da ação direta interventiva declaratória de inconstitucionalidade, veio a ser ampliado nas Constituições que se seguiram – com exceção da de 1937, em que os laivos de autoritarismo, próprios do regime político dessa natureza que então de instaurara no país, se fizeram sentir com o incremento de um controle político de constitucionalidade que, em certa medida, se sobrepunha ao controle judicial.

É na vigência da Constituição de 1946, com a Emenda Constitucional nº 16, de 16 de novembro de 1965, que se implanta com nitidez o controle concentrado e abstrato, com a criação da ação direta genérica de inconstitucionalidade (de início tratada como "representação"), mantida no sistema constitucional de 1967/69, valendo notar que esse tipo de controle não alcançou então sua maior potencialidade, em virtude da legitimação para a propositura da ação, que era restrita ao Procurador Geral da República, de livre nomeação e exoneração pelo Presidente da República.

II. O controle jurisdicional de constitucionalidade configurado na Constituição de 1988

Com o advento da Constituição de 1988 firmou-se, em definitivo, o sistema da jurisdição concentrada, continuando a coexistir com o modelo difuso de controle de constitucionalidade, mantido no novo texto constitucional, pelo que no País se adota um sistema misto de controle.

Ambos os modelos se apresentam, desde então, revestidos de inovações que foram reforçadas posteriormente, por modificações decorrentes de emendas constitucionais e de legislação infraconstitucional[2].

Gilmar Ferreira. *Direitos Fundamentais e Controle de Constitucionalidade – Estudos de Direito Constitucional.* São Paulo: Celso Bastos Editor, 1998, pp.229-260; FERREIRA FILHO, Manoel Gonçalves. *Direitos Humanos Fundamentais.* 11ª edição. São Paulo: Editora Saraiva, 2009, pp. 10-138; MIRANDA, Jorge. *Manual de Direito Constitucional.* 2ª. edição revista e atualizada. Coimbra: Coimbra Editora Ltda. 1983, Tomo II. CANOTILHO. J. J. Gomes. *Direito Constitucional.* 3ª edição, totalmente revista, refundida e aumentada. 3ª. reimpressão. Coimbra: Livraria Almedina, 1992, pp. 969 e segts.

[2] FERREIRA FILHO, Manoel Gonçalves. "Inovações no controle de constitucionalidade". In *Aspectos do Direito Constitucional Contemporâneo.* São Paulo: Editora Saraiva, 2003, pp. 217-243.

De um lado, a partir da Constituição de 1988, tornou-se, aí sim, superestimado o controle judicial abstrato e concentrado, com a introdução de potente arsenal de novos institutos processuais. Aliás, nesse sentido, o controle difuso e concreto também veio a ser aquinhoado com novos remédios processuais: ao lado do *habeas corpus* e do mandado de segurança (este com o acréscimo do mandado de segurança coletivo), surgiram o *habeas data*, o mandado de injunção e ampliou-se o âmbito da ação popular. Mas, sem dúvida a ênfase, em tema de controle judicial de constitucionalidade, foi posta na via principal e abstrata, acrescentando-se à ação direta de inconstitucionalidade (agora com legitimação muito ampliada), a ação direta de inconstitucionalidade por omissão, a arguição de descumprimento de preceito fundamental e a ação declaratória de constitucionalidade (a última trazida pela Emenda Constitucional nº 3, de 17 de março de 1993).

A ampliação do rol de instrumentos para o exercício da jurisdição constitucional concentrada, especialmente como forma de defesa de direitos fundamentais, é enfatizada por Carlos Alberto Menezes Direito:

A nossa Constituição de 1988 mostrou-se preocupada com essa dimensão protetiva da liberdade do homem e do cidadão diante do Estado e, indiscutivelmente, a sua identificação é a ampliação da jurisdição constitucional e a criação de novo elenco de meios processuais de defesa dos direitos garantidos pela Constituição[3].

Além disso, e agora chegando perto do objeto central desta exposição, um instituto – a repercussão geral, introduzida na Constituição pela Emenda Constitucional nº 45, de 8 de dezembro de 2004 – intersecciona o processo do controle difuso, descaracteriza-o, tirando-lhe a qualificação de processo subjetivo, isto é, de um processo veiculado pelo titular de um direito próprio, dando-lhe a feição de processo objetivo, típico do controle abstrato. Senão, vejamos.

---

[3] DIREITO, Carlos Alberto Menezes. "Tendências do Direito Constitucional Brasileiro" – A ampliação da jurisdição e da proteção dos direitos do homem e do cidadão. A Lei nº 9.882, de 3 de dezembro de 1999", IN, GANDRA, Ives – Coordenador. *As vertentes do Direito Constitucional Contemporâneo – Estudos em homenagem a Manoel Gonçalves Ferreira Filho*. Rio de Janeiro: América Jurídica, 2002, p.163-164

III. A veiculação do controle difuso por processo subjetivo e o recurso extraordinário

O controle difuso nasceu no Brasil republicano, como já se viu, e, agora acrescenta-se, como controle destinado à proteção de direitos individuais, mediante um processo de natureza subjetiva, porque – assim ensina a doutrina – tem legitimação universal, atribuída a toda e qualquer pessoa, visando à proteção de seu direito próprio, violado por lei ou ato normativo ou concreto, viciado de inconstitucionalidade. Na Constituição de 1988, mantido o controle difuso, tem este seu fundamento especialmente no inciso XXXV, do artigo 5º ("a lei não excluirá da apreciação do Poder Judiciário lesão ou ameaça a direito").

Veiculado mediante todo e qualquer processo do ordenamento processual brasileiro, é particularmente suscitado por via dos remédios constitucionais antes mencionados, que conduzem ao Poder Judiciário a pretensão de o autor ver suprimido o óbice ou sanado o vício que o impede de exercitar seu direito, vício, repita-se, fulminado de inconstitucionalidade.

Assim como o controle difuso, o recurso extraordinário penetrou no direito brasileiro com a República Federativa, com o caráter de "recurso constitucionalizado" e, como enfatiza Pontes de Miranda[4], "prende-se ele, como galhos e tronco à raiz, à *necessidade de se assegurar,* em todo o território e em todas as dimensões do âmbito jurídico nacional a *aplicação uniforme da Constituição e da lei federal"*.

Surge, pois, tal recurso como um *remédio jurídico recursal extraordinário constitucionalizado,* segundo registra Pontes de Miranda, que acrescenta: "a finalidade dos recursos extraordinários, na Constituição de 1967 (por ele então comentada), é a "de se assegurar: 1) *a inteireza positiva;* 2) *a validade;* 3) *a autoridade;* 4) e a *uniformidade de interpretação* da Constituição e das leis federais" [5].

Ora, as finalidades deste recurso, constitucionalmente previstas, correlacionam-se com a finalidade do controle difuso, qual seja a de submeter à decisão do Supremo Tribunal Federal um processo em que

---

[4] PONTES DE MIRANDA, Francisco Cavalcanti. Comentários à Constituição de 1967 – com a emenda nº 1, de 1969, 3ª edição. Rio de Janeiro: Forense. 1987. Tomo IV, p. 82

[5] PONTES DE MIRANDA, 1987, IV volume, ob. cit. p. 107.

se questiona a violação de um direito individual por lei ou ato inconstitucional, frente à Constituição Federal.

É o que, aliás, continuava prescrito no inciso III do artigo 102 da Constituição de 1988, em sua redação originária (à semelhança das anteriores), ao estabelecer a competência do Supremo Tribunal Federal para "julgar, mediante recurso extraordinário, as causas decididas em única ou última instância, quando a decisão recorrida a) contrariar dispositivo da Constituição; b) declarar a inconstitucionalidade de tratado ou lei federal ou c) julgar validade de lei ou ato do governo local contestado em face da Constituição".

Como se sabe, a atribuição, a qualquer juiz ou tribunal, de competência para julgar questões *subjetivas* ou de *direitos individuais* fundadas em inconstitucionalidade se, por um lado, abria o acesso à jurisdição constitucional à legitimação de toda pessoa que tivesse seu direito violado, de outro lado, significava e sempre significou a possibilidade de decisões divergentes e contraditórias provindas de diferentes órgãos judiciais.

Assim, sob o ângulo da proteção dos direitos individuais (na linguagem constitucional vigente, *direitos fundamentais*), o recurso extraordinário significava a possibilidade de se obter, da mais alta Corte do País, uma decisão final pacificadora de controvérsias e, na sequência, uma uniformização de decisões sobre questões constitucionais proferidas no País no controle difuso e, consequentemente, sobre a validade do direito fundamental objeto deste controle.

É certo, como se sabe, que as decisões proferidas em Recurso Extraordinário pelo Supremo Tribunal Federal não produziam (e ainda hoje não produzem, por si só) efeito vinculante, obrigando todos os afetados por atos inconstitucionais semelhantes a também levarem sua pretensão ao STF para fazer valer o seu direito, o que significa dizer que causas fundadas na mesma questão constitucional se multiplicavam perante aquela Corte.

Diga-se, ainda, de passagem, que foi instituído comando constitucional, pela Constituição de 1934 (mantido pelas constituições posteriores, inclusive pela CF de 1988), determinando a remessa de decisão definitiva proferida pelo STF ao Senado, para que este, mediante Resolução, suspendesse a lei inconstitucional, e, como consequência, possibilitasse a extensão dos efeitos da decisão do STF para todos – fórmula que tinha a pretensão de eliminar, ao menos em parte, a multiplicidade de causas fundadas na mesma questão constitucional. Mas tal estratégia não surtiu os efeitos provavelmente desejados, pois o próprio STF acabou por firmar jurisprudência no sentido de que o Senado tem discricionariedade para exercer (ou não) este comando constitucional, empalidecendo, assim, a eficácia das decisões nessa via de controle.

Em suma, o controle difuso, com suas características básicas extraídas do modelo americano de controle – controle do caso concreto, provocado pelo titular do direito violado por ato inconstitucional, exercido por todo e qualquer juiz ou tribunal e, em última instância pelo Supremo Tribunal Federal, com efeitos *inter partes* e *ex tunc* – é instrumento por excelência de proteção de direitos fundamentais. A universalidade do acesso à justiça, aberto a todo e qualquer titular de direito violado por lei ou ato inconstitucional de qualquer natureza, alarga a abrangência do controle e o democratiza, em sintonia com o princípio constitucional contido no artigo 5ª, inciso XXXV, segundo o qual "a lei não excluirá da apreciação do Poder Judiciário lesão ou ameaça a direitos".

IV. O controle concentrado e abstrato e sua finalidade institucional

O controle concentrado e abstrato, dantes referido, nasce com objetivo e finalidade distintos do controle difuso. De espectro muito mais amplo do que o controle difuso, é instrumentalizado precipuamente para a defesa e a garantia da Constituição, da supremacia constitucional e da prevalência de suas normas perante o ordenamento jurídico infraconstitucional, vale dizer, leis e atos normativos federais e estaduais, por intermédio de um razoável arsenal de processos constitucionais. Pelas características de que se reveste revela-se instrumento eficaz, célere e de efeitos gerais para a proteção ampla e genérica da normalidade constitucional. Por isto mesmo constitui um sistema de controle com legitimação restrita, sem partes propriamente ditas, exclusivamente atuado pelo Supremo Tribunal Federal, pelo que é veiculado mediante o chamado processo direto e objetivo, como indicado. Não tem por finalidade direta, portanto, a proteção de direitos fundamentais, já que, de um lado, não alcança todo e qualquer ato violador de direitos, e de outro, não é disponibilizado para quem tem eventual direito violado por toda e qualquer lei ou ato normativo ou concreto inconstitucional (federal, estadual ou local). Apenas por via reflexa ou indireta serve para tal proteção visto que o titular de um direito fundamental lesado (e somente lesado por lei ou ato normativo federal e estadual), para valer-se de uma decisão proferida nesta sede de controle, depende da vontade de um dos entes que integram o rol de legitimados, que têm discricionariedade e disponibilidade para propor ou não uma das ações de controle concentrado.

É certo que várias ações diretas propostas perante o Supremo Tribunal Federal visam à proteção de interesses gerais, graças à legitimação de entidades como a Ordem dos Advogados do Brasil, partidos políticos, ou à proteção de direitos de categorias, tendo-se em vista a legitimação de confederações sindicais ou entidades de classe de âmbito nacional (artigo 103, CF). Aliás, esta legitimação torna um processo, supostamente objetivo, em processo subjetivo graças à exigência, ditada pelo STF, para que tais legitimados demonstrem o que se denomina na jurisprudência de "pertinência temática". Não obstante tal restrição jurisprudencial, quando veiculadas ações por intermédio desses legitimados, os instrumentos de controle concentrado podem constituir poderosos mecanismos de proteção dos direitos individuais.

V. O instituto da "repercussão geral" no ordenamento jurídico brasileiro
1. A introdução do instituto da repercussão geral no ordenamento jurídico-constitucional brasileiro
Volte-se, agora, a atenção para o tema da inserção do instituto da repercussão geral e seus reflexos no ordenamento jurídico-constitucional brasileiro.

O instituto da repercussão geral ingressou no ordenamento jurídico-constitucional na Constituição de 1988 com a Emenda Constitucional nº 45/2004, que acrescentou ao artigo102 o §3º, dispondo o quanto segue:

"§3º – No recurso extraordinário o recorrente deverá demonstrar a repercussão geral das questões constitucionais discutidas no caso, nos termos da lei, a fim de que o Tribunal examine a admissão do recurso, somente podendo recusá-lo pela manifestação de dois terços de seus membros."

A disciplina infraconstitucional da matéria veio a ser estabelecida pela Lei nº 11.418, de 19 de dezembro de 2006, mediante o acréscimo dos artigos 543-A e 543-B ao Código de Processo Civil, sendo a referida lei posteriormente regulamentada no Regimento Interno do STF pelas Emendas Regimentais nº 21, de 30 de abril de 2007 e nº 24, de 20 de maio de 2008[6].

---

[6] Cf. www.stf.gov/regulamento.

O artigo 543-A do CPC, *caput*, passou a vigorar com a seguinte redação: "O Supremo Tribunal Federal, em decisão irrecorrível, não conhecerá do recurso extraordinário, quando a questão constitucional nele versada não oferecer repercussão geral, nos termos deste artigo".

Deixando de parte os comandos de índole especificamente processual voltados à tramitação do recurso, importa ainda, para conhecer-se a caracterização legal da repercussão geral, o disposto nos §§1º e 3º do artigo 543-A:

"§1º – Para cfeito da repercussão geral, será considerada a existência, ou não, de questões relevantes do ponto de vista econômico, político, social ou jurídico, que ultrapassem os interesses subjetivos da causa."

"§3º – Haverá repercussão geral sempre que o recurso impugnar decisão contrária a súmula ou jurisprudência dominante do Tribunal."

Como se percebe, afora as hipóteses previstas no §3º acima transcrito, que podem ser objetivamente aferidas, as demais, previstas no §1º, correspondem a conceitos abertos, que darão margem a grande subjetividade na identificação, pelo Supremo Tribunal Federal, de questões de repercussão geral invocadas pelos recorrentes.

A confirmar a caracterização da repercussão geral como conceito indeterminado, anota, por exemplo, Arruda Alvim[7] inserir-se no seu âmbito:

"o que diga respeito a um grande espectro de pessoas ou a um largo segmento social, uma decisão sobre assunto constitucional impactante, sobre tema constitucional muito controvertido, em relação a decisão que contrarie decisão do STF; que diga respeito à vida, à liberdade, à federação, à invocação do princípio da proporcionalidade (em relação à aplicação do texto constitucional) etc. ; ou, ainda, outros valores conectados a Texto Constitucional que se alberguem debaixo da expressão repercussão social".

Indicando, por sua vez, situações cabíveis na esfera da repercussão geral, lembram Nelson Nery Júnior e Rosa Maria de Andrade Nery[8], que;

"serão de repercussão geral para os efeitos da CF 102 §3º, por exemplo, questões atinentes aos direitos humanos (CF 5º); dignidade da pessoa humana (CF 1º III); cidadania, nacionalidade e direitos políticos; soberania nacional; cultura e símbolos nacionais; ordem econômica etc."

---

[7] ARRUDA ALVIM, "A EC 45 e o instituto da repercussão geral" In WAMBIER, Tereza Arruda Alvim. *Reforma do Judiciário: primeiros ensaios críticos sobre a Emenda Constitucional nº 45/2004*. São Paulo: Revista dos Tribunais, 2005, p. 63

[8] NERY JUNIOR, Nelson e NERY, Rosa Maria de Andrade. *Constituição Federal Comentada e legislação constitucional*. São Paulo: Revista dos Tribunais, 2006, p. 280.

2. Antecedentes do instituto no Brasil

Com fundamento no parágrafo único, inciso III, do artigo 119, da Constituição de 1967, com a redação da Emenda Constitucional 1/1969, que relegava ao STF disciplinar, em seu Regimento, os critérios de admissibilidade do recurso extraordinário, aprovou a Corte Suprema a Emenda Regimental nº 3, de 12.06.1975, que "alterou substancialmente o regime do recurso extraordinário à época. Institui-se, com ela, no direito brasileiro a chamada "arguição de relevância da questão federal" [9].

A regulamentação do STF adotou uma solução, nas palavras de André Ramos Tavares[10]

"*de caráter restritivo e discricionário, espelhando-se no modelo norte-americano do writ of certiorari (próprio para um sistema jurídico-judicial, como o brasileiro, que admite o controle difuso-concreto de constitucionalidade, preenchendo as atribuições do tribunal superior. Em sua maioria, mediante o formato recursal de provocação)*".

A Emenda Regimental nº 3 provocou polêmica quanto a sua constitucionalidade. O impasse foi superado, formalmente, pela EC 7, de abril de 1977 (chamado "pacote de abril"), que constitucionalizou a "arguição de relevância", prevendo-a textualmente em nova redação dada ao artigo 119 da Constituição brasileira. O parágrafo único do artigo 119 foi transformado em §1º, que dispunha:

"*As causas a que se refere o item III, alíneas "a" e "d", deste artigo, serão indicadas pelo Supremo Tribunal Federal, no regimento interno, que atenderá à sua natureza, espécie, valor pecuniário e relevância da questão federal*".

Ao comentar o §1º do artigo119 da Constituição anterior, explicava José Celso de Mello Filho[11] que a arguição de relevância da questão federal

"constitui um pré-requisito de admissibilidade do recurso extraordinário. Só pode ser deduzida, contudo, quando o recurso extraordinário se fundar no artigo 119, III, *a* e *d*, da Constituição. [...] A arguição de relevância, uma vez deduzida, é de processamento e de seguimento obrigatórios, não podendo ser obstada. Já se decidiu, nesse sentido, que 'é o Supremo Tribunal Federal o único competente para apreciá-la em seus pressupostos

---

[9] Cf. TAVARES, André Ramos. "A repercussão geral no recurso extraordinário". IN TAVARES et all (organizadores). *Reforma do Judiciário analisada e comentada*. São Paulo: Método, 2005, p. 213-214.

[10] TAVARES, 2005. Idem supra, p. 214

[11] MELLO FILHO, José Celso. *Constituição Federal Anotada*. São Paulo: Editora Saraiva, 1984, p. 271.

e no seu mérito' (RTJ, 83:1). A função processual da arguição de relevância é uma só: permitir a superação dos óbices regimentais e ensejar o normal processamento do recurso extraordinário."

Como se vê, tanto a arguição de relevância, como a repercussão geral, têm o perfil de requisito de admissibilidade do recurso extraordinário. Mas a primeira deveria ser disciplinada no Regimento Interno do Supremo Tribunal Federal, enquanto a segunda há de ser – como já foi – disciplinada por lei, cabendo ao Regimento Interno do Supremo, nos termos da lei de regência, a edição de normas regulamentares com vistas a sua execução.

Tendo sido abandonada a arguição de relevância na versão original da Constituição de 1988 – a exemplo de outros tantos "entulhos autoritários", assim considerados, com ou sem razão, muitos dos institutos associados ao regime militar anterior – houve por bem o constituinte de reforma dar-lhe um sucedâneo[12], a repercussão geral, quando se ocupou da reforma do Poder Judiciário (mais uma reforma do Judiciário!) em 2004. Sucedâneo, sim, pela proximidade que se percebe na própria dicção da lei que veio integrar a eficácia do comando constitucional pertinente. De fato, o já antes mencionado §1º do artigo543-A introduzido no Código de Processo Civil pela Lei nº 11.418/06 associa as noções de repercussão geral e relevância ao dizer textualmente que "para efeito da repercussão geral será considerada a existência, ou não, de questões relevantes...".

3. Reflexos da repercussão geral sobre o controle difuso de constitucionalidade

Trazendo a repercussão geral para o nicho específico do controle judicial de constitucionalidade, vale lembrar mais uma vez que, nos casos de controle difuso, em que, como já visto, a decisão sobre o direito discutido no caso concreto depende da prévia decisão sobre a constitucionalidade da lei que o embasa, o recurso extraordinário é o meio de submeter a matéria à última instância judiciária, que dirá da procedência ou não da pretensão do interessado, considerando a sua situação pessoal.

Se a admissibilidade do recurso passa a depender do reconhecimento de interesse social amplo, de interesse público, que transcenda os interesses intersubjetivos ligados ao caso concreto, dá-se, em última análise, a

---

[12] No mesmo sentido veja-se TAVARES, 2005, ob. cit., p. 214-217.

modificação da natureza do controle concreto na última fase do processo, que assume o caráter de processo objetivo.

Comentando o instituto da repercussão geral como requisito de admissibilidade do recurso extraordinário, mostra Alexandre de Moraes[13] que ela "possibilita ao Supremo Tribunal Federal a análise da *relevância constitucional da matéria*, bem como do *interesse público* em discuti-la, na tentativa de afastá-lo do julgamento de causas relevantes apenas aos interesses particulares".

Tal afirmação fortifica a conclusão de que a nova exigência para o acolhimento do recurso extraordinário não se afina com a índole do processo subjetivo, que é própria do processo de controle difuso de constitucionalidade, em que estão em jogo interesses pessoais das partes, e mais se coaduna com a natureza de processo objetivo, sem partes, típica do processo de controle concentrado de constitucionalidade.

Ainda um outro ponto deve ser registrado como reflexo da repercussão geral sobre o controle difuso de constitucionalidade: mais que mudança de natureza desse controle, na prática o instituto pode diminuir, conforme o caso, o número de instâncias recursais antes previstas, uma vez que, não reconhecida a relevância que deve caracterizar a repercussão geral, a matéria questionada não passará pelo crivo do Supremo Tribunal Federal.

Cabe questionar, finalmente, até que ponto a supressão dessa instância recursal extraordinária – fundamentada em uma desejada modificação do STF em Corte Constitucional – não altera, de modo significativo, o quadro da divisão de poderes abrigado na Constituição originária, transformando o STF, ao que se pressupõe, em poder autônomo, não mais vinculado necessariamente ao Poder Judiciário.

4. Vantagens e desvantagens do instituto da repercussão geral

Até aqui foram feitas constatações desacompanhadas de crítica. O que resta debater é se foi benéfico ou não o ingresso da repercussão geral no ordenamento constitucional, considerando-se especificamente seus reflexos sobre o controle de constitucionalidade.

A introdução do novo instituto na Constituição foi saudada com entusiasmo por muitos doutrinadores e no ambiente do Poder Judiciário, como

---

[13] MORAES, Alexandre. *Direito Constitucional*. 24ª edição. São Paulo: Atlas, 2010, p. 596.

A REPERCUSSÃO GERAL E A OBJETIVAÇÃO DO CONTROLE CONCRETO

providência para tornar mais ágil e dinâmica a administração da justiça no âmbito do Supremo Tribunal Federal.

O número exorbitante de processos que hoje tramitam nas diversas instâncias judiciais e que poderiam chegar ao STF, se por um lado testemunha, o que é muito positivo, a tomada de consciência, pelos cidadãos, de seu direito de acesso à Justiça para resolução de seus problemas, por outro lado provoca um verdadeiro assoreamento do Judiciário, causando uma morosidade inadmissível na administração da justiça, incompatível com os princípios do Estado de Direito.

Portanto, medidas que resultem em uma maior celeridade judicial são, em princípio, bem-vindas e necessárias.

Mas será que a repercussão geral, que se apresenta como uma dessas medidas, atende à finalidade a que se destina sem desfigurar o sistema constitucional de proteção de direitos até então abrigado no ordenamento brasileiro?

Várias questões podem ser trazidas à reflexão a esse propósito.

A inviabilidade, provocada por este instituto, da garantia constitucional de um processo de proteção de direito individual alcançar os patamares do guardião da Constituição pode suscitar uma primeira questão: será que o STF continuará, efetivamente, como o órgão de proteção da parte nuclear da Constituição, qual seja, a dos direitos fundamentais? Ou, ainda neste campo, caberia indagar: se, pelo instituto da repercussão geral apenas chegarão à Suprema Corte do País processos que envolvam direitos que ultrapassem os direitos fundamentais de toda e qualquer pessoa, ou seja, do titular individual de um direito lesado, como fica a aplicação do princípio da igualdade perante a Constituição, já que uns terão seu direito subjetivo protegido pelo órgão que a Constituição designa como defensor das liberdades públicas em última instância e outros, igualmente titulares de direitos subjetivos, não?

Outra questão a ser suscitada diz com a real necessidade de se instituir este instituto para alcançar os efeitos por ele visados. Não seria mais lógico e prudente atribuir-se às decisões do STF em recurso extraordinário o efeito vinculante, efeito já adotado para suas decisões no sistema de controle concentrado? Assim, tomando o STF uma decisão em caráter definitivo e revestindo-se tal decisão de efeito vinculante, com as ressalvas que o instituto demanda (como ocorre com a súmula vinculante, e à semelhança do *stare decisis* do ordenamento norteamericano) não se chegaria ao mesmo resultado desejado, evitando-se a multiplicação de processos fundados na mesma questão constitucional e a descaracterização do controle difuso?[14]

Por outro lado, caberia questionar se o instituto da repercussão geral atende à finalidade a que se propõe, sem atentar contra outro pressuposto indissociável da democracia, qual seja a segurança jurídica. O titular de um direto constitucional, em nosso País, sempre teve a segurança de que seu direito fundamental seria protegido, em última instância, pelo guardião da Constituição. Aliás, sistemas constitucionais que adotam o controle concentrado cada vez mais abrem espaço para que a reclamação direta de uma violação inconstitucional de direitos chegue ao Tribunal Constitucional, talvez por terem presente que a proteção de direitos fundamentais é o cerne de toda Constituição. Esta segurança jurídica se esvai com o instituto da repercussão geral. Será que esta inovação no modelo de proteção de direitos fundamentais se justifica?

Ainda outra questão poderia ser suscitada. Se o instituto da repercussão geral reduz o número de processos perante o STF, o mesmo não se projeta, todavia, no controle difuso perante as instâncias inferiores: de um lado, a multiplicação de processos, no controle difuso, visando à proteção de direitos individuais não parece que possa ser efetivamente reduzida ou mesmo tornar mais célere a sua tramitação; de outro lado, as decisões divergentes e terminativas, proferidas em processos subjetivos que não tenham repercussão geral parece que continuarão a povoar o universo jurisprudencial do País, com graves consequencias, ante o evidente desrespeito aos princípios da igualdade, da uniformidade e da segurança jurídica.

Finalmente, poder-se-ia questionar se o instituto da repercussão geral não afeta a própria configuração dos direitos fundamentais positivados na Constituição e sua interpretação jurisdicional, vale dizer, se não provoca uma indesejável distinção entre direitos situados no mesmo patamar

---

[14] A proximidade dos institutos da repercussão geral e da súmula vinculante, ambos adotados no controle difuso, é bem ressaltada por NETTO DE ARAÚJO, Paulo Alves. "Reclamação constitucional: natureza jurídica. Posicionamento do Supremo Tribunal Federal e da doutrina e sua utilização para assegurar o respeito às súmulas vinculantes". IN *Revista da Procuradoria Geral do Estado*, São Paulo. Nº 72, jul/dez. 2010, pp. 383-384. Em sentido contrário ver SEPULVEDA PERTENCE, "Jurisdição constitucional: decisões judiciais vinculantes e direitos fundamentais" IN SAMPAIO, José Adércio Lei (coordenador). *Jurisdição constitucional e Direitos Fundamentais*. Belo Horizonte: Del Rey, 2003, pp. 395-404.

hierárquico. Em outras palavras, será que o instituto da repercussão geral não acaba por provocar uma noção (contraditória e perigosa certamente) de que há direitos fundamentais, consagrados no bojo da mesma constituição, mais importantes que outros ou hierarquicamente superiores aos demais e que merecem uma proteção mais reforçada perante o Supremo Tribunal Federal?

Conclusões

Com pouco mais de três anos de efetiva aplicação – as normas regimentais pertinentes do Supremo Tribunal Federal só foram editadas em 2007, como antes referido – parece prematura uma avaliação dos resultados positivos ou negativos da repercussão geral.

As questões levantadas nesta exposição, sobre o aporte benéfico ou não, representado pela introdução do instituto da repercussão geral no sistema judicial de controle de constitucionalidade brasileiro, não esgotam toda a problemática ligada a esse novo requisito de admissibilidade do recurso extraordinário.

Foram trazidas, sem a pretensão de oferecer respostas definitivas, mas sim com o intuito de chamar a atenção dos constitucionalistas brasileiros para a importância dos assuntos suscitados, ainda carentes de uma sedimentação doutrinária, dada a sua recente inclusão no temário no Direito Constitucional pátrio.

Todavia, há pontos que devem ser salientados.

Assim, a repercussão geral descaracteriza o processo de controle difuso, tirando-lhe a qualificação de processo subjetivo, para aproximá-lo do processo objetivo, próprio do controle concentrado de constitucionalidade.

De outra parte, a repercussão geral minimiza o controle difuso como instrumento por excelência de proteção dos direitos fundamentais, na medida em que pode retirar do crivo do Guardião da Constituição a apreciação de direitos fundamentais que não sejam considerados de relevância social.

Referências bibliográficas

ARRUDA ALVIM, "A EC 45 e o instituto da repercussão geral" In WAMBIER, Tereza Arruda Alvim. *Reforma do Judiciário: primeiros ensaios críticos sobre a Emenda Constitucional nº 45/2004*. São Paulo: Revista dos Tribunais, 2005

BITTENCOURT, Carlos Alberto Lúcio. *O controle jurisdicional de constitucionalidade das leis*. 2ª edição. Rio de Janeiro: Forense, 1968.

CANOTILHO. J. J. Gomes. *Direito Constitucional*. 3ª edição, totalmente revista, refundida e aumentada. 3ª. reimpressão. Coimbra: Livraria Almedina, 1992.

DIREITO, Carlos Alberto Menezes. "Tendências do Direito Constitucional Brasileiro" – A ampliação da jurisdição e da proteção dos direitos do homem e do cidadão. A Lei nº 9.882, de 3 de dezembro de 1999", IN, GANDRA, Ives – Coordenador. *As vertentes do Direito Constitucional Contemporâneo – Estudos em homenagem a Manoel Gonçalves Ferreira Filho*. Rio de Janeiro: América Jurídica, 2002, p.163-164

FERREIRA FILHO, Manoel Gonçalves. *Direitos Humanos Fundamentais*. 11ª edição. São Paulo: Editora Saraiva, 2009.

FERREIRA FILHO, Manoel Gonçalves. "Inovações no controle de constitucionalidade". In *Aspectos do Direito Constitucional Contemporâneo*. São Paulo: Editora Saraiva, 2003, pp. 217-243.

MELLO FILHO, José Celso. *Constituição Federal Anotada*. São Paulo: Editora Saraiva, 1984

MENDES, Gilmar Ferreira. Direitos Fundamentais e Controle de Constitucionalidade – Estudos de Direito Constitucional. São Paulo: Celso Bastos Editor, 1998.

MIRANDA, Jorge. *Manual de Direito Constitucional*. 2ª. edição revista e atualizada. Coimbra: Coimbra Editora Ltda. 1983, Tomo II

MORAES, Alexandre. *Direito Constitucional*. 24ª edição. São Paulo: Atlas, 2010

NERY JUNIOR, Nelson e NERY, Rosa Maria de Andrade. *Constituição Federal Comentada e legislação constitucional*. São Paulo: Revista dos Tribunais, 2006

NETTO DE ARAÚJO, Paulo Alves. "Reclamação constitucional: natureza jurídica. Posicionamento do Supremo Tribunal Federal e da doutrina e sua utilização para assegurar o respeito às súmulas vinculantes". IN R*evista da Procuradoria Geral do Estado*, São Paulo. Nº 72, jul/dez. 2010, pp. 383-386

PONTES DE MIRANDA, Francisco Cavalcanti. Comentários à Constituição de 1967 – com a emenda nº 1, de 1969, 3ª. edição. Rio de Janeiro: Forense. 1987. Tomo IV

SEPULVEDA PERTENCE, "Jurisdição constitucional: decisões judiciais vinculantes e direitos fundamentais" IN SAMPAIO, José Adércio Lei (coordenador). *Jurisdição constitucional e Direitos Fundamentais*. Belo Horizonte: Del Rey, 2003, pp. 395-404.

TAVARES, André Ramos. "A repercussão geral no recurso extraordinário". IN TAVARES et all (organizadores). *Reforma do Judiciário analisada e comentada*. São Paulo: Método, 2005

www.stf.gov.jurisprudencia

www.stf.gov/regulamento.

www.stf.jus/portal/inteiroteor

Súmula Vinculante[1]

Fernando Dias Menezes de Almeida

Professor da Faculdade de Direito da Universidade de São Paulo.
Doutor e Livre-Docente pela Faculdade de Direito da Universidade de São Paulo

Desde antes da adoção, pelo Direito positivo brasileiro, do instituto da *súmula vinculante* – o que se deu com a Emenda Constitucional nº 45, de 8 de dezembro de 2004 –, muito já se discutia a respeito na doutrina.

Os defensores dessa figura, via de regra, fundamentavam sua posição basicamente de um ponto de vista de princípio (valorativo) e de um ponto de vista pragmático.

Do ponto de vista de princípio, a súmula vinculante visa à defesa da segurança jurídica, a qual constitui elemento essencial do Estado de Direito.

Aliás, não é sem razão que, em sua jurisprudência recente, o Supremo Tribunal Federal tem afirmado a segurança jurídica como princípio constitucional implícito na cláusula que assegura o Estado de Direito.

Do ponto de vista pragmático, argumenta-se em favor da súmula vinculante como instrumento de racionalização do trabalho do Supremo Tribunal Federal, buscando-se evitar que cheguem àquele Tribunal milhares de casos em matéria constitucional que versam temas sobre os quais já existem reiteradas decisões.

---

[1] Este texto – cujo conteúdo foi exposto no XIX Encontro Nacional de Direito Constitucional, realizado pelo Instituto Pimenta Bueno – já teve sua forma final encaminhada para publicação em livro em homenagem ao Ministro Victor Nunes Leal, organizado pelo Instituto Victor Nunes Leal.

Esse aspecto pragmático, de todo modo, também atende à norma constitucional de acesso à justiça, compreendido no sentido mais abrangente de acesso à ordem jurídica justa, por tornar mais célere e coerente a prestação jurisdicional.

O tema da súmula vinculante comportaria muitos ângulos de análise. Para este breve estudo, no entanto, pretendo reduzir-me a uma questão de teoria geral do Direito, a qual, todavia, possui nítidos reflexos na prática: a questão da natureza normativa da súmula vinculante.

Por outras palavras, trata-se de se questionar se a *súmula* possui normatividade. E, como um desdobramento, indagar se a *súmula vinculante* teria a mesma natureza da *súmula* no sentido tradicional de nosso Direito, a partir da concepção original de Victor Nunes Leal.

Essas indagações, como sugerido, podem ser postas no plano da teoria geral. Mas as respostas que se venha a adotar quanto a elas possuem clara influência na prática, sobretudo na atuação concreta do Supremo Tribunal Federal, o que importa dizer, influência no modo de ser da separação de poderes no Brasil e na ocorrência do fenômeno do "ativismo judicial".

I. Noção de vinculação e de efeito vinculante

Em um sentido amplo, *vinculação* é atributo da norma jurídica: expressa a sujeição à prescrição contida na norma jurídica.

Com este sentido amplo, toda norma jurídica, inclusive a norma individual (p. ex., ato administrativo, contrato, decisão jurisdicional) vinculam.

O vocábulo *vinculação* é corrente no Direito, ganhando em alguns casos, contornos peculiares, porém derivados da mesma matriz de significado. É o que se passa, por exemplo, quando no Direito administrativo opõem-se os conceitos de discricionariedade e vinculação.

Quando, todavia, a Constituição se refere ao *efeito vinculante* de certas decisões proferidas pelo Supremo Tribunal Federal em matéria de controle de constitucionalidade, dá à expressão um sentido mais específico.

Cite-se, a propósito, o disposto no § 2º do artigo 102, da Constituição Federal, com texto dado pela Emenda nº 45/2004:

§ 2º As decisões definitivas de mérito, proferidas pelo Supremo Tribunal Federal, nas ações diretas de inconstitucionalidade e nas ações declaratórias de constitucionalidade produzirão eficácia contra todos e efeito vinculante, relativamente aos demais órgãos do Poder Judiciário e à administração pública direta e indireta, nas esferas federal, estadual e municipal.

Como observam, entre outros, Gilmar Ferreira Mendes *et alli* e Roger Stiefelmann Leal, a expressão *efeito vinculante* entrou em nosso Direito por influência do Direito alemão, com o sentido de estender a vinculação de certas decisões do Supremo Tribunal Federal para além do seu *dispositivo*, de modo a abranger "os motivos, princípios e interpretações que lhe serviram dc fundamento" (Roger Stiefelmann Leal, 2006:113). Deste modo, confere-se à decisão "amplitude transcendente ao caso concreto", impondo-se que se a observe enquanto "norma abstrata que dela se extrai" (Gilmar Ferreira Mendes *et alli*, 2007:1222).

Outro caso em que a Constituição emprega o termo *vinculante* é o do artigo 103-A, que disciplina a súmula.

No entanto, não é imediato concluir-se que o adjetivo *vinculante*, aplicado à *súmula*, leve ao mesmo resultado que se acaba de expor quanto ao sentido de *efeito vinculante* das decisões do Supremo Tribunal a que se refere o artigo 102, § 2º da Constituição.

Ou seja, nas palavras de Roger Stiefelmann Leal (2006:176/177), pode-se questionar se, no caso da súmula vinculante, há "de fato, vinculação de fundamentos determinantes" – fundamentos das reiteradas decisões que ensejam a súmula – ou "apenas imposição do enunciado que compõe a súmula".

II. Noção tradicional de súmula

Mas, antes que se avance com os argumentos, importa também compreender o sentido de *súmula* no Direito brasileiro.

Em artigo que tive a oportunidade de publicar[2], cuidei do tema da súmula, ao expor aspecto do pensamento de Victor Nunes Leal.

Victor Nunes Leal, como é notório, foi o autor da proposta que levou à adoção da súmula[3]. Isso se deu por emenda ao Regimento do Supremo Tribunal Federal (artigo 102), em 1963.

---

[2] E que se encontra referido na bibliografia.

[3] Para importante relato sobre a atuação de Victor Nunes Leal como Ministro do Supremo Tribunal Federal – entre outros aspectos relevantes de sua vida e sua personalidade –, vale ler as manifestações do também Ministro José Paulo Sepúlveda Pertence, em homenagem, havida em sessão ordinária do Tribunal, de 14 de agosto de 1985, bem como, posteriormente, na sessão em que se deu o nome de Victor Nunes Leal à Biblioteca do Tribunal. Nesses

A súmula[4] foi originalmente concebida como instrumento de eficiência do trabalho do Tribunal, não apenas no sentido de abreviar discussões, mas também no de contribuir para a garantia de coerência nas decisões em relação à jurisprudência já firmada.

A súmula objetivava evidenciar o fato de que o Tribunal, em relação a certa questão, havia pacificado seu entendimento.

Essa evidência, em um primeiro momento, serviria ao próprio Tribunal, tornando desnecessária a consulta a precedentes – em tempos nos quais não havia o auxílio de instrumentos de informática –, bem como dispensando a reiteração de argumentos, no texto de acórdãos, os quais já estariam implícitos no enunciado da súmula que viesse a ser invocado.

E, mediatamente, é evidente o potencial de garantia de coerência em relação à jurisprudência – e, portanto, de garantia de segurança jurídica – às decisões tomadas com o auxílio da súmula.

Com esse sentido, a súmula seria claramente desprovida de caráter normativo.

Parece-me adequado transpor alguns conceitos trabalhados por Hans Kelsen (1962-I:137/138), quanto às normas jurídicas em geral, para explicar a natureza da súmula.

Tomando-se a distinção entre *ato de vontade*, como algo que *prescreve* condutas, e *ato de conhecimento*, como algo que *descreve* fatos, a súmula é claramente um ato deste segundo tipo; enquanto as normas jurídicas são do primeiro.

---

textos evidencia-se o respeito especial do homenageado ao Supremo Tribunal Federal e à sua jurisprudência. Aliás, é do Ministro Aliomar Baleeiro (no MS 15.886) a referência ao seu colega Victor Nunes como sendo "a própria jurisprudência viva do Supremo Tribunal andando pelas ruas".

Quanto à visão do próprio Victor Nunes Leal quanto ao tema da súmula, recomenda-se a leitura dos dois artigos, de sua autoria, citados na bibliografia ao final deste estudo.

[4] Note-se que a expressão *súmula*, versão resumida de *Súmula da Jurisprudência Predominante do Supremo Tribunal Federal*, na linguagem regimental referia-se não a cada *enunciado* – ou seja, cada proposição numerada que expressa um aspecto da jurisprudência assentada do Tribunal – mas ao conjunto dos enunciados. Todavia, a praxe acabou por aplicar a palavra *súmula* para designar cada enunciado. E foi este o sentido empregado pela Constituição ao tratar da *súmula vinculante*, pois não haveria de se interpretar o artigo 103-A da Constituição como se referindo integralmente à súmula enquanto conjunto de enunciados. Tal interpretação seria incoerente com a previsão de um procedimento com condicionantes formais e materiais para que *cada* súmula possa ganhar efeito vinculante.

SÚMULA VINCULANTE

Com efeito, a súmula tem tão somente o sentido de *descrever* o *fato* de que o Tribunal chegou a certo entendimento pacificado sobre determinado assunto. Exemplifique-se: que um tributo não seja devido sob dadas circunstâncias.

Ora, do fato de o Tribunal haver firmado entendimento de certo tributo não ser devido sob certas circunstâncias não se pode tirar nenhuma conclusão sobre o entendimento que o Tribunal teria quanto a ser ou não devido o mesmo tributo em outras circunstâncias.

Ou seja, a *súmula* não está afirmando que o tributo *deva* ou *não deva* incidir (o que seria próprio de uma norma jurídica, operando no plano do *dever ser*); a *súmula* está afirmando apenas que, em tais circunstâncias, o Tribunal *entende* que o tributo não incide (está, pois, afirmando um fato, operando no plano do *ser*).

O que estabelece o *dever ser* quanto à exigibilidade do tributo são as *decisões jurisdicionais* – e, por certo, a lei que a decisão vem aplicar – que constitui o precedente do qual decorre a súmula.

Esse exemplo é justamente extraído de caso julgado pelo Supremo Tribunal Federal (RE 54.190)[5], em que o Ministro Victor Nunes vota vencido[6] e em que a maioria do Tribunal, não compreendendo o sentido da súmula, em que pese a precisa argumentação de seu criador, interpreta-a como se fosse norma, extraindo conclusão a *contrario sensu* de seu texto, de modo a decidir caso estranho às circunstâncias que justificaram a edição da súmula.

É verdade que a súmula, indiretamente, poderia condicionar comportamentos, até mesmo de terceiras pessoas que não os próprios Ministros do Tribunal, sejam outros aplicadores do Direito, sejam os indivíduos em geral. Mas esse seria um efeito acidental, decorrente da compreensão de qual o entendimento do Supremo Tribunal sobre certa matéria, ou seja, induzindo-se que outros sujeitos já adotassem o mesmo entendimento.

---

[5] Veja-se o comentário a este julgado em minha obra sobre o Ministro Victor Nunes, referida na bibliografia e disponível na íntegra no sítio de internet do Supremo Tribunal Federal (http://www.stf.jus.br/arquivo/cms/publicacaoPublicacaoInstitucionalMemoriaJurisprud/anexo/VictorNunes.pdf), pp. 31 e seguintes.
Aplicando o mesmo raciocínio de Victor Nunes Leal, verifique-se o voto do Ministro Sepúlveda Pertence no HC 85.185.

[6] Sendo acompanhado pelos Ministros Hermes Lima, Lafayette de Andrada e Vilas Boas.

E também é verdade que as leis processuais já conferiam certo efeito à súmula, no que tange, por exemplo, à admissibilidade de recursos. De todo modo, não se tratava de vinculação normativa, vez que os órgãos julgadores envolvidos poderiam não se valer do expediente de invocar a súmula para, desde logo, obstar o recurso (nesse sentido, ver Roger Stiefelmann Leal, 2006:135).

Para sintetizar, nas palavras de Celso Lafer (2009):

"As súmulas concebidas por Victor Nunes Leal tinham, em relação aos seus destinatários naturais – os órgãos da jurisdição – a dimensão persuasiva da ratio de seu enunciado somada à auctoritas do STF como a mais alta instância do judiciário brasileiro, responsável pelo controle da constitucionalidade das leis. Eram, por isso mesmo, para lembrar uma formulação de Mommsen, citada por Hannah Arendt, mais que um conselho mas menos que um comando".

III. Tratamento constitucional e legal da súmula vinculante

Até o advento da Emenda Constitucional nº 45/04, que gerou o artigo 103-A, a súmula, em sua definição substancial, era matéria regimental do Supremo Tribunal e de outros tribunais que adotaram semelhante instituto. Ocasionalmente, como visto, leis processuais a ela também se referiam.

Porém, após a citada Emenda, a súmula passou a gozar de *status* constitucional (Manoel Gonçalves Ferreira Filho, 2009:267).

Pode-se, pois, compreender que hoje existem dois tipos de súmula. Isto é, o Supremo Tribunal pode, além das súmulas vinculantes, continuar editando súmulas por procedimento diverso do estabelecido no artigo 103-A da Constituição, as quais valerão nos termos tradicionais de seu Regimento Interno.

Na prática, porém, tem-se que, desde 2003, o Supremo Tribunal Federal deixou de editar as súmulas meramente *persuasivas* (na expressão de Elival da Silva Ramos, 2010:296). Num caso, até converteu uma súmula persuasiva (nº 648) em súmula vinculante (nº 7).

Eis como a Constituição tratou da súmula vinculante:

"Artigo 103-A. O Supremo Tribunal Federal poderá, de ofício ou por provocação, mediante decisão de dois terços dos seus membros, após reiteradas decisões sobre matéria constitucional, aprovar súmula que, a partir de sua publicação na imprensa oficial, terá efeito vinculante em relação aos demais órgãos do Poder Judiciário e à administração pública direta e indireta, nas esferas federal, estadual e municipal, bem como proceder à sua revisão ou cancelamento, na forma estabelecida em lei.

§ 1º A súmula terá por objetivo a validade, a interpretação e a eficácia de normas determinadas, acerca das quais haja controvérsia atual entre órgãos judiciários ou entre esses e a administração pública que acarrete grave insegurança jurídica e relevante multiplicação de processos sobre questão idêntica.

§ 2º Sem prejuízo do que vier a ser estabelecido em lei, a aprovação, revisão ou cancelamento de súmula poderá ser provocada por aqueles que podem propor a ação direta de inconstitucionalidade.

§ 3º Do ato administrativo ou decisão judicial que contrariar a súmula aplicável ou que indevidamente a aplicar, caberá reclamação ao Supremo Tribunal Federal que, julgando-a procedente, anulará o ato administrativo ou cassará a decisão judicial reclamada, e determinará que outra seja proferida com ou sem a aplicação da súmula, conforme o caso".

Destaquem-se dos dispositivos citados alguns aspectos:

a) a súmula vinculante tem dois claros objetivos: (i) evitar controvérsia entre órgãos judiciários ou entre esses e a Administração pública que acarrete grave insegurança jurídica; e (ii) evitar relevante multiplicação de processos sobre questão idêntica;

b) daí, portanto, o evidente sentido de a súmula vinculante estender sua utilidade aos indivíduos em geral, sujeitos ao ordenamento jurídico – a quem se dirige a garantia de segurança jurídica – e não apenas aos órgãos aplicadores do Direito. Por outras palavras, a súmula vinculante é, de plano, muito mais do que um instrumento a serviço dos próprios Ministros do Tribunal;

c) isso justifica uma abertura para um rol de legitimados poder provocar a aprovação, revisão ou cancelamento de súmula;

d) no entanto, a eficácia vinculante da súmula dirige-se aos demais órgãos do Poder Judiciário e à Administração Pública direta e indireta, nas esferas federal, estadual e municipal; ou seja, a súmula pretende condicionar o comportamento dos aplicadores do Direito – não do legislador, nem do próprio Supremo Tribunal –, *vinculando-os a certa interpretação*, e não diretamente prescrever condutas aos indivíduos em geral;

e) o desatendimento a esse efeito vinculante, em sede administrativa ou jurisdicional, abre a possibilidade de que se acione diretamente o Supremo Tribunal, pela via da reclamação;

f) para a edição da súmula vinculante, o Supremo Tribunal está sujeito a condicionantes formais – decisão de dois terços de seus membros – e materiais – matéria constitucional, objeto de reiteradas decisões e fonte de controvérsia entre órgãos aplicadores do Direito, nos termos do § 1º acima citado (Manoel Gonçalves Ferreira Filho, 2009:267; Elival da Silva Ramos, 2010:295);

g) e a súmula vinculante deverá versar a validade, interpretação e eficácia de normas jurídicas.

De todo modo, resta claro que a súmula não se confunde com as reiteradas decisões judiciais que são condição de sua edição.

A compreensão desta última ideia é fundamental para que se chegue a uma conclusão coerente quanto ao problema que este estudo se propõe a analisar.

Contudo, nem sempre tal ideia é bem assimilada. Verifique-se, nesse sentido, o artigo 5º da Lei nº 11.417/06 – que disciplina a matéria no plano infraconstitucional –, o qual se refere à revogação ou modificação da "*lei em que se fundou* a edição de enunciado da súmula vinculante".

Ora, a súmula não se funda em uma lei, mas sim nas decisões jurisdicionais reiteradas. As decisões jurisdicionais é que, a seu turno, se fundam em leis.

Hesitações como essa verificam-se não apenas no senso comum dos juristas, ou, como no caso, na linguagem do legislador. O próprio Supremo Tribunal por vezes hesita quanto a esse aspecto.

IV. A prática do Supremo Tribunal Federal

Nesse sentido, um exercício interessante é analisar os debates havidos nas ocasiões de deliberação sobre a edição de súmulas vinculantes.

Ao dar os exemplos seguintes, não pretendo dar minha visão subjetiva sobre eventual acerto ou desacerto da conclusão a que tenha chegado o Tribunal; nem verificar os precedentes que levaram à edição da súmula. Senão apenas mostrar como nas discussões nota-se que muitas vezes a tendência dos Ministros é – com a melhor das intenções, admite-se – ir além do que seria sumular entendimentos reiterados, para normatizar o que entendam ser melhor quanto a outros aspectos da matéria em questão.

Há, em primeiro lugar, alguns debates pelos quais se percebe que permeia a discussão a hipótese de se ir além, no enunciado da súmula, em relação aos precedentes, tanto no sentido de estender a conclusão para objetos diversos – numa lógica de interpretação extensiva da norma consistente na decisão jurisdicional –, como no sentido de ampliar mesmo o sentido da decisão – numa lógica de pura e simples criação normativa. Verifiquem-se, por exemplo, PSV 29; SV 11; SV 2; PSV 23; PSV 37.

Em segundo lugar, há exemplos de debates em que se trabalha com a interpretação da súmula em lógica similar à da interpretação normativa[7] – quando de rigor, a súmula comporta apenas a interpretação do próprio enunciado, sem dela se poderem extrair considerações aditivas ou a *contrario sensu* da "vontade" do órgão supostamente criador de norma: PSV 37; PSV 21; PSV 7; PSV 35.

Em terceiro lugar, há observações de Ministros que levam à constatação de uma tendência de aplicação generosa do instituto, acompanhadas de considerações minoritárias que criticam esta tendência. Verifiquem-se, por exemplo, SV 12; PSV 23; PSV 39.

V. Sentido normativo presente na situação jurídica envolvendo súmula vinculante

Vislumbrando em conjunto o tratamento dado pelo ordenamento jurídico constitucional e infraconstitucional ao instituto da súmula vinculante, bem como a prática do Supremo Tribunal Federal, a doutrina tem apontado a presença de um sentido verdadeiramente normativo.

Segundo Manoel Gonçalves Ferreira Filho (2009:268), as súmulas, em decorrência da Emenda nº 45/2004, assumem a força de verdadeiras leis de interpretação, correspondendo a atribuição ao Supremo Tribunal Federal a uma função paralegislativa.

Seria assim um caso de interpretação autêntica – conceito que, seguindo-se a lição de Kelsen (1962-II:283), se aplica não apenas para o legislador, mas também para o julgador –, produzida por um órgão jurisdicional, porém com sentido de norma geral.

Elival da Silva Ramos (2010:297) não tem dúvida em afirmar o caráter normativo da súmula vinculante. Vai além o autor para esclarecer não se tratar de ato legislativo (nem material, nem formalmente falando), porém de um ato infralegal, ainda que hierarquicamente superior ao regulamento de execução – vez que a Administração submete-se à súmula – com o qual, de todo modo, se assemelha, enquanto atos "veiculadores de normas gerais e abstratas de nível secundário".

---

[7] Contra essa postura, reitere-se, batia-se Victor Nunes Leal.

Para Celso Lafer (2009), trabalhando com o binômio acima citado em relação à súmula tradicional, a súmula vinculante é um comando, dotado de *vis cogendi* [...] com características próprias, em função da abrangência do seu efeito vinculante que fica a meio caminho entre a lei e a norma jurídica individual da sentença.

Sendo certo que na situação jurídica envolvendo a súmula vinculante *há normatividade*, resta verificar *o que* é norma: a própria súmula ou as decisões precedentes de que a súmula decorre?

Em verdade, parece-me que dois aspectos de normatividade devem ser distintos na situação jurídica em questão:

a) um deles envolve a vinculação *à matéria de fundo* do enunciado da súmula;

b) outro, a vinculação *à interpretação* dada pelo Supremo Tribunal Federal àquela matéria de fundo.

Quando Roger Stiefelmann Leal (2006:177) propõe – com toda pertinência – a compreensão do efeito vinculante da súmula de modo conceitualmente unificado com o efeito vinculante a que alude o artigo 102, § 2º, chegando à conclusão da vinculação dos órgãos aplicadores do Direito aos "fundamentos determinantes" dos "reiterados julgados que embasaram a edição" da súmula, está vislumbrando o primeiro aspecto acima indicado, isto é, o aspecto da normatividade da matéria de fundo do enunciado da súmula[8].

Todavia, quanto a este primeiro aspecto, o conteúdo normativo não vem da súmula em si. Vem das decisões judiciais que a antecedem – decisões judiciais que são norma jurídica. A súmula vem apenas acrescentar "medidas próprias a assegurar a aplicação da norma".

A expressão acima, citada entre aspas, corresponde a uma adaptação daquilo que León Duguit (1901:543) – autor caro a Victor Nunes Leal, vez que frequentemente citado em seus estudos acadêmicos – chama da parte *construtiva*, ao lado do que diz parte *normativa* da lei.

Como esclarece Duguit (1901:544) a parte *construtiva* da lei também contém uma "ordem do legislador" – adaptando-se ao caso presente dir-se-ia, ordem do órgão jurisdicional ou administrativo criador de norma jurídica individual –, porém uma ordem que se dirige apenas aos agentes

---

[8] A vinculação aos fundamentos determinantes é referida, por exemplo, pelo Ministro Gilmar Mendes nos debates acerca da Proposta de Súmula Vinculante 37, que levou à adoção da Súmula Vinculante nº 28.

do Estado e não aos indivíduos em geral, sujeitos ao ordenamento jurídico (aos "governados").

É certo que, sem reduzir a questão ao problema terminológico, pode-se vislumbrar certa *normatividade* nessa ordem (parte *construtiva*) dada pelo órgão que elabora a norma (norma, no caso, sob a forma de decisão do Supremo Tribunal Federal) a certos agentes do Estado.

Entretanto, é outro sentido de normatividade, correspondendo ao segundo aspecto que acima se indicou presente na situação jurídica decorrente da súmula vinculante.

É o aspecto pelo qual outros órgãos (jurisdicionais e administrativos) aplicadores do Direito encontram-se vinculados à interpretação dada pelo Supremo Tribunal Federal quanto a certa matéria de fundo.

Por outras palavras, a normatividade que decorre propriamente da *súmula vinculante* não é uma normatividade dirigida aos indivíduos em geral, sujeitos ao ordenamento jurídico (aos "governados", na expressão de Duguit). Mas sim uma normatividade dirigida a certos órgãos aplicadores do Direito e que consiste na prescrição de que, em relação a certa matéria de fundo, eles *devam adotar a mesma interpretação produzida pelo Supremo Tribunal Federal.*

A normatividade que a súmula vinculante acrescenta à normatividade das decisões judiciais que a embasam não diz respeito à matéria de fundo, mas sim à determinação de que, naquela matéria, outros órgãos aplicadores do Direito acompanhem o entendimento do Supremo Tribunal Federal. Nesse sentido, é a súmula vinculante é parte *construtiva* daquelas decisões.

A compreensão dessa dupla dimensão normativa presente na situação jurídica decorrente de uma súmula vinculante – identificando-se, de um lado, a normatividade da súmula vinculante propriamente dita e, de outro, a normatividade das decisões jurisdicionais que a embasam sua edição – não é conclusão somente teórica.

Em primeiro lugar, é conclusão coerente com o instituto da súmula, como concebido por Victor Nunes Leal.

A súmula, com visto, é essencialmente ato de conhecimento, que implica a descrição de um fato. Mas, no caso da súmula vinculante, produz-se um ato complexo, pois, a este ato de conhecimento acrescenta-se, por uma decisão específica, conforme procedimento próprio, o caráter vinculante. Há, então, duas decisões, ainda que no mais das vezes ocorram de modo simultâneo: (i) fazer a súmula e (ii) dar-lhe caráter vinculante. A normatividade da súmula vinculante vem apenas desta última decisão.

Assim, a súmula vinculante, enquanto *súmula*, continua a não dever ser interpretada e aplicada como norma, segundo a lição de Victor Nunes Leal. Seu enunciado deve ser interpretado – interpretado, sim, vez que é texto –, porém nos limites objetivos do texto, apenas com a finalidade de identificação de quais aspectos das decisões jurisdicionais precedentes que vincularão os aplicadores do Direito.

Em segundo lugar, a conclusão é coerente com a separação de poderes no contexto de um Direito que se filia ao modo de ser da família romano-germânica.

Nesse sentido, no tocante à matéria de fundo do enunciado da súmula, são as decisões jurisdicionais que a antecedem que serão interpretadas e aplicadas como norma. Não há – e não deve haver –, portanto, uma criação normativa, quanto à matéria de fundo, mediante a edição de uma súmula.

E o que se vem de afirmar oferece proteção contra tendências abusivas de ativismo judicial – admita-se a hipótese de sua ocorrência, independentemente de cogitação em concreto quanto às pessoas que hoje ocupam postos de Ministros do Supremo Tribunal –, tendências que atuam em prejuízo de um Estado de Direito de caráter democrático.

Referências bibliográficas

DUGUIT, Léon. *L'État, le Droit Objectif et la Loi Positive*. Paris: Dalloz, 2003 (edição facsimilar de Paris: Fontemoing, 1901).

FERREIRA FILHO, Manoel Gonçalves. *Curso de Direito Constitucional*. São Paulo: Saraiva, 2009 (35ª ed.).

KELSEN, Hans. *Teoria Pura do Direito*, vols. I e II. Coimbra: Arménio Amado, 1962 (traduzido por João Baptista Machado, a partir da 2ª edição, em alemão, de 1960).

LAFER, Celso. "Prefácio" a NUNES, Jorge Amaury Maia. *Segurança Jurídica e Súmula Vinculante*. São Paulo: Saraiva, 2010.

LEAL, Roger Stiefelmann. *O Efeito Vinculante na Jurisdição Constitucional*. São Paulo: Saraiva, 2006.

MENDES, Gilmar Ferreira; COELHO, Inocêncio Mártires; BRANCO, Paulo Gustavo Gonet. *Curso de Direito Constitucional*. São Paulo: Saraiva, 2007.

MENEZES DE ALMEIDA, Fernando Dias. *Memória Jurisprudencial: Ministro Victor Nunes*. Brasília: Supremo Tribunal Federal, 2006.

MENEZES DE ALMEIDA, Fernando Dias. "Súmula do Supremo Tribunal Federal: Natureza e Interpretação", *in Revista de Direito Constitucional e Internacional*, v.57. São Paulo: Ed. Revista dos Tribunais, 2006.

NUNES LEAL, Victor. "Passado e Futuro da Súmula do Supremo Tribunal Federal", *in Revista de Direito Administrativo*, vol. 145 (jul./set.). Rio de Janeiro: Fundação Getúlio Vargas, 1981.

NUNES LEAL, Victor. "Atualidade do Supremo Tribunal Federal", *in Revista dos Tribunais*, vol. 349. São Paulo, Ed. Revista dos Tribunais, 1964.

RAMOS, Elival da Silva. *Ativismo Judicial: Parâmetros Dogmáticos*. São Paulo: Saraiva, 2010.

V.
Mesas-redondas

Tema 1

A nulidade *ipso iure* da norma inconstitucional já não é o que era?

Elival da Silva Ramos

Mestre, doutor e livre-docente em Direito do Estado pela Faculdade de Direito da Universidade de São Paulo. Professor Titular de Direito Constitucional da Faculdade de Direito da Universidade de São Paulo. Vice-Presidente do Instituto Pimenta Bueno – Associação Brasileira dos Constitucionalistas. Procurador do Estado de São Paulo. Ex-Procurador Geral do Estado de São Paulo (2001/2006). Procurador Geral do Estado de São Paulo (2011- até o presente)

I. Os sistemas sancionatórios da inconstitucionalidade e suas características básicas

Conforme se constata pelos estudos de Direito Comparado, existem dois sistemas básicos organizados para o enfrentamento do vício de inconstitucionalidade, ora conceituado como a desconformidade de caráter vertical (hierárquico) entre a lei ou ato normativo e a Constituição, tendo em vista o conteúdo (inconstitucionalidade material), o processo de formação (inconstitucionalidade formal), a competência para a edição (inconstitucionalidade orgânica) ou a relação com normas constitucionais de sentido finalístico (inconstitucionalidade finalística) do ato controlado[1]. Tal discrepância, em face da supremacia hierárquica do parâmetro de controle (a Constituição) é sempre resolvida em desfavor da lei ou ato

---

[1] Com certa dose de reelaboração, trata-se de conceito já exposto na obra *A inconstitucionalidade das leis: vício e sanção*, São Paulo, Saraiva, 1994, p. 63.

MESAS-REDONDAS

normativo inconstitucional, aplicando-se-lhe sanção de invalidade que, ou se enquadra na categoria da nulidade, ou na da anulabilidade, nos moldes das construções teóricas advindas da Teoria Geral do Direito.

A sanção de nulidade imposta a leis e atos normativos inconstitucionais, portanto, guarda estreita correlação com a nulidade dos negócios jurídicos, públicos ou privados, de natureza concreta, apresentando como características básicas: a incidência *ope iure*, isto é, independentemente de decisão judicial; e a invalidade *ab initio* do ato viciado, que se revela incapaz de produzir efeitos jurídicos desde o seu nascedouro.

O que se constata é que o ato legislativo sancionado com nulidade, embora existente, não se projeta no plano da validade, do que lhe resulta a inaptidão absoluta para gerar efeitos jurídicos, inaptidão essa a ser meramente declarada pelo Poder Judiciário[2].

Se o controle de constitucionalidade é o *"conjunto de instrumentos predispostos a assegurar a efetividade da sanção"*[3] (de inconstitucionalidade), cabe insistir na tese, pioneiramente suscitada na obra *A inconstitucionalidade das leis: vício e sanção*, segundo a qual as notas características do sistema de controle permitem a identificação da sanção de invalidade adotada pelo Constituinte, na medida em que existem técnicas que se revelam incompatíveis ou, ao contrário, indispensáveis a determinada categoria sancionatória. Nesse sentido, *"a sanção de nulidade exige a presença do controle incidental, isoladamente ou combinado com o controle principal, pois, de outro modo, enquanto a ação de inconstitucionalidade não fosse proposta ou decidida, estariam os juízes obrigados a aplicar a lei na solução dos casos concretos, o que é incompatível com a ideia de invalidade de pleno direito, inerente a essa modalidade de sanção"*[4].

De sua parte, a sanção de anulabilidade, cominada em alguns ordenamentos jurídicos às leis e atos normativos inconstitucionais, difere profundamente da nulidade, ostentando como traços típicos: a imposição por meio de decisão judicial; e a invalidação *a posteriori* do ato viciado, que, em decorrência, produz efeitos jurídicos antes de ser invalidado.

---

[2] Por se tratar de uma sanção infligida pelo próprio ordenamento jurídico, automaticamente, sujeita-se às incertezas inerentes à aplicação do direito, sendo, por vezes, negada por juízes ou tribunais, o que não lhe abala os fundamentos teóricos, do mesmo modo que a aplicação de uma lei revogada (quiçá expressamente) não afeta o delineamento do instituto da revogação.

[3] Ob. cit., p. 87.

[4] Cf. *A inconstitucionalidade das leis*, cit., p. 99.

Ao contrário da lei nula por inconstitucionalidade, a lei sancionada com anulabilidade ingressa no plano da validade, ainda que precariamente, isto é, goza de validade condicional, enquanto não desconstituída por meio de competente decisão anulatória[5]. É essa validade condicional que justifica, no plano teorético, a produção de efeitos pelo ato legislativo inconstitucional em ordenamentos jurídicos que adotam a sanção de anulabilidade.

Se o ato nulo é incapaz de gerar efeitos jurídicos desde o seu nascedouro, sendo tal circunstância meramente declarada pelo Poder Judiciário, não há que se falar, propriamente, na retroatividade ou irretroatividade da decisão de controle[6]. De outra banda, as decisões que anulam leis ou atos normativos por inconstitucionalidade, no que tange à projeção de efeitos temporais, admitem ampla modulação, como se verifica na prática dos sistemas jurídicos que agasalham esse regime sancionatório para o ato inconstitucional. Nos termos de manifestação doutrinária mais recente de minha lavra, "pode-se dizer que as decisões de controle que fazem atuar a sanção de anulabilidade podem ser retroativas ou irretroativas, sendo certo que muito dificilmente poderão adotar a retroatividade em seu grau máximo, apagando por completo os efeitos da lei invalidada"[7].

O que nem sempre se percebe no plano doutrinário é que a sanção de anulabilidade, "implicando ato de invalidação *a posteriori*, exige, também, para a prática desse ato a concentração de competência, já que não se conceberia uma lei que fosse anulada em alguns efeitos e mantida, em sua validade provisória, em outros, mediante decisões com efeitos restritos ou *inter partes*":

"O ato legislativo, por sua própria natureza, apresenta amplo contingente de destinatários, diretos ou indiretos, o que impõe, paralelamente, que sua invalidação se faça mediante decisão única e de eficácia *erga omnes*, a qual, pela gravidade das consequências que apresenta, deve ser proferida por órgão superior da jurisdição ordinária ou por Corte Constitucional[8],

---

[5] Sob o prisma processual, as decisões que impõem sanção de anulabilidade são constitutivas (ou constitutivas negativas).

[6] Consoante precisa observação de Mauro Cappelletti, "trata-se (...) de mero acertamento de uma *preexistente* nulidade absoluta". Veja-se *O controle judicial de constitucionalidade das leis no Direito Comparado*, trad. Aroldo Plínio Gonçalves, Porto Alegre, Fabris, 1984, p. 117.

[7] *O controle de constitucionalidade no Brasil: perspectivas de evolução*, São Paulo, Saraiva, 2010, p. 90.

[8] Adotou-se, aqui, um sentido estrito de Corte Constitucional.

consubstanciando controle concentrado de constitucionalidade. Não se compadece, portanto, o sistema da anulabilidade com o controle difuso."[9]

II. A relação entre as sanções de invalidade dos atos inconstitucionais e os sistemas de controle

Se tomarmos como fonte de referência os dois grandes sistemas de controle de constitucionalidade revelados pelos estudos comparatísticos, quais sejam, o de matriz estadunidense e o de matriz europeia[10], não é difícil, a partir das considerações feitas no item anterior, estabelecer algumas correlações entre as diferentes sanções de invalidade cominadas às leis e atos normativos inconstitucionais e aqueles sistemas paradigmáticos de controle.

O sistema de controle difuso, em seu delineamento tradicional, advindo da experiência constitucional dos Estados Unidos da América, trabalha com o método de controle incidental, em que a questão de constitucionalidade é enfrentada em sede de fundamentação, enquanto antecedente lógico do exame do pedido[11]. Entretanto, nos Estados que acolheram esse sistema modelar de controle, muito embora os respectivos ordenamentos jurídicos sejam de base romano-germânica, o que se nota, com muita frequência, é a combinação da técnica do controle incidental com a técnica do controle principal, buscando-se, com isso, atenuar a inevitável falta de uniformidade da jurisprudência constitucional, haja vista os efeitos *inter partes* associados à característica da incidentalidade, sem o contraponto do precedente vinculante.

Nos sistemas de controle difusos, quer em sua versão clássica (método exclusivamente incidental), quer nas versões adaptadas à *civil law* (método incidental e principal combinados), como no Brasil e em Portugal, a única modalidade de sanção de invalidade compatível é a da nulidade, porquanto, como se apontou no item precedente, a anulabilidade não se compadece com a difusão, exigindo a concentração da competência decisória.

---

[9] *A inconstitucionalidade das leis*, cit., p. 100.

[10] O sistema de controle francês sempre apresentou uma conformação peculiar, não obstante nele seja visível a tendência de aproximação com o sistema modelar europeu, o que se acentuou após a reforma constitucional de 2008.

[11] Na lição de Jorge Miranda, "a questão de inconstitucionalidade não é uma questão incidental ou de Direito processual, é uma questão prejudicial ou de Direito constitucional substantivo; mas é suscitada *incidentalmente* em um processo que tem por objeto uma questão diferente": cf. *Manual de Direito Constitucional*, 3 ed., Coimbra, Coimbra Ed., 1996, t. 2, p. 358.

A NULIDADE *IPSO IURE* DA NORMA INCONSTITUCIONAL JÁ NÃO É O QUE ERA?

Sob o aspecto modal ou procedimental, "se é certo que em suas primeiras concreções históricas a fiscalização de constitucionalidade europeia se apresentava essencialmente atrelada ao método principal, abstraindo-se de conflitos interpessoais e de seu reflexo no plano processual, não tardou para que a pretensa exclusividade da via direta fosse descartada como uma característica desse sistema-tipo"[12]. Assim é que, "a partir da estruturação dos sistemas de controle italiano e alemão, ao término da 2ª Guerra, pode-se afirmar que, no tocante ao aspecto modal, o controle de constitucionalidade de matriz europeia é tipificado pela combinação da via principal da ação direta de inconstitucionalidade com a via incidental ou indireta, a primeira de feições abstratas, ao menos em sua conformação clássica, enquanto a segunda sempre tomando em consideração, em menor ou maior grau, o contencioso subjetivo que lhe serve de pressuposto"[13].

A modelagem originária do sistema de controle europeu, consagrada na Constituição austríaca de 1920, não poderia conviver com outra categoria de sanção de inconstitucionalidade que a de anulabilidade, em face da inexistência da via incidental de controle[14]. No entanto, na maioria dos sistemas de matriz europeia ou kelseniana, a ampla possibilidade aberta aos órgãos integrantes da jurisdição ordinária de provocarem a instauração do incidente de inconstitucionalidade, malgrado as cautelas de filtragem, tornou viável a adoção de uma ou outra categoria sancionatória, muito embora haja indiscutível predominância da sanção de anulabilidade, certamente em razão de sua maior flexibilidade no que pertence à eliminação dos efeitos do ato inconstitucional.

III. As insuficiências da sanção de nulidade

A sanção de nulidade é um dos elementos característicos do sistema de controle estadunidense e, tanto quanto este, apresenta nítida imbricação

---

[12] Cf. a monografia *O controle de constitucionalidade no Brasil*, cit., p. 161-2.

[13] *O controle de constitucionalidade no Brasil*, cit., p. 162.

[14] Não é mera coincidência que o idealizador do sistema de controle austríaco, Hans Kelsen, tenha consignado, em página largamente conhecida: "(...) resulta que, dentro de uma ordem jurídica não pode haver algo como a nulidade, que uma norma pertencente a uma ordem jurídica não pode ser nula, mas apenas pode ser anulável." Cf. *Teoria pura do Direito*, 2. ed. bras., trad. João Baptista Machado, São Paulo, Martins Fontes, 1987, p. 292-3.

MESAS-REDONDAS

com o modelo de Estado democrático-liberal[15], acolhido pela Constituição de 1787. De fato, a denominada nulidade de pleno direito funciona razoavelmente bem em um Estado que legisla com parcimônia, buscando imprimir disciplina estável às relações entre particulares ou destes para com o Poder Público, de modo a assegurar, em uma e outra situação, a mais intensa fruição possível da liberdade individual[16]. Não é difícil perceber, contudo, o desajuste entre tal técnica sancionatória e o Estado de perfil social-democrático, que, preocupado em alcançar certo padrão de isonomia material, intervém com desenvoltura na vida social, o que, sob o signo do Estado de Direito, importa em sensível recrudescimento da atividade legiferante, indispensável para dotar o Estado de instrumentos de implementação de políticas públicas[17].

Ao discorrer sobre o tema, em *O controle de constitucionalidade no Brasil: perspectivas de evolução*, tendo como foco o paralelo entre os sistemas modelares de fiscalização e o Estado liberal ou social-democrático, tive o ensejo de anotar, à guisa de conclusão:

"O sistema de controle de matriz estadunidense revela-se adequado ao resguardo de Constituições de perfil liberal-democrático, colhendo situações em que a legislação infraconstitucional viola a Lei Maior com repercussão nas relações intersubjetivas, cominando a tal inconstitucionalidade a drástica sanção de nulidade. Não causa transtornos de monta às instituições liberais quer a falta de uniformidade das decisões de controle, quer o desfazimento das situações constituídas ao abrigo (aparente) da legislação contraventora. Já o sistema de controle de matriz europeia se ajusta com perfeição ao Estado social de Direito, cujas finalidades demandam uma abrangência maior dos instrumentos de controle, o que é obtido pela combinação das técnicas de fiscalização principal e incidental. Ademais, a concentração da competência decisória e a produção de coisa julgada erga omnes pelas decisões de acolhimento das arguições imprimem ao trabalho da jurisdição constitucional a uniformidade requerida pelo princípio da isonomia. E, por fim, a modulação dos efeitos temporais das decisões de

---

[15] A obra monográfica *O controle de constitucionalidade no Brasil: perspectivas de evolução*, tem como pano de fundo a pretendida correlação entre os dois grandes sistemas-tipo de fiscalização da constitucionalidade legislativa e os dois protótipos de Estado democrático de Direito, o Estado democrático-liberal e o Estado democrático-social.

[16] São as "leis de arbitragem" de que nos fala Manoel Gonçalves Ferreira Filho em *Do processo legislativo*, 2. ed., São Paulo, Saraiva, 1984.

[17] A referência, nesse ponto, é às "leis de impulsão", igualmente examinadas por Ferreira Filho na citada obra sobre a evolução do processo legislativo.

controle, ou, no limite, a dissociação entre a constatação do vício de inconstituciona-
lidade e a invalidação do ato viciado, permite lidar com fenômenos característicos de
um Estado social-democrático, como é o caso da inconstitucionalização progressiva
ou da omissão parcial relativa, resguardando melhor as situações construídas ao
abrigo da legislação impugnada, o que se afigura vital sob uma ordem jurídica em
contínua transformação."[18]

Bastaria um ligeiro exame de algumas das situações de inconstitucionalidade legislativa que se multiplicaram após o advento da democracia social para constatar a inaptidão da sanção de nulidade para enfrentá-las.

É o que sucede, por exemplo, no tocante à omissão legislativa parcial, em que o legislador não atende, de modo completo ou suficiente, o dever de agir que lhe é imposto pela Constituição, ou, ainda, quando outorga benefícios a um conjunto de pessoas, deixando outras tantas de fora do tratamento favorecido, sem razão suportável à luz do princípio da isonomia[19]. Nesses casos, se a declaração de nulidade da legislação editada (incompleta, insuficiente ou agressiva à isonomia) revela-se insatisfatória, a superação da inconstitucionalidade a princípio detectada, mediante a extensão da disciplina legislativa às situações não contempladas ou insuficientemente contempladas pela disciplina normativa[20], revela-se extremamente problemática, na medida em que envolve, invariavelmente, acréscimo à despesa pública. Tampouco afigura-se satisfatório o mero reconhecimento da omissão legislativa inconstitucional, preservando-se a legislação contraventora, haja vista as dificuldades que se antepõem ao suprimento da inércia do Poder competente. Alternativa mais adequada é a da anulação da legislação inconstitucional, correlata à omissão parcial, porém com efeitos *pro futuro*, de maneira a permitir a atuação, *oportuno tempore*, do legislador. Essa última alternativa, entretanto, somente se mostra viável, via de regra[21], em um sistema sancionatório de anulabilidade,

---

[18] Ob. cit., p. 481.

[19] No primeiro caso, haveria omissão parcial absoluta, ao passo que, no segundo, restaria configurada a denominada omissão parcial relativa.

[20] Estar-se-ia, nessa segunda variante, diante de decisão aditiva, que deve observar os limites traçados pela doutrina para essa modalidade de técnica decisória, sob pena de se converter em fonte profícua de ativismo judicial. Sobre o assunto, remeto ao meu trabalho *Ativismo judicial: parâmetros dogmáticos*, São Paulo, Saraiva, 2010, p. 217-19.

[21] Ressalvada a possibilidade, excepcional e inçada de dificuldades, de convalidação parcial de leis sancionadas com nulidade, fazendo-se o que se convencionou chamar de modulação

porquanto pressupõe a aceitação da validade pretérita do ato legislativo impugnado.

Tampouco o fenômeno da inconstitucionalização progressiva, em que o órgão de controle reconhece a constitucionalidade do ato legislativo fiscalizado, porém adverte para a possível perda superveniente desse *status*, em face da provável evolução da realidade fática subjacente[22], é conciliável com a categoria da nulidade *ope iure*. Com efeito, como declarar a nulidade *ab initio* de um ato normativo se, por ocasião de sua edição, não estava em dissonância com a Constituição, algo que somente veio a ocorrer mais adiante, em virtude de alteração das circunstâncias fáticas ou dos critérios jurídicos utilizados em sede de jurisdição constitucional? Uma vez consumado o processo de erosão da legitimidade constitucional, haverá que se impor sanção de anulabilidade, modulando-se o efeito da decisão sancionatória, que desconstituirá a lei objeto de censura a partir de um prazo fixado *pro futuro*, a partir da publicação da sentença (*ex nunc*), ou a partir do momento em que se configurou, inequivocamente, no passado, a inconstitucionalidade (retroação parcial).

Por último, há que se mencionar as situações em que a invalidade da legislação controlada induz ao surgimento de "lacuna jurídica ameaçadora", que se mostra mais nociva à ordem constitucional do que a própria subsistência da disciplina legal censurada[23]. Nessa hipótese, de indispensabilidade da lei, malgrado inconstitucional, ressalvada a alternativa, de duvidosa compatibilidade com o princípio da supremacia da Constituição, da declaração de inconstitucionalidade sem a imposição de sanção alguma, a técnica sancionatória que permite melhor contornar o óbice é

---

dos efeitos temporais da decisão declaratória de inconstitucionalidade.

[22] De fato, na jurisprudência da Corte Constitucional alemã, o reconhecimento da inconstitucionalização progressiva ainda não consumada costuma vir acompanhado da formulação de apelo ao legislador (*appellentscheidungen*), no sentido de modificar a legislação questionada, evitando com isso a sua invalidação futura: cf. Gilmar Ferreira Mendes, *Jurisdição constitucional: o controle abstrato de normas no Brasil e na Alemanha*, São Paulo, Saraiva, 1996, p. 231-4.

[23] Segundo Gilmar Mendes, *Jurisdição constitucional*, cit., p. 211-2, a Corte Constitucional alemã, diante de "lacunas jurídicas ameaçadoras" (*bedrohliche Rechtslücken*) lança mão da técnica da declaração de inconstitucionalidade sem a pronúncia de nulidade.

a da anulação com efeitos diferidos para o futuro, viabilizadora da atuação do legislador a tempo de evitar o caos jurídico[24].

IV. A modulação dos efeitos temporais das decisões de controle em sistema de nulidade

Se a modalidade de sanção de invalidade cominada à lei inconstitucional pode ser identificada a partir das características do sistema de controle e se este, em ordenamentos estruturados sob a dominância de Constituições dotadas de supremacia hierárquica, situa-se em patamar superior ao da legislação ordinária[25], é lícito afirmar que, na expressiva maioria das vezes, a opção entre nulidade e anulabilidade não se encontra à disposição do legislador infraconstitucional, decorrendo do sistema de fiscalização desenhado pelo próprio Constituinte[26].

Todavia, no Brasil, descurando-se de tal condicionamento dogmático, houve por bem o legislador ordinário, ao regular o processo e julgamento da ação direta de inconstitucionalidade e da ação declaratória de constitucionalidade perante o Supremo Tribunal Federal, introduzir o instituto

---

[24] A hipótese não escapou à argúcia de Hans Kelsen, na antológica conferência intitulada "A garantia jurisdicional da Constituição", parte da obra *Jurisdição constitucional*, introd. Sérgio Sérvulo da Cunha, trad. Alexandre Krug, Eduardo Brandão & Maria Ermantina Galvão, São Paulo, Martins Fontes, 2003, p. 178: "(...) o tribunal constitucional deveria poder decidir que a anulação, em especial das leis e dos tratados internacionais, só entraria em vigor após a expiração de certo prazo a partir da publicação, quando mais não fosse para dar ao Parlamento a possibilidade de substituir a lei inconstitucional por uma lei conforme à Constituição, sem que a matéria regulada pela lei anulada ficasse sem disciplina durante um tempo relativamente longo."

[25] Com efeito, se a função de controle da constitucionalidade das leis e atos normativos é ínsita à função jurisdicional comum acabará sendo inferida das disposições constitucionais que a disciplinam, ao ensejo da montagem do arranjo institucional da separação dos Poderes, como fez o juiz Marshall, em *Marbury versus Madison*. Se, ao contrário, a fiscalização de constitucionalidade adquire autonomia em relação à jurisdição ordinária, adotando-se alguma espécie de controle principal ou concentrando-se a competência fiscalizatória em uma Corte Constitucional, a matéria deverá receber tratamento explícito no Texto Magno, haja vista o caráter de exceção no tocante à configuração habitual da organização dos Poderes, informada pelo princípio da separação.

[26] Bem por isso, discorrendo sobre a sanção de nulidade no sistema jurídico brasileiro e na mesma linha de outros constitucionalistas pátrios, assinalei "que a nulidade da lei desconforme à Constituição é, no Brasil, princípio constitucional implícito, que não pode ser afastado pela legislação ordinária, mas isso, reitere-se, não em face da supremacia reconhecida à Carta Magna e sim em virtude das características básicas de nosso sistema de controle": cf. *O controle de constitucionalidade no Brasil*, cit., p. 295.

MESAS-REDONDAS

da modulação dos efeitos temporais das decisões declaratórias de inconstitucionalidade, sob forte inspiração do direito constitucional português posterior a 1976[27]. E o fez nos termos seguintes:

"Ao declarar a inconstitucionalidade de lei ou ato normativo, e tendo em vista razões de segurança jurídica ou de excepcional interesse social, poderá o Supremo Tribunal Federal, por maioria de dois terços de seus membros, retringir os efeitos daquela declaração ou decidir que ela só tenha eficácia a partir de seu trânsito em julgado ou de outro momento que venha a ser fixado."[28]

Em consequência, a par da polêmica doutrinária que se instaurou a propósito da constitucionalidade da base legal do instituto, encontram-se pendentes de julgamento no Supremo Tribunal Federal duas ações diretas de inconstitucionalidade em que se pretende obter a declaração de inconstitucionalidade do dispositivo supratranscrito[29].

De qualquer modo, desconsiderando-se a controvérsia acerca da invalidade da modulação brasileira, o certo é que se trata de mera atenuação da projeção temporal ínsita às decisões judiciais que declaram a inconstitucionalidade legislativa sob o signo da nulidade de pleno direito. Não se justificam, *data venia*, as cogitações doutrinárias em torno de eventual superação da sanção de nulidade, a partir da introdução da modulação temporal dos efeitos da declaração de inconstitucionalidade. Conforme observei alhures, o que faz o órgão de controle, ao utilizar a técnica, *"é convalidar, parcialmente, o ato legislativo inquinado de nulidade, assegurando a sua validade e, portanto, a produção de alguns efeitos próprios, durante certo lapso temporal"*[30].

---

[27] Estabelece o artigo 282, nº 4, da Constituição da República Portuguesa, de 2-4-1976: "Quando a segurança jurídica, razões de equidade ou interesse público de excepcional relevo, que deverá ser fundamentado, o exigirem, poderá o Tribunal Constitucional fixar os efeitos da inconstitucionalidade ou da ilegalidade com alcance mais restrito do que o previsto nos nºs 1 e 2." Não pareceu relevante ao legislador brasileiro o fato de que, em Portugal, cujo ordenamento jurídico também adota a sanção de nulidade, a introdução da modulação temporal se fez em nível constitucional.

[28] Artigo 27 da Lei Federal nº 9.868, de 10-11-99. A Lei nº 9.882, de 3-12-1999, que disciplinou o processo e julgamento da arguição de descumprimento de preceito fundamental, contém dispositivo bastante assemelhado (artigo 11).

[29] Trata-se das ADIs 2.154-2 e 2.258-0, ambas sob a relatoria originária do ex-Ministro Sepúlveda Pertence que, pouco antes de se aposentar, proferiu voto no sentido da inconstitucionalidade do dispositivo legal impugnado.

[30] *O controle de constitucionalidade no Brasil*, cit., p. 300.

Entendo que a atenuação da invalidação radical, inerente à incidência da sanção de nulidade *ipso iure*, nos moldes da modulação temporal adotada pelos ordenamentos português e brasileiro, é mais consentânea com as decisões de controle proferidas em ações diretas de inconstitucionalidade (controle abstrato de normas) ou em fiscalização concreta que contemple, de algum modo, a generalização dos efeitos subjetivos da decisão, como ocorre em Portugal, na hipótese do artigo 281, nº 3, da Constituição de 1976[31]. Isso cm virtude da maior facilidade de se harmonizar a convalidação parcial da lei inconstitucional que a modulação predica com as exigências decorrentes do princípio da isonomia[32].

V. Conveniência da migração do sistema sancionatório brasileiro para a anulabilidade

A resposta à indagação provocativa que encabeça este trabalho, não deve, a meu juízo, dar margem a qualquer titubeio: a nulidade *ipso iure* do ato inconstitucional, presente de longa data nos ordenamentos luso e brasileiro, continua sendo o que sempre foi, ou seja, a única categoria sancionatória compatível com o sistema de controle impresso nas Constituições de 1976 e 1988, sendo dotada das características tradicionalmente apontadas pela doutrina e jurisprudência respectivas.

A atenuação da invalidade visceral do ato sancionado, que encontrou abrigo na Constituição portuguesa de 1976 e em legislação ordinária brasileira do ano de 1999, conquanto excepcional e limitada, apenas está a demonstrar o descompasso existente entre a categoria sancionatória adotada e o caráter social-democrático de ambos os ordenamentos jurídicos.

Ao menos desde o início da década de noventa (portanto, há 20 anos), venho propugnando pelo abandono (direto e não por meio de subterfúgios) da sanção de nulidade e sua substituição pela de anulabilidade, o que importaria, necessariamente, na migração do sistema de controle de constitucionalidade brasileiro para o modelo europeu ou de controle concentrado:

---

[31] Reza o dispositivo: "O Tribunal Constitucional aprecia e declara ainda, com força obrigatória geral, a inconstitucionalidade ou a ilegalidade de qualquer norma, desde que tenha sido por ele julgada inconstitucional ou ilegal em três casos concretos."

[32] No caso do direito brasileiro, a inserção do instituto da modulação temporal em um diploma legal dedicado à disciplina da ADI e da ADC, parece indicar, claramente, o seu confinamento ao campo do controle abstrato de normas, conquanto tal balizamento não venho sendo observado pela jurisprudência do STF.

MESAS-REDONDAS

"Avaliados os resultados concretos dos vários sistemas sancionatórios da inconstitucionalidade, parece-nos que, por meio da sanção de anulabilidade, se tem conseguido melhor equilibrar o princípio da supremacia constitucional com as exigências de segurança nas relações jurídicas.

Nem se argumente que a validade provisória da lei anulável implicaria tolerar a violação da Constituição, abrindo profunda brecha na solidez das Constituições rígidas. A anulação ex nunc da lei inconstitucional foi abandonada até mesmo na Áustria, considerada o paradigma do modelo, ali construído a partir das lições de Kelsen. Atualmente, os ordenamentos que acolhem a sanção de anulabilidade admitem, em graus variáveis, a retroatividade da decisão anulatória, estipulando-se, em geral, como limite as relações exauridas sob o império da lei a ser desconstituída.

Não se deve olvidar que a eventual opção pelo sistema de sanção de anulabilidade exigirá profundas alterações no regime do controle de constitucionalidade (...). O controle teria de ser necessariamente concentrado, provocado incidentalmente ou por meio de ação direta (o ideal é a combinação) e dotado de eficácia erga omnes. A exigência da concentração permitiria a salutar especialização do órgão controlador, em termos de jurisdição constitucional. Para tanto, poder-se-ia aproveitar o Supremo Tribunal Federal, desde que restrita sua jurisdição à matéria constitucional (em via principal ou por meio de incidente de inconstitucionalidade, suscitado nos demais tribunais ou juízos)."[33]

Por certo a proposta de substituição da sanção de nulidade pela de anulabilidade, acoplada à proposta de completo redesenho do sistema de controle brasileiro, não tem em mira, simplesmente, a perfeição das formas, resultante de elucubrações teoréticas despregadas da realidade. Cuida-se, na verdade, de encontrar o instrumental mais adequado para que se possa, em última análise, vivenciar a plenitude dos direitos fundamentais consagrados na Constituição brasileira em vigor, de indisputável inspiração democrático-social[34].

---

[33] *A inconstitucionalidade das leis: vício e sanção*, cit., p. 131.

[34] Em *O controle de constitucionalidade do Brasil*, consignei: "Se a implantação do projeto social-democrático que o Constituinte consagrou está a exigir a conformação de nosso sistema de controle ao padrão europeu, pode-se afirmar que a evolução rumo a esse modelo de fiscalização não é apenas uma tendência, mas uma proposta a ser defendida, na medida em que se registra autêntico consenso em relação às linhas gerais do sistema político plasmado pela Carta de 1988." Ob. cit., p. 482-3.

A NULIDADE *IPSO IURE* DA NORMA INCONSTITUCIONAL JÁ NÃO É O QUE ERA?

José Joaquim Gomes Canotilho

Professor da Faculdade de Direito da Universidade de Coimbra e Presidente do Conselho de Curadores da Agência de Avaliação e Acreditação do Ensino Superior

Parte I
I. A nulidade das leis como discurso tautológico

A "descoberta" jurisprudencial do controlo difuso da constitucionalidade das leis no célebre caso *Marbury* v *Madison* partia do seguinte silogismo: (1) as leis que violam a constituição são leis *ultra vires*; (2) como leis *ultra vires* padecem de um vício congénito e, por isso, são "null and void"; (3) logo, enquanto leis nulas são inconstitucionais. A partir daqui desenvolveu-se uma imensa literatura em torno de um tautologia: (i) as leis nulas são inconstitucionais; (ii) as leis inconstitucionais são nulas.

Em rigor, entende-se que um ato normativo estadual de natureza legislativa que violasse uma norma da constituição deveria considerar-se *ilícito*. A ilicitude recortava-se como *violação de uma norma*, quer se tratasse de uma norma de direito material, quer de uma norma da distribuição de competências, quer ainda de uma norma reguladora de processos e procedimentos. A partir daqui instalou-se aquilo que na literatura jurídica se designou por "dogma da nulidade"[1] e o seu princípio – *o princípio da nulidade ipso jure ex tunc*. Note-se a nulidade é (1) *ipso jure*; (2) *ex tunc*. A doutrina desta nulidade "encaixou-se" como pressuposto lógico na fiscalização concreta da inconstitucionalidade. A lei era desaplicada pelo juiz porque, desde a sua origem (*ex tunc*) padecia de uma maldade congénita (*ipso jure*). No sistema português de fiscalização abstrata influencia também o regime jurídico-constitucional dos efeitos da declaração de inconstitucionalidade e da ilegalidade (cfr. CRP, artigo⁰ 282⁰). A construção permaneceu indiscutida durante muito tempo. Por um lado, a regra *ex tunc* designava tão somente o marco temporal da verificação de uma situação de colisão entre dois direitos – o direito da constituição e o direito da lei. Por outro lado, a regra *ipso jure* derivada da própria hierarquia das normas constitucionais tornava o direito inferior irrecuperavelmente viciado.

---

[1] Vide Jörn Ipsen, *Rechtsfolgen der Verfassungswidrigkeit von Normen und Einzelakt*, 1980.

II. Nulidade total e nulidade parcial

Diferente da anterior questão é a questão de saber se os resultados jurídicos da nulidade afetam a lei como um todo. Em alguns casos, a nulidade total parece impor-se. É o que acontece nos casos de incompetência (*ultra vires*), no caso de vícios no procedimento legislativo (ex: inexistência das maiorias exigidas na votação e na formação de vontade legislativa) e no caso de imbricações substanciais das normas da lei consideradas nulas com outras normas imensuráveis incorporadas no ato legislativo. Noutros casos, admite-se o instituto da *nulidade parcial* incidente sobre uma norma ou *normas* específicas ou, até, sobre *segmentos* autónomos de normas. A lógica aqui subjacente – não se aniquila uma lei na sua totalidade quando o vício afeta apenas uma (ou várias normas específicas) ou mesmo segmento se norma, assenta num topo argumentativo conhecido. "Enquanto" for possível salvar um conteúdo útil não deve impor-se a sanção da nulidade total. "Na medida em que for possível limitar as "maldades" jurídicas a uma determinada norma ou segmento de norma, deve observar-se o princípio da salvaguarda das normas não julgadas contrárias à constituição. Passaram, porém, a fazer parte desta retórica argumentativa outras figuras retóricas como, por exemplo, a da *interpretação em conformidade com a Constituição*. Mesmo em sede de nulidade parcial, a chamada *declaração de nulidade parcial qualitativa sem redução do texto da norma* justificaria a exclusão da aplicação do texto da norma a determinados casos, garantindo-se a conformidade da norma em causa.

III. A declaração de incompatibilidade

Enquanto nas hipóteses anteriores de nulidade não se põe em causa o princípio da *nulidade ipso jure ex tunc*, já nos casos da chamada *declaração de incompatibilidade* existe o afastamento da nulidade para se poder dar operacionalidade jurídica a uma outra figura – a da *incompatibilidade*. É aqui que começa o terreno perigoso do direito judicial. Sem qualquer autorização constitucional, os juízes abandonam o esquema da nulidade para se arrogarem o direito de manipular em termos flexíveis os resultados ou consequências jurídicas da *ilicitude constitucional*. Estas declarações de incompatibilidade começam por ser sugeridas pela *praxis* jurisprudencial para, em seguida, serem incorporadas nas leis sobre organização, funcionamento e processo dos tribunais constitucionais. Em muitos casos, ficam por ser normativamente esclarecidos os pressupostos legitimadores da adoção prudencial da declaração de incompatibilidade. Isso não implica que não se pergunte, em face da consolidação dogmática desta construção, pela legitimação deste desenvolvimento em sede de controlo dos vícios de ilicitude constitucional. Uma primeira resposta joga com a ideia de *responsabilidade dos juízes perante os resultados* das suas sentenças. Com efeito, a nulidade *ipso jure ex tunc* pode conduzir, em toda a sua rigidez, a resultados em clara rota de colisão com os princípios e normas constitucionais (imagine-se a nulidade *ipso jure* de importantes normas fiscais e das suas consequências financeiras e fiscais). Esta mesma ideia de responsabilidade pelas decisões está implícita numa outra manipulação – a da *declaração de constitucionalidade a resvalar para a inconstitucionalidade*, o que justifica a modelação de intensidade do controlo através de "avisos ou apelos ao legislador" e definição de prazos dentro dos quais se impõe, sob pena de inconstitucionalidade, a emanação ou modificação de um determinado regime jurídico.

IV. O princípio da igualdade como norma de controlo

O princípio da igualdade há muito que foi assinalado como um dos elementos perturbadores da *nulidade ipso jure ex tunc*. Em causa está a interpretação e aplicação da lei a partir da "norma-medida" fornecida pelo princípio da igualdade. Em muitos casos, a extrínsecação do conteúdo normativo do princípio da igualdade implica uma perspectiva de *correlação de normas*. O juízo de igualdade ou desigualdade é desenvolvido num contexto de comparação de grupos com interesses contraditórios. Ao tratamento desigual de um grupo corresponde o favorecimento de outros. O legislador defronta-se com duas alternativas: ou alargamento da posição jurídica favorável ao outro grupo ou neutralizar esta posição relativamente ao grupo favorecido. A decisão em sede de controlo não é fácil porque não raro estão em causa políticas públicas e decisões políticas. Acresce que a *cassação* de uma lei com as consequências da nulidade pode não ser a melhor em termos de justiça material[2]. É que a ilicitude constitucional não reside na norma existente mas sim na não consideração como igual de um outro universo subjetivo. Possivelmente, pode não haver uma *inconstitucionalidade por ação* mas sim uma *inconstitucionalidade por omissão*.

---

[2] Cfr., na literatura mais recente, Jens Blüggel, *Unvereinbarkeitserklärungs staf Normkassation durch das Bundesverfassungsgericht*, 1998.

V. Tornar-se inconstitucional com o tempo

A nulidade *ipso jure* já não é o que era se olharmos também para o fenómeno da transmutação do direito com o passar dos anos. O direito torna-se *inconstitucional com o passar do tempo* quando perdeu a sua legitimação em virtude das profundas transformações da vida social. Isto conduz a que uma solução legal sem quaisquer suspeitas de inconstitucionalidade não resista a um juízo de justiça temporalmente adequado. Sob as roupagens de um "dever de melhoria das leis" ou de um dever de aperfeiçoamento das soluções legislativas", coloca-se o problema da responsabilidade pelos efeitos da decisão. Os juízes descobrem um dever constitucional geral que obriga o legislador a considerar sempre o direito como carecedor de aperfeiçoamentos atualizadores. É fácil vislumbrar a dificuldade jurídica e metódica desta dedução de um dever geral de aperfeiçoamento legislativo. Os juízes arrogam um *juízo de prognose* que, em rigor, se traduz em converter a referência da norma à realidade em pressuposto da validade normativa. De qualquer modo, a solução material não pode nem deve ser fornecida pelas decisões judiciais, pois estas limitam-se, tendo em conta o conhecimento e experiência existentes, a assinalar a indispensabilidade de substituição do regime jurídico existente por uma solução materialmente ajustada. Daí a lógica das *decisões de apelo ao legislador*. Resta saber quais são as consequências ou resultados jurídicos deste apelo, pois a decisão judicial incidente sobre a norma motivadora do apelo não considera esta nem ferida de nulidade nem justificadora de uma declaração de incompatibilidade. Diríamos que, momentaneamente, há uma "fixação de compatibilidade". Diferentemente se passam as coisas no caso de fixação de prazos impositivos de legislação, dado que, nesta hipótese, a ultrapassagem temporal significaria a nulidade do ato normativo submetido a juízo de inconstitucionalidade.

VI. A interpretação em conformidade com a Constituição

A chamada *interpretação das leis em conformidade com a constituição* representa outra forma de salvar uma norma da sentença de nulidade. O mesmo espírito de "conservação" parece habitar noutros institutos próximos como o da "interpretação do direito nacional em conformidade com o direito da União Europeia"[3]. Embora haja grande oscilação quanto às bases

---

[3] No direito americano desenvolveu-se no direito processual a praxis da "Disallowance by Statutory Interpretation", cfr. J. killian/G. Costello, *The Constituion of the United States Analisys and Interpretation*, Washington, 1996, p. 647 ss.

legitimadoras de tal artifício dogmático, – quando, em sede de interpretação, forem aceitáveis vários sentidos conducentes à inconstitucionalidade e outros conducentes a um resultado de conformidade constitucional, deve dar-se primazia a estes últimos – eles costumam identificar-se com os postulados de "prevalência da constituição", da "hierarquia das normas" e da "não contradição da ordem jurídica". O princípio da interpretação da lei em conformidade com a Constituição pretende, no fundo, conciliar a força normativa da Constituiçao com a força normativa da lei, dado que o objetivo da interpretação é descobrir (1) um sentido normativo adequado à manutenção da lei e à realização dos respectivos fins; (2) que, ao mesmo tempo, se possa considerar um sentido em sintonia com as normas e princípios constitucionais.

Parte II: Tendências sob o ponto de vista orgânico-institucional
I. Papel ativo de garantia da Constituição

A evolução que atrás traçámos de uma forma breve e fragmentária abre o caminho para a resposta a esta pergunta: como é que os tribunais constitucionais podem continuar a ser os "guardiões da Constituição"? As "atitudes" dogmaticamente captadas reconduzem-se a três formas de compreender as "maldades" dos vícios de inconstitucionalidade: (1) ou assumem o rigorismo cassatório, reconhecendo e declarando a inconstitucionalidade das normas de forma seca e cortante com o auxílio do dogma da *nulidade ipso jure ex tunc,* (2) ou adotam uma perspectiva conservadora e de *self restraint,* dando prevalência a uma presunção de constitucionalidade, (3) ou descobrem uma terceira via auxiliada pela incorporação de vários modelos de sentenças e de figuras argumentativas tais como a das *sentenças manipulativas e intermédias*[4], que mais são senão o reconhecimento das *ilicitudes relativas* e da necessidade de prudência para, de forma gradativa ou graduável, captarem os desvalores dos atos normativos praticados pelos órgãos competentes. Se compreendemos bem as coisas, a modelação dos efeitos das sentenças traduz a compreensão da responsabilidade primeira destes tribunais. Utilizando um linguajar próprio da doutrina italiana, o apuramento dogmático dos efeitos, natureza e funções dos vários tipos de sentença aponta para as

---

[4] Cf., por todos, Carlos Blanco de Morais, *As Sentenças Intermédias da Justiça Constitucional,* Lisboa, 2009.

funções de *supletividade, complementaridade e de concretização normativa* típicas de órgãos que assumem, também elas, um papel ativo de garantia da constituição.

II. Papel ativo de integração ou limites da integração no contexto supranacional

Em julho de 2009, o Tribunal Constitucional Alemão profere uma sentença sobre o Tratado de Lisboa que, até hoje, não deixou de merecer elogios e comentários acerbamente críticos. Assumindo a linha traçada na sentença sobre o Tratado de Maastricht, o Tribunal Constitucional Alemão colocou o problema de saber se os tribunais constitucionais devem ser responsáveis, enquanto guardiões da Constituição, pela definição jurídico- -constitucional da própria integração europeia. Para além dos ressaibos hegelianos, tipicamente alemães, em torno do "Estado" e da "soberania", o tema suscita o problema de saber quem é que aprecia os atos *ultra vires* lesivos da estrutura constitucional dos Estados-Membros. Tal como aconteceu nos inícios da génese do controlo da constitucionalidade das leis no caso *Marbury* v *Madison,* em que se colocava o problema do desvalor constitucional dos atos *ultra vires,* também agora a questão dos limites da integração europeia retorna ao plano da salvaguarda da Constituiçao e do Estado por ela normativamente conformado.

A grande novidade é a de que o impulso de controlo da constitucionalidade dos atos suspeitos de ultrapassarem os limites da "estatalidade constitucional" radica em *recursos de amparo* dinamizados por deputados em termos individuais ou no âmbito de litígios interorgânicos (agitados por grupos parlamentares). Vendo bem as coisas, o Tribunal Constitucional, apoiado na dinamização democrática das ações constitucionais de defesa, assume-se não apenas como "guardião da constituição dos direitos", mas também como guardião da "estatalidade alemã", assumindo a *responsabilidade* de controlar o eventual esvaziamento dos poderes estatais relativamente à União Europeia.

Tema 2
Sim ou não ao recurso de amparo?

Jorge Reis Novais
Professor da Faculdade de Direito de Lisboa

Apenas algumas palavras, no tempo que disponho, sobre este tema do recurso de amparo que normalmente, aqui em Portugal, não é tido como questão central, é uma questão deixada à margem.

O sistema de fiscalização está estabilizado desde 1976, pelo que falar em amparo e, sobretudo, propor a introdução do amparo no nosso sistema de fiscalização da constitucionalidade é uma coisa complicada, que envolveria grandes modificações do sistema, tanto mais quanto, como se viu, o Tribunal Constitucional já atualmente se debate com grandes dificuldades.

Como se viu hoje naquela exposição da Conselheira Maria Lúcia Amaral, o Tribunal Constitucional tem que se dispersar já sobre toda uma série de assuntos, alguns deles de duvidosa pertinência na justiça constitucional e, então, quando alguém sugere que além daquilo que existe agora, se crie um novo recurso de amparo, isto é, a possibilidade de um cidadão ter acesso direto ao Tribunal Constitucional para defesa dos seus direitos fundamentais, a proposta aparece como inoportuna; sobretudo para os juízes do Tribunal Constitucional seria alguma coisa de alarmante.

Diz-se que, em Portugal, aceitar o recurso de amparo inviabilizaria totalmente o funcionamento do Tribunal Constitucional, que não funcionaria, tal seria a avalanche de recursos.

MESAS-REDONDAS

No entanto, e aí a perplexidade, o recurso de amparo existe em Espanha e a Espanha tem quatro vezes mais habitantes que Portugal, portanto, em princípio, quatro vezes mais recursos de amparo do que nós teríamos e o sistema funciona. Isto explicar-se-ia, pode imaginar-se, porque a Espanha terá muito mais juízes no Tribunal Constitucional. Nesta lógica, e uma vez que nós aqui temos treze juízes constitucionais, porventura Espanha teria oitenta juízes no Tribunal Constitucional... A mesma coisa para a Alemanha. Tendo oito vezes mais habitantes do que Portugal, o Tribunal Constitucional deveria ser composto por cento e tal juízes.

No entanto, o Tribunal Constitucional espanhol tem menos um juiz do que o Tribunal Constitucional português, 12 juízes. E o Tribunal Constitucional na Alemanha tem 16 juízes. E funcionam. Mais, foi o recurso de amparo que fez o Tribunal Constitucional na Alemanha, foi o recurso de amparo que fez o Direito constitucional na Alemanha e que deu a projeção ao Direito constitucional alemão, no mundo, que tem hoje.

O que é que o recurso de amparo traria a mais ao nosso sistema?

Uma coisa muito simples. Todas as lesões de direitos fundamentais teriam possibilidade de tutela jurídica e, sendo lesões de garantias constitucionais, teriam tutela por parte da justiça constitucional. Mas, no fundo, isso é uma exigência de Estado de Direito e deveria ser algo de completamente natural numa ordem jurídica de Estado de Direito que tem um Tribunal Constitucional.

Em Portugal, em grande medida, as lesões de direitos fundamentais são, de fato, atalháveis, e podem ser atalhadas junto de tribunais, mas nem todas o podem ser junto do Tribunal Constitucional que, supostamente, está lá para garantir isso mesmo, as garantias constitucionais dos cidadãos. Em Portugal só é possível recorrer ao Tribunal Constitucional quando as lesões de direitos fundamentais são atuadas pelo legislador, pela norma. O Tribunal Constitucional só faz controlo de normas, o que significa que o Tribunal Constitucional só fiscaliza as lesões aos direitos fundamentais decididas pelo legislador, emanadas deste, mas serão só estas é que precisam de proteção? E se for a Administração a violar os direitos fundamentais? E se forem os tribunais? E se forem os magistrados do Ministério Público? Essas já não precisam de proteção? Essas já devem ser ignoradas pelo Tribunal Constitucional? Mas porquê?

Que concepção esteve na cabeça do legislador constituinte, quando fez do legislador o inimigo principal e até único dos direitos fundamentais? Porque é que o Tribunal Constitucional só protege contra estas atuações?

SIM OU NÃO AO RECURSO DE AMPARO?

Eventualmente, a experiência do regime anterior. Aqui em Portugal, como se sabe, os direitos fundamentais, mesmo quando formalmente consagrados na Constituição de 1933, eram depois esvaziados pela atividade do legislador. Logo, colhendo a experiência do regime anterior, compreende-se, de certa forma, que o legislador constituinte democrático se tenha preocupado primariamente com as agressões aos direitos fundamentais atuadas pelo legislador.

Hoje, quando se fala do sistema de fiscalização da constitucionalidade aos alunos de Direito Constitucional e se lhes diz isto, que entre nós há violações dos direitos fundamentais, há, portanto, inconstitucionalidades que, sendo praticadas através de atos individuais e concretos, sejam atos da Administração, sejam atos do poder judicial, nunca chegarão ao Tribunal Constitucional, eles não percebem como pode ser assim.

A explicação pode ser: é assim porque senão o Tribunal Constitucional não funciona. E voltamos então àquela outra questão: porque é que nos outros países pode funcionar e em Portugal não?

Ou será tudo isto uma questão meramente teórica que na realidade prática não se verifica ou não tem qualquer interesse?

Vejamos um exemplo.

Nos últimos seis meses, em Portugal, o grande tema de Direito Constitucional – tirando a questão do casamento homossexual que já estava resolvida há muito tempo com o primeiro acórdão do Tribunal Constitucional –, a grande questão jurídica que tem interessado a opinião pública é a questão da liberdade de imprensa, designadamente, os conflitos entre o exercício da liberdade de imprensa e o segredo de justiça, o exercício da liberdade de imprensa e o bom nome das pessoas, a privacidade das pessoas.

É a questão mais discutida. A certa altura há um jornal que coloca na primeira página, "pela primeira vez, em trinta anos, o primeiro caso de censura prévia". Um juiz tinha determinado numa providência cautelar que o jornal ficava proibido de publicar umas escutas. Uma grande excitação em torno do tema, colisão entre a liberdade de imprensa e os outros valores. E é uma questão de constitucionalidade, uma vez que se trata de valores constitucionais.

Em Portugal, estas questões chegam aos tribunais judiciais, os tribunais comuns decidem estes conflitos e normalmente, em Portugal, o juízes têm grande sensibilidade na avaliação que fazem no conflito entre estes dois valores, a este valor do bom nome das pessoas, da privacidade, já não

245

tanto do segredo de justiça. Há, então, uma grande tendência, nos juízes dos tribunais comuns, para dar prevalência, no caso pontual, aos valores da privacidade, do bom nome, eventualmente em prejuízo da liberdade de imprensa.

Ora, estas questões não são meramente teóricas, são as questões que existem e que a sociedade portuguesa debate. O que acontece é que se os particulares afetados consideram que os tribunais comuns violaram a sua liberdade de expressão, a sua liberdade de imprensa, não podem, como vimos, recorrer para o Tribunal Constitucional, mas como podem então defender os seus direitos fundamentais? O que tem acontecido é que, muitas vezes, nessas situações, os particulares vão para o Tribunal Europeu dos Direitos do Homem. É a via que lhes resta. E, sistematicamente, nos últimos anos, o Tribunal Europeu dos Direitos do Homem condena o Estado português, por violação da liberdade de imprensa.

O que, diga-se, é algo esquisito. Como se pode compreender que chegando oito casos deste tipo ao Tribunal Europeu dos Direitos do Homem, este Tribunal condene oito vezes o Estado português, o que significa que, ao contrário dos juízes comuns portugueses, no conflito entre liberdade de imprensa e os outros valores constitucionais, achou sempre que a liberdade de imprensa devia prevalecer, portanto, que os tribunais portugueses estavam sempre enganados.

Seria mais lógico, quando há dois valores em colisão, que numas situações deva prevalecer um, mas em situações diversas prevaleça o outro, ou seja, é difícil perceber que a razão esteja sempre do lado dos jornalistas. Mas, no Tribunal Europeu dos Direitos do Homem tem sempre sido dada prevalência à liberdade de imprensa nesta ponderação de valores. Ou porque o TEDH não está em Portugal, não sabe o que se passa, e ninguém, como os juízes portugueses, pode verdadeiramente apreciar de que maneira o bom nome duma pessoa foi afetado ou não na situação concreta. Não é o TEDH que, em Estrasburgo, sabe que reflexos aquele conflito ou aquela notícia teve na vida das pessoas. O que se tem passado é isto: os juízes portugueses decidem de certa forma e o TEDH condena o Estado português, ou seja, há, nos últimos anos, este conflito que não é um conflito latente, é um conflito aberto, entre juízes portugueses e TEDH sobre a mesma matéria.

Mas estas questões são questões de constitucionalidade, são valores constitucionais que estão em causa, são direitos fundamentais que estão a ser desconsiderados, ou pelos juízes portugueses ou pelo TEDH. Seria pois importante saber o que pensa, sobre a matéria, sobre este tipo de conflito constitucional, o Tribunal que, em Portugal, foi especificamente criado para defender os valores constitucionais.

Qual é, afinal, a posição do Tribunal Constitucional sobre esta matéria? Nada, zero, passa-lhe ao lado.

O Tribunal Constitucional está a tratar de outras questões, questões dos partidos políticos, declarações de rendimentos, recursos eleitorais, outras questões de constitucionalidade, mas neste tema em que estão dois direitos fundamentais da maior importância em confronto, o Tribunal Constitucional português não tem nada que ver com isso. O conflito desenvolve-se entre o TEDH e os juízes portugueses.

Mas não seria positivo os juízes portugueses colherem uma posição junto do Tribunal Constitucional? A posição do Tribunal Constitucional não é importante num caso destes, com esta magnitude? É que se não for importante nisto, então, para que é que serve ter um Tribunal Constitucional, um tribunal especializado? Para decidir que tipo de questões? Só aquelas dos partidos e dos recursos eleitorais?

O Tribunal Constitucional decide questões de constitucionalidade, também muito interessantes, mas a outro nível.

Já este ano, discutiu uma questão que seria relacionada com a ASAE. Uma senhora num café da Trafaria tinha máquinas de jogo ilícito; a ASAE apreendeu as máquinas, deteve a senhora, caso julgado nos tribunais, recurso para o Tribunal Constitucional.

E porque é que este recurso já chega ao Tribunal Constitucional? Tratava-se de algum direito fundamental? Não. Aquilo que o advogado invocou para chegar ao Tribunal Constitucional foi que o decreto que criou a ASAE era organicamente inconstitucional, porque a ASAE era uma força de segurança, logo, matéria reservada à Assembleia da República e o decreto fora aprovado pelo Governo.

Então é sobre este tipo de questões que o Tribunal Constitucional é chamado a decidir. O Tribunal Constitucional foi apreciar esta magna questão de saber se aquele decreto de 2007, que tinha sido aprovado pelo Governo, não o deveria ter sido pela Assembleia da República. O Governo em 2007 tinha maioria absoluta, portanto, o Governo decidir aprová-lo ou mandá-lo para a Assembleia da República é a mesma coisa. Tê-lo-ia aprovado na Assembleia da República sem nenhuma dificuldade, por maioria

MESAS-REDONDAS

absoluta. Os partidos da oposição não chamaram o decreto à apreciação, isto é, não tiveram problema nenhum com aquele decreto. Mas, passados três anos, há um advogado que, explorando os mecanismos de fiscalização da constitucionalidade, acha que tem um pretexto para, pelo menos, levantar a questão, até porque os juízes comuns também diziam que a matéria tinha que ser decidida pela Assembleia da República, e é esta "magna" questão que o nosso Tribunal Constitucional aprecia.

É obvio que não faz grande sentido, em termos materiais, saber se um decreto que está em vigor desde 2007 era inconstitucional. A ASAE tem atuado ao abrigo deste decreto e ao fim de três ou quatro anos é que se vem dizer que é inconstitucional porque foi aprovado pelo Governo e não pela Assembleia da República? O problema do Tribunal Constitucional vai então ser o de arranjar uma argumentação no sentido de salvar a constitucionalidade do diploma.

Neste caso foi relativamente fácil, porque o advogado se baseava na pretensa qualificação da ASAE como força de segurança e não foi difícil ao Tribunal rebatê-lo. Mas o Tribunal Constitucional teve o cuidado de omitir uma nota. É que, se é verdade que esta matéria não dizia respeito a forças de segurança, dizia respeito a direitos, liberdades e garantias, e, assim sendo, o Governo só poderia ter aprovado o decreto se tivesse autorização; não tinha, mas o advogado não levantou esta questão dos direitos, liberdades e garantias. Se tivesse levantado, o que é que o Tribunal Constitucional faria? Bom, aí o esforço seria arranjar uma argumentação para dizer que no caso não estavam verdadeiramente em causa direitos, liberdade e garantias, ou não estava em causa o conteúdo essencial de direitos, liberdades e garantias, ou, estando, não havia restrição de direitos, liberdades e garantias, mas mero condicionamento etc.

O ponto a realçar é que intervir num conflito importante em termos de direitos fundamentais e de constitucionalidade, como é o conflito entre a liberdade de imprensa e outros valores constitucionais, o Tribunal Constitucional não pode. Mas decidir se, em 2007, o Governo poderia ter aprovado um decreto, quando o mesmo Governo não teria nenhuma dificuldade em fazê-lo aprovar na Assembleia da República, isso o Tribunal Constitucional já é chamado a decidir.

O ano passado, em 2009, há um advogado que coloca uma questão no Tribunal Constitucional, a propósito do estatuto da carreira docente do politécnico. Havia um conflito e, em 2009, o advogado vem dizer que o diploma que tinha aprovado este estatuto, em 1981, portanto há trinta anos, tinha sido aprovado sem consulta dos sindicatos. E, então, ao fim de trinta anos, o Tribunal Constitucional é chamado a apreciar se há ou não inconstitucionalidade, porque, de acordo com a Constituição, deviam ter sido ouvidos os sindicatos.

Entretanto, desde 1981, os sindicatos já fizeram dezenas de greves a propósito deste e doutros diplomas, os Governos mudaram, todos deixaram ficar o decreto em vigor e há um advogado que, ao fim de trinta anos, surge com esta questão. O Tribunal Constitucional vai, então, verificar se os sindicatos foram ouvidos ou não. Como não há prova de que não foram ouvidos, não há inconstitucionalidade (mas, de fato, é difícil haver prova da não existência de qualquer coisa...).

Eu não critico o Tribunal Constitucional que tem que funcionar com o sistema que temos, o Tribunal Constitucional é obrigado a fazer isto. Aquilo que eu acho é que o Tribunal Constitucional não devia fazer isto, porque isto degrada a função do Tribunal Constitucional, degrada o Direito Constitucional. E acaba por estar tudo um pouco ligado: como o sistema é assim, o Tribunal Constitucional tem que se dedicar a estas questões e não tratar das verdadeiras questões de direitos fundamentais e é porque o Tribunal Constitucional não as trata que o próprio Direito Constitucional faz das grandes questões estas, as orgânicas, as formais.

Faz algum sentido uma inconstitucionalidade orgânica ou formal em fiscalização concreta, ser invocada trinta anos depois? Hoje temos democracia e é quando o decreto-lei é aprovado que as questões orgânicas se colocam. Portanto, se aí ninguém levantou o problema em fiscalização preventiva, se os partidos da oposição não o chamaram a apreciação parlamentar, poderá depois a eventual inconstitucionalidade orgânica ou formal ser levantada a qualquer momento?

E o Tribunal Constitucional tem que passar o seu tempo a tratar deste tipo de inconstitucionalidades e a manter-se alheado e ausente das questões de constitucionalidade verdadeiramente sérias, como as dos conflitos de que há pouco falámos?

Este sistema não está bem, não funciona, não é racional.

É obvio que não se propõe que aos recursos que hoje existem se acrescente o recurso de amparo. Quem invoca essa possibilidade é quem é, no fundo, contra o recurso de amparo. É evidente que a introdução do recurso de amparo obrigaria a uma reformulação geral do sistema de fiscalização, acabando com o atual modelo da fiscalização concreta e com isso o Tribunal Constitucional ficaria aliviado, como acontece nos outros países, de todas aquelas questões menores, puramente dilatórias, sem importância constitucional. Por isso é que só com doze juízes o Tribunal Constitucional espanhol funciona e o alemão, só com dezasseis, também.

Um último argumento, o da tradição. Modificar agora o sistema, passando da atual fiscalização concreta para aquela solução do reenvio prejudicial, com a qual concordo, a que se juntaria o recurso de amparo, iria contra a tradição, retiraria um poder aos juízes que já vem desde a Constituição de 1911.

Mas, desde 1911 até 1976, alguma vez os juízes portugueses utilizaram este poder? É uma tradição fundada em que prática?

Segundo, que poder é este? Quando um juiz, hoje, pode decidir recusar aplicar uma norma, mas sabe que a decisão final acaba por ser a do Tribunal Constitucional, e isso é assim, obrigatoriamente, nas normas importantes, isto não é, afinal, poder nenhum dos juízes. Os juízes teriam muito mais poder se se lhes desse a possibilidade, quando são feitas estas invocações de inconstitucionalidade por parte de particulares com caráter meramente dilatório, de poderem dizer o que sobe ou não ao Tribunal Constitucional, esse é que seria um verdadeiro poder.

José de Melo Alexandrino[1]
Professor da Faculdade de Direito da Universidade de Lisboa

Na primeira vez em que me debrucei explicitamente sobre a eventual introdução do recurso de amparo em Portugal, o enfoque argumentativo foi colocado na resposta a diversos tipos de objeções dirigidas contra a admissão dessa figura[2].

---

[1] Texto da intervenção proferida no Congresso Luso-Brasileiro de Direito Constitucional, subordinado ao tema geral "Perspetivas de reforma da justiça constitucional em Portugal e no Brasil", organizado pelo Instituto de Ciências Jurídico-Políticas da Faculdade de Direito da Universidade de Lisboa, em 8 e 9 de abril de 2010.
José de Melo Alexandrino, *A estruturação do sistema de direitos, liberdades e garantias na Constituição portuguesa*, vol. II – *A construção dogmática*, Coimbra, 2006, pp. 482-492.

[2] José de Melo Alexandrino, *A estruturação do sistema de direitos, liberdades e garantias na Constituição portuguesa*, vol. II – *A construção dogmática*, Coimbra, 2006, pp. 482-492.

Nesta segunda oportunidade de voltar ao assunto, mantendo no essencial a posição então assumida, resolvi colocar a ênfase na série de argumentos que, pela positiva, permitem justificar a posição de acolhimento a uma certa dimensão de amparo, mesmo quando numa feição minimalista.

Todavia, sem ignorar dados novos, designadamente uma série de modificações constitucionais e legais ocorridas nos últimos anos em ordenamentos como os do Brasil, da Espanha da França ou da Suíça e alguns desenvolvimentos doutrinários entretanto vindos a lume.

Centrado naturalmente na pergunta quando colocada ao ordenamento português (e ao seu *perfil próprio* de Estado Constitucional)[3], estarão por isso sempre expressa ou implicitamente presentes certas lições do direito comparado, nomeadamente as respeitantes ao Brasil, Alemanha, Suíça e Estados Unidos, num tema que será essencialmente apreciado nos quadros não da dogmática, mas sim da política constitucional.

Ainda em termos de delimitação, tentarei não trazer para este debate o *topos* da eventual transformação do sistema de fiscalização (designadamente por via da migração para um modelo de reenvio) e em geral de não invadir outros temas objeto de tratamento específico neste Congresso.

Em termos de sequência, depois de (i) deixar claro o ponto de partida quanto à definição do *horizonte do problema*, (ii) arrolarei os vários *grupos de razões*, para terminar também com (iii) uma clarificação acerca da *configuração do recurso de amparo* subjacente à resposta.

I. Horizonte do problema

Uma vez cientes da realidade processual que se pretende significar com a expressão "recurso de amparo" (ou queixa constitucional ou recurso constitucional para proteção de direitos fundamentais) e dada a impossibilidade de situar minimamente o contexto do problema, que no meu entender só pode ser avaliado numa *perspectiva de conjunto* que envolva o sistema de justiça como um todo, há três ideias-força que pretendo tomar como postulados de partida: (1) uma respeitante ao perfil do Tribunal Constitucional português, (2) outra ao sistema de acesso dos cidadãos ao

---

[3] Peter Häberle, "Novos horizontes e novos desafios do constitucionalismo", in *Anuário Português de Direito Constitucional*, vol. V (2006), pp. 45 ss. [33-62]; para uma recente e importante manifestação de compromisso com o Estado Constitucional e o fortalecimento das suas instituições, http://www.stf.jus.br/arquivo/cms/noticiaArtigoDiscurso/anexo/DiscursoPactoRepublicano.pdf.

MESAS-REDONDAS

Tribunal Constitucional e (3) uma terceira ao sentido da evolução predominante em termos de direito comparado.

Em primeiro lugar, penso que é consensual a afirmação segundo a qual o Tribunal Constitucional português não é um "Tribunal dos direitos fundamentais": não o foi no momento constituinte (pois esse lugar estava ocupado pelo Conselho da Revolução), não o é no texto constitucional (artigos 221º e 223º, nº 2), não o é na Lei do Tribunal Constitucional (artigos 6º ao 11º-A) e tão-pouco o é na prática ou na autorepresentação institucional do próprio órgão supremo da justiça constitucional.

E, na verdade, bem distintas são as coisas, por exemplo, na Alemanha, como é atestado pela Lei Fundamental (pelo menos desde 1969), pela doutrina, pelo próprio Tribunal Constitucional Federal e sobretudo pela prática do Tribunal e pela percepção que dela tem a sociedade[4] – como, mais uma vez, se pôde comprovar amplamente com os recentes julgamentos de 9 de fevereiro de 2010, sobre as prestações mínimas de segurança social (*Harz IV – Leistungen*), e de 2 de março de 2010, relativo à retenção de dados das telecomunicações (*Vorratsdataspeicherung*)[5]; algo de similar se pode dizer do Brasil (artigo 102º da Constituição Federal), onde o Supremo Tribunal Federal declara como sua visão do futuro "Ser reconhecido como Corte Constitucional, referência na garantia dos direitos fundamentais, na moderação dos conflitos da Federação e na gestão administrativa"[6].

Em segundo lugar – e esta afirmação é certamente menos consensual –, há um *patente desequilíbrio* no sistema português de fiscalização da constitucionalidade[7], que se traduz especialmente no seguinte:

---

[4] Peter Häberle, "O recurso de amparo no sistema germânico de justiça constitucional" (1997), in *Sub Judice – justiça e sociedade*, janeiro/junho (2001), pp. 33, 35, 38 ss., 48 ss. [33-64]; Id., "Role and impact of constitutional courts in a comparative perspetive", in AAVV, *The Future of the European Judicial System in a Comparative Perspetive*, Baden-Baden, 2006, pp. 65-77; por último, assinalando a relevância da correspondente omissão na Constituição portuguesa, Fausto de Quadros, "Der Einfluß des Grundgesetzes auf die portuguiesische Verfassung aus der Sicht eines portugiesischen Verfassungsrechtlers", in *JöR*, 58 (2010), p. 51 [41-52].

[5] Com as informações relevantes, http://www.bundesverfassungsgericht.de/presse.html.

[6] Supremo Tribunal Federal, *Planejamento Estratégico 2009 – 2013*, Brasília, 2009, p. 7 (acessível em http://www.stf.jus.br/portal/cms/verTexto.asp?servico=sobreStfPlanejamen to Estrategico).

[7] Já neste sentido, com outras indicações, José de Melo Alexandrino, *A estruturação do sistema...*, II, pp. 483 ss.

SIM OU NÃO AO RECURSO DE AMPARO?

Na insensibilidade desse sistema ao primado da pessoa na Constituição, uma vez que uma ofensa, mesmo grosseira, cometida pelos poderes públicos a bens e interesses jusfundamentais da pessoa humana não goza de nenhuma atenção especial por parte da justiça constitucional[8], sendo certo que pareceria natural que ao *primado* dos direitos fundamentais correspondesse um certo nível privilegiado (e não desdiferenciado) de proteção[9] e uma certa repercussão institucional do mesmo;

Pelo contrário, estando previsto o acesso do cidadão ao Tribunal Constitucional, no recurso em fiscalização concreta podem ser defendidos todos os tipos de interesses, mesmo os menores – que são, como é natural, os mais numerosos; de resto, o Tribunal Constitucional nem sequer tem poderes para interferir, por via de recurso, nas decisões denegadoras do *habeas corpus* (o que já seria uma forma de sinalizar a natureza jusconstitucional desse mecanismo e o primado da liberdade individual);

O desequilíbrio e o caráter redutor do sistema estão aliás comprovados pelas vias de saída encontradas pela Comissão Constitucional e pelo Tribunal Constitucional, nomeadamente a adoção de um *conceito funcional de norma* e a extensão do objeto de recurso a *interpretações normativas* e a *normas virtuais*[10];

Também há, quanto a mim, desequilíbrio no fato de ser dispensada pelo Tribunal Constitucional uma proteção plena a direitos e interesses dos *partidos políticos*[11] ou em geral a *matérias eleitorais* (candidaturas, listas, campanhas eleitorais, contencioso eleitoral), matérias cuja dignidade constitucional, sob o prisma axiológico e político-constitucional, não pode considerar-se superior ou mais carecida de proteção do que as relativas aos direitos, liberdades e garantias *pessoais*;

---

[8] Ao contrário dos remédios existentes no ordenamento brasileiro (em especial o *habeas corpus*, o mandado de segurança e o mandado de injunção), ainda que em rigor os mesmos não sejam equiparáveis a um recurso de amparo, ora por via da limitação à liberdade de ir e vir, ora por via da extensão a toda a sorte de "direitos líquidos e certos", ora por via da desvitalização dos efeitos da decisão (para uma síntese, Manoel Gonçalves Ferreira Filho, *Curso de Direito Constitucional*, 34.ª ed., São Paulo, 2008, pp. 320 ss.).

[9] Bodo Pieroth/Bernard Schlink, *Grundrechte: Staatsrecht II*, 16.ª ed., Heidelberg, 2000, p. 285.

[10] Por todos, Jorge Reis Novais, "Em defesa do recurso de amparo constitucional (ou uma avaliação crítica do sistema português de fiscalização concreta da constitucionalidade)" (2005), in *Direitos Fundamentais: Trunfos contra a maioria*, Coimbra, 2006, pp. 163 ss., 170 ss., 179 ss. [155-187].

[11] Já neste sentido, José de Melo Alexandrino, *A estruturação do sistema...*, II, p. 490.

Por arrastamento, uma certa inversão do sentido da intervenção do Tribunal Constitucional, associada à instrumentalização, com efeitos dilatórios, de um recurso manifestamente hipertrofiado conduziram a que este sistema fiscalização tenha, também ele, a sua *quota-parte de responsabilidade na crise que afeta o sistema da justiça* português.

Em terceiro lugar, pode afirmar-se, sem margem para dúvida, que a configuração e o funcionamento do recurso das decisões negativas de inconstitucionalidade (os designados *recursos de 2º tipo*) se orientam no sentido oposto ao que se regista nos ordenamentos que nos são mais próximos.

Com efeito, ao passo que esse tipo de acesso ao Tribunal Constitucional apresenta entre nós uma feição essencialmente subjetivista[12], na Alemanha, na Suíça e na Espanha, o recurso de amparo tem vindo a ser substancialmente objetivado, designadamente através da introdução de um requisito de admissibilidade que se exprime pela "relevância jurídico-constitucional fundamental" (*grundsätzliche verfassungsrechtliche Bedeutung*)[13], pela relevância fundamental (*Grundsätlicher Bedeutung*)[14] ou pela "especial transcendência constitucional" desses recursos[15] – algo de similar afinal ao que sucedeu, no Brasil, com a introdução (no artigo 102, § 3º, da Constituição) do mecanismo da "repercussão geral" em sede de recurso extraordinário[16], numa evidente linha de aproximação ao *writ of certiorari* norte-americano (em todo o caso, com maior transparência, envolvimento social e modernidade)[17].

---

[12] Carlos Blanco de Morais, *Justiça Constitucional*, tomo II – *O contencioso constitucional português entre o modelo misto e a tentação do sistema de reenvio*, Coimbra, 2005, pp. 570 s.; Jorge Miranda, *Manual de Direito Constitucional*, tomo VI – *Inconstitucionalidade e garantia da Constituição*, 2.ª ed., Coimbra, 2005, pp. 58, 226.

[13] Segundo o artigo 93º a, nº 2, alínea *a*), da Lei do Tribunal Constitucional Federal (lei cuja última modificação ocorreu em 1 de dezembro de 2009).

[14] Artigo 191º, nº 2, da Constituição federal suíça de 1999, no texto revisto em 2002 e 2005 (para as correspondentes informações, http://www.admin.ch/ch/i/rs/1/a101.html).

[15] Para uma nota da evolução recente na Alemanha e na Espanha, Catarina Santos Botelho, *A Tutela Direta dos Direitos Fundamentais – Avanços e recuos na dinâmica garantística das justiças constitucional, administrativa e internacional*, Coimbra, 2010, pp. 201 ss. e 271 ss., respetivamente.

[16] Regulada pela Lei nº 11.418, de 19 de dezembro de 2006, e em aplicação efetiva desde 3 de maio de 2007 (no seguimento da Emenda Regimental nº 21, de 30 de abril de 2007).

[17] Sobre as dificuldades do *certiorari* norte-americano, a que procuram responder as análises quantitativas, por último, David C. Thompson/Melanie F. Wachtell, "An Empirical Analysis of Supreme Court Certiorari Petition Procedures: The Call for Response and the Call for the

A perplexidade não podia ser maior: um sistema sem recurso de amparo e sem nenhum mecanismo de proteção específico dos direitos fundamentais junto do Tribunal Constitucional oferece todavia um amplo acesso para uma *tutela subjetiva* de direitos e interesses indiferenciados, quando os principais sistemas dotados de recurso de amparo constitucional de direitos e liberdades fundamentais se orientam no sentido da *objetivação* do acesso!

II. As razões de uma resposta

Podemos agora avançar no elenco dos argumentos favoráveis a uma resposta afirmativa, elegendo sucessivas perspectivas de análise, a começar pelas mais gerais e a terminar com um apontamento relativo ao ordenamento português.

Numa *perspectiva* que podemos designar como sendo do âmbito da *sociologia política*, o acesso, ainda que remoto e extraordinário, à instância máxima da justiça constitucional significaria a adoção de uma postura política antropologicamente amiga da dinamização processual dos direitos fundamentais[18]. Mais: tendo em conta que, no sistema de comunicação entre o Estado e o cidadão, apesar da mudança de sinal que está em curso com as novas tecnologias da comunicação, são ainda o exercício do direito de voto e a reclamação judicial de direitos as formas paradigmáticas de comunicação do cidadão com o Estado[19], em múltiplos casos de violação de direitos fundamentais, apenas o Tribunal Constitucional poderá estar num plano funcional e institucionalmente adequado para *relevar e aferir a preeminente natureza dessa chamada de atenção.*

Views of the Solicitor General", in *George Mason Law Review*, vol. 16, nº 2 (2009), pp. 237-302 (acessível em http://ssrn.com/abstract=1377522); sobre a repercussão geral, Fredie Didier J./Leonardo José Carneiro da Cunha, "Artigo 102, parágrafo terceiro", in Paulo Bonavides/ Jorge Miranda/Walber de Moura Agra (coords.), *Comentários à Constituição Federal de 1988*, Rio de Janeiro, 2009, pp. 1311-1320; com outros dados e informações relevantes, bem como registo da respetiva tramitação eletrónica, http://www.stf.jus.br/portal/jurisprudencia/pesquisarJurisprudencia.asp.

[18] J. J. Gomes Canotilho, "Teoria da Constituição de 1976: desenvolvimento ou revisionismo constitucional" (1989), in *Brancosos e Interconstitucionalidade – Itinerários dos discursos sobre a historicidade constitucional*, Coimbra, 2006, p. 89 [39-100].

19 António Hespanha, "Lei e Justiça: história e prospetiva de um paradigma", in *Justiça e Litigiosidade: história e prospetiva*, Lisboa, 1993, p. 55, nota 31 [7-58].

MESAS-REDONDAS

Em segundo lugar, na *perspectiva moral e jurídico-constitucional*, parece evidente a necessidade de uma articulação adequada entre a *componente material* da Constituição (os valores aí recebidos[20] e os direitos que deles são concretização), o princípio geral da *tutela jurisdicional efetiva*[21] e a garantia de um *elevado nível de efetividade jurídica* dos direitos fundamentais (ao menos no plano em que o conteúdo destes é indisponível, quer para o legislador, quer para os tribunais, quer para a administração)[22].

Ora, em casos de *violação* (e não de mera inconstitucionalidade de normas) de direitos fundamentalíssimos, atenta a gravidade da ilicitude e a importância do plano normativo em que a mesma ocorre, é natural que em derradeira instância o julgamento desses casos seja entregue a um [novo] Tribunal do Areópago[23].

Ainda na *perspectiva do prestígio das instituições do Estado*, não parece conveniente que, por falta de mecanismos desse tipo, a concessão de amparo a direitos e liberdades fundamentais deva ser deferida para a instância internacional[24], com a dupla consequência (1) da menorização do sistema interno de proteção[25] e (2) do aumento da frequência das condenações do Estado pelos tribunais internacionais de direitos do homem[26].

---

[20] A pensar sobretudo na *referência* divinizada da dignidade da pessoa humana (neste duplo sentido, José de Melo Alexandrino, "Perfil constitucional da dignidade da pessoa humana: um esboço traçado a partir da variedade de conceções", in AAVV, *Estudos em Honra do Professor Doutor José de Oliveira Ascensão*, vol. I, Coimbra, 2008, pp. 505 ss. [481-511]).

[21] Por último, sobre o âmbito deste princípio geral, Paulo Otero, *Direito Constitucional Português*, vol. I – *Identidade constitucional*, Coimbra, 2010, pp. 94 ss.

[22] Essa articulação, que a evolução da ciência da cultura documenta, é outra forma de dizer *ubi ius, ibi remedium* ou de expressar a necessária conexão entre *rights* e *remedies*.

[23] Não deixa de ser similar o alcance civilizacional do tribunal instituído por Atena para julgar o crime de Orestes (cfr. Ésquilo, *Euménides*, vv. 470-490, 570-575, 680-710, in *Oresteia: Agamémnon, Coéforas, Euménides*, trad. de Manuel de Oliveira Pulquério, Lisboa, Edições 70, 2008, pp. 209, 212 e 220).

[24] Jorge Reis Novais, *Direitos Fundamentais...*, p. 12; José de Melo Alexandrino, *A estruturação do sistema...*, II, pp. 486; Catarina Santos Botelho, *A Tutela Direta...*, p. 155.

[25] Sistema interno esse que é tido, não sem alguma contradição, pelo Tribunal Constitucional como autossuficiente (por último, veja-se o acórdão nº 75/2010, in www.tribunal constitucional.pt).

[26] Este padrão obtém comprovação, pela positiva, na França e em Portugal, tal como a obtém pela negativa na Espanha e na Alemanha (veja-se, quanto ao caso português, o lamentável exemplo da liberdade de expressão e da liberdade de imprensa, sobre o qual, por último, José

Em quarto lugar, *na perspectiva do direito comparado*, se já foi notada a tendência para a objetivação do acesso, há agora três outras observações a reter: (1) a primeira é a de que, desde que foi instituído o amparo[27] (na Constituição mexicana de 1917)[28], a tendência aponta no sentido da existência de algum mecanismo de acesso do particular ao Tribunal Constitucional para a proteção de pelo menos certos direitos e liberdades fundamentais – neste sentido, há mais de três dezenas de países (da Europa, da América Latina, da Ásia e da África) que possuem esses mecanismos (já para não o referir relativamente a múltiplos estados federados); (2) a segunda é a de que essa evolução se faz sentir inclusivamente no plano internacional (com o acesso direto ao Tribunal Europeu dos Direitos do Homem, ao Tribunal Interamericano dos Direitos do Homem e agora também ao Tribunal Africano dos Direitos do Homem e dos Povos[29]);

---

de Melo Alexandrino, "Artigo 37º", in Jorge Miranda/Rui Medeiros, *Constituição Portuguesa Anotada*, tomo I, 2.ª ed., Coimbra, 2010 [no prelo]).

[27] Cujas raízes remotas se encontram tanto no desenvolvimento histórico das garantias do *habeas corpus* inglês e peninsular, como nas "cartas de segurança" das Ordenações Afonsinas e nas "seguranças reais" das Ordenações Manuelinas e Filipinas [cfr. Marcello Caetano, *Princípios Fundamentais do Direito Administrativo* (1977), 2.ª reimp., Coimbra, 2003, pp. 433 ss.; Willis Santiago Guerra Filho, *Processo Constitucional e Direitos Fundamentais*, 5.ª ed., São Paulo, 2007, p. 140].

[28] Seguiram-se-lhe, até meados do século XX, designadamente, a Espanha, como o amparo (1931), o Brasil, com o mandado de segurança (1934), a Suíça, com o recurso constitucional (1943), a Costa Rica, com o recurso de amparo (1949), a República Federal da Alemanha, com a queixa constitucional (1951).
Em especial, sobre a evolução do amparo no universo da lusofonia, J. J. Gomes Canotilho, "As palavras e os homens: reflexões sobre a Declaração Conjunta e a institucionalização do recurso de amparo de direitos e liberdades na ordem jurídica de Macau", in *BFD*, vol. 70 (1994), pp. 107-131; Paulo Cardinal, "La institución del recurso de amparo de los derechos fundamentales y la juslusofonia – los casos de Macau y Cabo Verde", in Héctor Fix-Zamudio/Eduardo Ferrer Mac-Gregor (coords.), *El Recurso de Amparo en el Mundo*, México, 2006, pp.891-941; Id., "Continuity and autonomy – Leading principles shaping the fundamental rights constitutional system in the Macao Special Administrative Region", in Eduardo Ferrer Mac-Gregor/Arturo Zaldívar Lelo de Larrea (coords.), *La Ciencia del Derecho Procesal Constitucional*, tomo IV – *Derechos Fundamentales y Tutela Constitucional*, México, 2008, pp. 226 ss. [169-231].

[29] Cuja primeira sentença, proferida em 15 de dezembro de 2009, se ocupou precisamente de um problema que envolvia a discussão sobre o acesso dos particulares ao Tribunal (*Michelot Yogogombaye v. The Republic of Senegal*, disponível em http://www.african-court.org/fr/affaires/derniers-arrets-et-jugements/).

MESAS-REDONDAS

(3) a terceira para assinalar o fato de a própria França ter enfim cedido à introdução da questão de constitucionalidade e precisamente nos casos de *violação* de direitos e liberdades garantidos pela Constituição[30].

Ainda na *perspectiva da ciência do direito constitucional*, a inexistência de um mecanismo de amparo constitucional tem um *triplo efeito* dogmático negativo: (1) por um lado, torna irrelevante a distinção básica entre norma, direito e posição, confundindo esses diversos planos (e, na realidade, anulando o plano do direito fundamental como situação compreensiva e o plano das diversas posições jusfundamentais em que o direito fundamental normalmente se decompõe)[31]; (2) por outro lado, desvaloriza totalmente o plano absolutamente inafastável da *violação* (ou afetação ilegítima)[32] do conteúdo de um direito fundamental ou de uma posição de direito fundamental[33]; (3) por fim, raramente o Tribunal Constitucional se ocupa com a tarefa, que a si deveria especialmente caber, de se debruçar sobre o âmbito de proteção de cada direito fundamental e sobre o tipo de afetações de que o mesmo é passível (é isso que na realidade fazem todas as *jurisdições de amparo*, sejam as internas ou as internacionais, e é essa a debilidade dos sistemas desprovidos de amparo, perante a instância internacional).

Por último, olhando ao ordenamento português, se tem sido relevado peso do *argumento social*[34], na medida em que o recurso de constitucionalidade efetivamente praticado aumenta a desproteção das pessoas social-

---

[30] Artigo 61º, nº 1, da Constituição francesa (após a lei de revisão de 23 de julho de 2008) e lei orgânica nº 1523, de 10 de dezembro de 2009 (entrada em vigor a 1 de março de 2010).

[31] José de Melo Alexandrino, *Direitos Fundamentais – Introdução Geral*, Estoril, 2007, pp. 23 ss.

[32] Sobre a relevância do conceito neste plano, José de Melo Alexandrino, *Direitos Fundamentais...*, pp. 103 ss.

[33] Por seu lado, é a afetação ilícita da esfera da liberdade pelo Estado que faz nascer novas pretensões secundárias, de abstenção (*Unterlassungsanspruch*), de revogação (*Aufhebungsanspruch*) e de anulação (*Beseitigungsanspruch*) (neste sentido e na linha de Ulrich Battis e Christoph Gusy, cfr. Gilmar Ferreira Mendes, *Direitos Fundamentais e Controlo de Constitucionalidade – Estudos de Direito Constitucional*, 3.ª ed., São Paulo, 2004, pp. 301 s.)

[34] Jorge Reis Novais, "Em defesa do recurso de amparo...", p. 166; Paulo Mota Pinto, "Reflexões sobre a jurisdição constitucional e direitos fundamentais nos 30 anos da Constituição da República Portuguesa", in *Themis*, edição especial (2006), pp. 189 [201-216]; Catarina Santos Botelho, *A Tutela Direta...*, p. 141; para uma réplica, Carlos Blanco de Morais, *Justiça Constitucional*, II, pp. 1007 ss.

mente mais desfavorecidas[35], não deixam de merecer atenção o *argumento da insegurança jurídica*[36], bem como a *tripla incapacidade* (1) de uma proteção especial dos direitos e liberdades fundamentais, (2) da indução de um qualquer *efeito educativo*[37] (ou de outro efeito relevante para a complexa tarefa da realização dos direitos fundamentais) e (3) de uma contribuição *efetiva* para o aperfeiçoamento da capacidade de prestação do sistema de justiça como um todo.

III. Que recurso de amparo?

Neste contexto, a dimensão de amparo subjacente à resposta que procurei justificar tem especialmente em conta três vetores: as lições do direito comparado, as insuficiências do sistema, analisadas numa perspectiva de conjunto, e a preferência pela via dos pequenos passos.

Quanto ao *objeto*, o "recurso constitucional para proteção de direitos e liberdades fundamentais"[38] deveria permitir a possibilidade de recurso para o Tribunal Constitucional nos casos de violação grave de um conjunto limitado de direitos, liberdades e garantias *pessoais*[39] (com exclusão

---

[35] Curiosamente, ao contrário do que parece suceder com o certiorari norte-americano, na medida em que, segundo os dados estatísticos, nas cerca de duzentas petições de certiorari selecionadas por Período (*Term*), naquelas que tenham sido objeto de pedido de resposta por parte do Supremo Tribunal, a probabilidade de admissão de uma petição apresentada *in forma pauperis* é 30 vezes superior à da média (que é de 0,9% do total de petições), quando as petições sujeitas à taxa de justiça é apenas 4 vezes superior à da média (cfr. David C. Thompson/Melanie F. Wachtell, "An Empirical Analysis of Supreme Court Certiorari...", p. 244).

[36] Também aqui, para uma réplica, Carlos Blanco de Morais, *Justiça Constitucional*, II, pp. 1026 ss.

[37] Já neste sentido, na linha do que há quatro décadas vem insistindo Peter Häberle, José de Melo Alexandrino, "Il sistema portoghese dei diritti e delle libertà fondamentali: zone franche nella tutela giurisdizionale", in *Diritto Pubblico Comparato ed Europeo* (2003), I, p. 283 [272-284]; Id., *A estruturação do sistema...*, II, p. 491.

[38] A configurar porventura como uma extensão do *habeas corpus* (que, em pura lógica, também deveria admitir a hipótese de recurso para o Tribunal Constitucional), na sua dupla qualidade de *garantia* constitucional *extraordinária para a defesa de direitos fundamentais* e de *testemunho da especial importância do direito à liberdade* (com estas observações, veja-se o acórdão do Supremo Tribunal de Justiça, de 11 de dezembro de 2008, acessível em http://www.dgsi.pt/jstj./).

[39] À semelhança do ordenamento espanhol (e, agora, também do francês) e o contrário do que sucede em muitos dos sistemas da América do Sul (designadamente com o mandado de segurança brasileiro).

Por outro lado, essa restrição tem plena correspondência com o âmbito do amparo preconizado em todas as iniciativas apresentadas em 1989, 1994, 1997 e 2004 em sede de revisão consti-

MESAS-REDONDAS

expressa dos direitos fundamentais análogos não-pessoais e dos puramente processuais[40]) por atos do poder judicial[41];

Quanto à *natureza* do instituto, tratar-se-ia de um recurso extraordinário, subsidiário e suplementar[42], com feições mistas (subjetivas e objetivas, com predominância das segundas[43]);

Quanto às *modificações a empreender no sistema existente*, numa primeira fase, que não requer sequer revisão constitucional, deveria restringir-se a admissibilidade dos recursos de 2º tipo, pelo menos em termos equivalentes aos agora vigentes na Alemanha, na Suíça e na Espanha, para o recurso de amparo, e no Brasil, para o recurso extraordinário[44].

tucional (com os apontamentos indispensáveis, José de Melo Alexandrino, *A estruturação do sistema de direitos, liberdades e garantias na Constituição portuguesa*, vol. I – *Raízes e contexto*, Coimbra, 2006, pp. 731, 762, 777 ss., 798, nota 1742, 824, 827, 836); como tivemos oportunidade de salientar, a propósito da revisão constitucional de 2004, foi a realização do princípio do Estado de Direito que esteve presente na abertura generalizada do legislador de revisão à admissão de um recurso de amparo, "todavia não consagrado por razões de exequibilidade (à luz do contexto global das competências do Tribunal constitucional e da realização da justiça em prazo razoável)" (*ibidem*, p. 827).

[40] Como decorre, a nosso ver, da lição espanhola.

[41] No direito comparado, são estes os atos maioritariamente visados com os mecanismos de amparo.

[42] Também aqui relevam as lições do ordenamento espanhol (2007) e do ordenamento brasileiro (2004-2006).

[43] Seguindo uma tendência que sempre nos pareceu inevitável e inteiramente ajustada, pois é a mais conveniente à realização do princípio do Estado de Direito como um todo (igual dignidade de todas as pessoas, efetividade jurídica e preservação da capacidade de prestação do sistema).

[44] Só semelhante exigência garante a não inversão da importância dos bens e interesses potencialmente atendíveis (*seletividade*), ao mesmo tempo que responde às principais críticas que têm sido dirigidas ao sistema português de fiscalização concreta da constitucionalidade (*racionalização*).

Tema 3
Reforma e simplificação do processo constitucional em Portugal

Que reformas para a justiça constitucional portuguesa?

Carlos Blanco De Morais
Professor da Faculdade de Direito de Lisboa e Consultor para os assuntos
Jurídico-Constitucionais da Presidência da República Portuguesa

Os sistemas de fiscalização de constitucionalidade são estruturas delicadas, pois delas depende uma defesa eficiente do estatuto do poder político do Estado e dos direitos fundamentais dos cidadãos. Ora, a experiência europeia de referência transmite-nos a ideia de que a disciplina jurídica dos sistemas de garantia da Constituição é, em regra, estável, deve tender para a simplicidade, só experimenta modificações quando se verifica uma situação problemática que reclama uma intervenção fundamental e não se compadece com experimentações espúrias ditadas por modas conjunturais.

E o fato é que, muitas das normas da Constituição e da lei do Tribunal Constitucional de diversos Países (a alemã e a espanhola, por exemplo) são ícones de referência na memória de constitucionalistas de diversos Países.

Portugal não é uma exceção a esta regra e o sistema constitucional de fiscalização apenas sofreu, desde 1982, uma alteração que alargou o âmbito do controlo da legalidade em 1989 e 1987. Por seu turno, a LTC pese o fato de ter experimentado quatro alterações, apenas uma delas, a de 1998, assumiu no plano processual uma expressão mais relevante. O mesmo sistema caracterizou-se, na verdade, por um funcionamento apreciável quando comparado com os demais setores da Justiça, realidade que é aceite pelos próprios defensores de uma transição para um modelo concentrado.

No tempo presente, vinte e oito anos volvidos desde o início do funcionamento do sistema, há que reconhecer que o mesmo carece de uma reabilitação jurídica, de alguns retoques de estrutura e fachada reclamados pela Justiça do tempo presente, embora no respeito pela sua identidade e traçado original.

Sem que nos preocupemos com extensas justificações, passaremos de imediato ao elenco das propostas que consideramos mais relevantes e que carecem de alterações na CRP e na LTC.

I. Propostas de alteração
1. Fiscalização abstrata da constitucionalidade e legalidade
1.1. Fiscalização preventiva

Num sistema de controlo jurisdicional da constitucionalidade importa eliminar enclaves e resquícios políticos que inquinam a matriz intrinsecamente jurídica da fiscalização, que se tornaram obsoletos em razão da sua escassíssima utilização e que constituíram heranças do período de transição para a democracia (1976-1982).

Falamos da faculdade de os órgãos parlamentares poderem reverter uma decisão de inconstitucionalidade do Tribunal Constitucional e o veto translativo, mediante deliberação política confirmativa tomada por maioria de dois terços, bem como da consequente outorga ao Presidente da república e aos Representantes da República nas regiões autónomas, da faculdade de atuarem como árbitros entre essas instituições parlamentares e o Tribunal.

Entendemos que deve ser devolvida ao Tribunal Constitucional, a última palavra sobre a questão de constitucionalidade, pelo que deve ser eliminado o poder de confirmação política do diploma inconstitucional pela Assembleia da República e parlamentos regionais (nº 2 e nº 4 do artº 279º da CRP).

2. Fiscalização abstrata sucessiva
2.1. Legitimidade ativa
Deve corrigir-se a deformidade lógica e teleológica da alínea b) do art$^{\circ}$ 282° da CRP que restringe o objeto do pedido de fiscalização de constitucionalidade do Represente da República nas regiões autónomas dos Açores e Madeira a violações de direitos das mesmas regiões autónomas, o que não faz o mínimo sentido porque este órgão representa os interesses da República nas regiões e não é, por conseguinte, um garante institucional dos interesses e direitos regionais contra leis da República. Não parece ser inteligível que o mesmo órgão impugne legislação regional, em controlo preventivo, com fundamento em violação de qualquer norma constitucional e que em controlo sucessivo deixe de o poder fazer.

Como tal, considera-se que o pedido de fiscalização de constitucionalidade do Representante da República, como órgão comissarial residente do Estado nas regiões deve ter um objeto distinto do dos pedidos de fiscalização apresentados por órgão de governo regional: o primeiro deve poder sindicar normas regionais que violem a Constituição e os segundos normas do Estado ou das regiões que violem os direitos das regiões e o estatuto de autonomia.

2.2. Controlo da legalidade
Trata-se de uma fiscalização moribunda, escassamente utilizada, inutilmente duplicadora do controlo sucessivo de constitucionalidade e, como tal, redundante que complica o sistema sem vantagem.

Tal como sucede com os demais sistemas europeus, as violações a leis com valor reforçado devem ser sujeitas ao controlo de constitucionalidade com fundamento em inconstitucionalidade formal (caso de violação de leis orgânicas e outras leis reforçadas procedimentalizadas), vício orgânico (violação da reserva de lei de bases ou do objeto e extensão de autorização legislativa) ou vício material (violação de norma constitucional que impõe a supremacia de certas leis sobre outras). O controlo de legalidade deveria ser removido.

2.3. Efeitos da declaração de inconstitucionalidade
a) A questão da salvaguarda do caso decidido. Existe uma jurisprudência constante do Supremo Tribunal Administrativo que salvaguarda dos efeitos sancionatórios retroativos da declaração de inconstitucionalidade

o caso decidido administrativo a par do caso julgado, tendo o Tribunal Constitucional acolhido esse entendimento sem justificação cabal. Trata-se de uma decisão aditiva de revisão constitucional que modifica o nº 3 do artº 282º da CRP e que cria dúvidas sobre a sua própria constitucionalidade. Os efeitos das decisões de inconstitucionalidade são reserva de Constituição e não podem ser modulados ou aditados inovatoriamente por lei ou pela jurisprudência.

Neste sentido cumpriria alterar o nº 3 do artº 282º da CRP no sentido de, em alternativa:

i) Precisar que a ressalva dos efeitos das declarações de inconstitucionalidade abrange exclusivamente o caso julgado, o que põe termo, de uma vez por todas à salvaguarda do caso decidido o qual desfigura a tese dominante da nulidade;

ii) Ou o mesmo preceito remeter para a lei orgânica do Tribunal Constitucional, a fixação de critérios de ressalva de outras situações consolidadas.

b) Fundamentação dos pressupostos da restrição temporal dos efeitos da declaração e inconstitucionalidade. Não faz sentido que uma restrição de efeitos de uma decisão deva ser *apenas* fundamentada se estiver em caso o interesse público de excepcional relevo. Essa fundamentação, necessariamente exigente, deve ser alargada à equidade e à segurança jurídica, tanto mais que se trata de princípios de grande generalidade e medidas de valor muito indeterminadas que têm sido por vezes usadas pelo Tribunal Constitucional, na base dos mesmos pressupostos e sem uma justificação satisfatória, havendo que evitar o risco de essas sentenças se converterem em chancelas de decisões políticas de favor ao legislador.

3. Direito processual constitucional (disposições comuns ao processo abstrato preventivo e sucessivo)

3.1. Inconstitucionalidade consequente

O nº 5 do artº 51º da LTC consagra o princípio do pedido, vedando ao Tribunal Constitucional a apreciação de inconstitucionalidade de normas não impugnadas no pedido. A rigidez desta formulação preclude o Tribunal de julgar a inconstitucionalidade consequente de normas dependentes ou instrumentais das que foram impugnadas e julgadas em desconformidade com a Constituição e que, assim, deverão ser sindicadas autonomamente em novo processo para poderem ser eliminadas. Essa situação constitui um fator nocivo de multiplicação e arrastamento inútil de processos com objeto idêntico que incidem sobre outras normas da mesma lei e diversos regulamentos. Gera, também, incerteza jurídica, custos desnecessários com a Justiça e contribui para uma censurável falta de economia processual.

Defende-se, por conseguinte, que o Tribunal Constitucional no processo principal, possa julgar oficiosamente a inconstitucionalidade de normas legais ou regulamentares não constantes do pedido, mas que sejam estritamente dependentes ou instrumentais das que figuram no mesmo requerimento e que o Tribunal estime como inconstitucionais. Para evitar o risco do julgamento de normas não impugnadas e que guardem uma relação mais duvidosa de dependência em relação às que constem do pedido considera-se que a declaração nos termos expostos implicaria uma decisão favorável pela maioria de dois terços dos juízes, em efetividade de funções do Tribunal Constitucional.

3.2. Litispendência
Deve ser previsto em sede das normas da Lei do tribunal Constitucional relativas à fiscalização preventiva de leis orgânicas, um regime processual de litispendência, idêntico ao do controlo abstrato sucessivo, já que pode ocorrer uma cumulação de pedidos de objeto idêntico.

3.3. Cavaleiros de lei reforçada
Sempre criticámos a posição indulgente do Tribunal Constitucional sobre a sua indiferença em relação à presença silente de "riders", normas intrusas ou parasitárias inseridas sem identificação em leis de valor reforçado pelo procedimento. Trata-se de uma distração do TC, feita em nome do inefável comodismo "da fluidez das fontes" que não acompanha a evolução registada noutros ordenamentos e os ensinamentos mais modernos da legística que considera esse fenómeno uma grave deformidade na qualidade das leis, geradora de inconstitucionalidade, pois numa lei de valor qualificado contrabandeiam-se normas de valor distinto.

De fato, a doutrina de referência (Jorge Miranda e Gomes Canotilho) sempre entendeu haver inconstitucionalidade formal quando uma lei reforçada pelo procedimento dispõe, silentemente, sobre matérias estranhas ao seu objeto , tendo sistemas estrangeiros (França, Espanha e até Itália) considerado inconstitucionais essas práticas, seja no domínio da lei orgânica seja no domínio financeiro.

Mais recentemente o Tribunal Constitucional português entrou em contradição com a sua própria jurisprudência: esta originariamente (Ac. nº 1/91) entendeu que as normas definíveis como cavaleiros de lei reforçada não teriam esse valor, mas sim o de lei comum, podendo como tal ser revogados a todo o tempo por lei ordinária simples. Todavia no Ac. nº 403/2009 sobre o estatuto dos Açores, o TC julgou a inconstitucionalidade de uma norma intrusa com fundamento em excesso de Estatuto, nos seguintes termos: "A *Assembleia da República tem competência para aprovar o Estatuto Político-Administrativo da Região [artigo 161º, alínea b), da Constituição] e tem* **competência exclusiva** *para aprovar o regime de uso dos símbolos nacionais [artigo 164º, alínea s)]. Mas o que não pode fazer é impor, sob a forma de Estatuto, o uso de símbolos regionais, nas instalações próprias dos órgãos de soberania (ou seja fora do "âmbito regional" de um ponto de vista institucional),* **na medida em que tal exclui o seu poder de regular, com exclusividade, o uso dos símbolos nacionais, nomeadamente quanto a saber quando deve e se deve ser hasteada sozinha ou acompanhada de outros símbolos, livre de qualquer iniciativa das Regiões.**

Não interessará aqui se o Tribunal alterou a sua anterior posição ou se se tratou, antes, de uma decisão furtiva e casuística, preparando-se o mesmo órgão para regressar à posição anterior. O fato é que esta divergência (não assumida) de orientações jurisprudenciais não pode ser abandonada a opções futuras ditadas pela tópica, impondo-se que a Lei discipline em termos uniformes a conduta, algo incerta, do TC sobre esta matéria. Assim, a LTC deveria atribuir expressamente ao Tribunal Constitucional a competência para qualificar a natureza não reforçada das normas parasitárias constantes em Lei reforçadas pelo procedimento, no âmbito de um processo de impugnação da sua inconstitucionalidade por razões de forma, cabendo ao mesmo Tribunal, em razão da gravidade do vício, pronunciar-se pela sua invalidade ou pela sua simples irregularidade.

3.4. Sentenças aditivas. No no artº 66º da LTC (efeitos da declaração de inconstitucionalidade com força obrigatória geral) deve ser acrescentado um preceito que especifique que a força obrigatória da componente aditiva de decisões de inconstitucionalidade depende da sua natureza constitucionalmente obrigatória

II. Fiscalização concreta

1. Força obrigatória geral da decisão de inconstitucionalidade

Na sequência da nossa intervenção de ontem, consideramos que a grande reforma da fiscalização concreta implica a necessidade de, por razões de segurança jurídica, de economia, de simplificação processual, de poupança de recursos financeiros e de combate à morosidade, se vir a pôr termo à situação do arrastamento da vigência de normas já julgadas inconstitucionais em controlo concreto pelo próprio Tribunal Constitucional.

Haveria, por conseguinte, que substituir o nº 5 do artº 280º CRP por um preceito que conferisse força obrigatória geral ao julgamento de inconstitucionalidade de uma norma em controlo concreto pelo Tribunal Constitucional e proceder aos ajustamentos processuais concordantes com esta opção.

Tratando-se de um controlo com uma vertente subjetiva, considera-se que, sob pena de denegação de justiça, o regime do nº 4 do artº 282º da CRP deve ser aplicado apenas parcialmente ao controlo concreto. Assim, se a decisão de inconstitucionalidade resultar do provimento um recurso de decisão negativa de inconstitucionalidade interposto por um particular ou pelo Ministério Público na posição de recorrente ou recorrido, caso o TC resolva restringir os efeitos da decisão para o passado, não deveria aplicar os efeitos dessa restrição ao recorrente e aos casos pendentes de natureza análoga, salvo se se estiver diante de um processo de massas de expressiva dimensão onde possam proceder razões de interesse público de especial relevo.

2. Agilização do processo constitucional

Seria pertinente uma reflexão sobre as seguintes alterações:

a) Modificação do artº 78º da LTC e criação de uma regra geral de atribuição de efeito devolutivo ao recurso de decisão negativa de inconstitucionalidade (sem prejuízo da consagração das pertinentes exceções), de forma a evitar que o mesmo sirva de expediente dilatório como forma de entorpecimento dos processos principais;

b) O excesso de rigor do indeferimento liminar do recurso com fundamento no artº 75º-A poderia ser temperado com a possibilidade de o Tribunal Constitucional corrigir oficiosamente os termos do recurso (quando a imprecisão do pedido possa ser facilmente deduzível da petição) ou de alargar o aperfeiçoamento a situações de erro na interposição do recurso para instância incompetente, contanto que os prazos legais de interposição tenham sido respeitados;

c) Os pressupostos substanciais de não admissão de recurso manifestamente infundado, por decisão sumária do relator, deveriam ser densificados no sentido do seu alargamento;

d) O nº 79º-C da LTC deveria ser aditado de forma a: permitir a convolação oficiosa de um pedido de controlo de inconstitucionalidade em ilegalidade e vice-versa, se esta relação de desvalor se mantiver; permitir que o recorrente possa alargar o objeto da causa de pedir, invocando na petição de recurso ou nas alegações novos vícios que firam as normas violadas pelo ato normativo impugnado

e) As decisões sumárias do relator devem prever a possibilidade de reclamação, apenas, para a conferência de Juízes e não para o pleno da Seção;

f) O recurso obrigatório do Ministério Público deve ser ampliado às situações em que o tribunal "a quo" desaplique, com fundamento em inconstitucionalidade, normas da importância dos Regulamentos da União Europeia e Resoluções do Conselho de Ministros os quais não podem ter tratamento inferior ao dos decretos regulamentares;

g) Deve prever-se interposição de recurso para o Tribunal Constitucional da desaplicação de convenções internacionais e normas de Direito da UE quando as mesmas contrariem a lei ordinária, reformulando-se a alínea i) do nº 1 do artº 70º da LTC;

h) Devem ser conferidos poderes injuntivos ao TC, junto do tribunal "a quo", para efeito do cumprimento do julgado referente à componente dispositiva da sentença, em caso de não acatamento persistente.

3. Uniformização de jurisprudência

a) As decisões do Plenário que uniformizam jurisprudência deveriam assumir caráter vinculativo só podendo ser alteradas, fundamentadamente, após a renovação ordinária da composição do Tribunal ou por decisão tomada por maioria qualificada quando de verifiquem alterações fundamentais de circunstâncias;

b) O recurso do ministério Público para o Plenário para uniformização de jurisprudência (artº 79º-D) deve ser obrigatório em todas as circunstâncias (e não apenas quando o Ministério Público intervier como recorrente ou recorrido) atento o interesse público que advém da unidade jurisprudencial.

Reforma do processo constitucional

João Cura Mariano
Juiz-Conselheiro do Tribunal Constitucional Português

Esta curta intervenção cingir-se-á aos processos de fiscalização da constitucionalidade e da legalidade, sem que isso signifique que não se sintam necessidades de aperfeiçoamentos e adaptações relativamente aos recursos de atos de administração eleitoral e de aplicação de coimas em matéria de contas dos partidos políticos, como aliás resulta da leitura da mais recente jurisprudência constitucional nestes domínios.

Também não se fará aqui referência às necessidades de atualização resultantes das novas formas de comunicação eletrónica dos atos processuais, das alterações ocorridas no regime de recursos no processo civil, dos novos períodos de férias judiciais e da nova fisionomia dos poderes normativos das regiões autónomas conferida pela última Revisão da Constituição.

As reformas processuais, num sinal dos tempos, decorrem hoje sob o signo da simplificação e na busca incessante de uma maior celeridade.

Pode, contudo, dizer-se que o figurino do processo constitucional é naturalmente simples, traduzindo-se nas suas linhas gerais pela possibilidade dos interessados exprimirem a sua opinião sobre a questão de constitucionalidade a decidir e pela prolação da decisão, com aplicação subsidiária das regras gerais dos recursos em processo civil.

Relativamente ao tempo de decisão, os recursos de fiscalização preventiva tem sido sempre julgados nos apertados prazos prescritos na lei, os recursos de fiscalização sucessiva abstrata são atualmente decididos num tempo médio de aproximadamente 1 ano, e os recursos de fiscalização sucessiva concreta num tempo médio de aproximadamente 4 meses.

Se é desejável que o tempo de decisão dos recursos de fiscalização sucessiva abstrata baixe significativamente (para cerca de 6 meses), não se justifica qualquer alteração das linhas estruturais e dos princípios do processo de fiscalização de constitucionalidade, havendo apenas lugar a melhoramentos do seu atual figurino.

São quatro dessas reformas que aqui se adiantam para reflexão, sem certezas absolutas da necessidade da sua implementação.

I. Processo de fiscalização preventiva

Os juízes do Tribunal Constitucional têm que gozar necessariamente um período de férias que a lei atual situa, desfasadamente do período de férias judiciais, entre 15 de agosto a 14 de setembro, durante o qual fica assegurada a permanente existência do *quorum* de funcionamento do plenário (7 juízes) e das seções (3 juízes).

Neste período, nos processos de fiscalização preventiva, os prazos correm em todos os recursos, tal como sucede nos processos urgentes na fiscalização sucessiva concreta, o que significa que alguns desses processos são decididos apenas pelos juízes que naquele período de férias asseguram a existência de *quorum*.

Ora, sendo a composição do TC alvo de especiais cuidados que procuram assegurar uma equilibrada pluralidade de perspectivas, é de evitar que o Tribunal decida numa formação reduzida que possa comprometer a existência desse equilíbrio.

Esta situação não é rara, dado ser conhecida a tendência do parlamento aprovar nos últimos dias antes das férias de verão um grande número de diplomas, o que confere grandes probabilidades a que sejam interpostos recursos de fiscalização preventiva no mencionado período de férias dos juízes.

Uma vez que a entrada em vigor da maior parte dos diplomas não tem uma premência que não possa ser retardada por um período não superior a 30 dias, com ressalva das situações de especial urgência, os prazos dos processos de fiscalização preventiva deveriam suspender-se durante este período, como sucede com os restantes recursos, de modo a evitar que o Tribunal Constitucional decida numa formação reduzida.

A especial urgência podia ser requerida pelo Recorrente e apreciada pelo Presidente do Tribunal Constitucional, ouvido o Tribunal.

II. Processos de fiscalização sucessiva

Apesar de se tratar duma questão que ultrapassa a matéria processual e se situa já no domínio do direito substantivo, aproveitava esta oportunidade para relançar a ideia do estabelecimento de um prazo para o conhecimento das inconstitucionalidades formais, incluindo aqui as inconstitucionalidades orgânicas e procedimentais.

Faz sentido que decorrido um determinado período de vigência de um diploma, sem que nenhum interessado tenha arguido a sua inconstitucionalidade, por mero vício de forma, se considere sanado esse vício, impedindo-se que o mesmo afete a validade desse diploma.

As declarações de inconstitucionalidade, com fundamento em vícios formais, decorridos largos anos após a vigência das leis, traz-nos quase sempre um sabor amargo a contemporização com um exercício abusivo de um direito.

Um tempo razoável de vigência das normas apenas afetadas por uma irregularidade no modo da sua formação e não no seu conteúdo parece retirar o interesse à declaração da sua nulidade. O silêncio dos interessados durante esse tempo valeria aqui como uma desculpabilização do vício ocorrido determinante da sua sanação.

Não cremos que esta solução comporte um risco real de incentivo ao legislador ao incumprimento das regras que regem a feitura das leis, na esperança de que esse incumprimento venha a ser sanado pelo decurso do tempo, pelo que julgo ser de ponderar o estabelecimento do referido prazo de caducidade.

III. Fiscalização sucessiva abstrata

Na fiscalização sucessiva abstrata, após a dedução do respectivo pedido e da resposta do órgão emitente da norma impugnada, o Presidente do Tribunal elabora um memorando, o qual é distribuído pelos restantes juízes, para ser submetido a debate, e só depois de ser fixada a orientação do tribunal é que o processo é distribuído a um relator que elaborará o respectivo projeto.

Este sistema de julgamento, com a introdução do memorando elaborado pelo Presidente, foi consagrado pela reforma de 1998, visando então superar a existência de significativos atrasos na fiscalização sucessiva em geral, de modo a facilitar a tarefa dos juízes relatores.

Contudo, verifica-se que não existindo atualmente atrasos significativos na fiscalização sucessiva concreta, os prazos de conhecimento na fiscalização sucessiva abstrata, apesar da recuperação significativa verificada nos últimos anos, não se situam ainda em patamares razoáveis, resultando esse desfasamento de celeridade na apreciação dos dois tipos de recurso, do fato do recurso de fiscalização abstrata exigir a elaboração de duas peças preparatórias por pessoas diferentes (Presidente e Relator), previamente à aprovação do acórdão decisório, enquanto o recurso de fiscalização concreta apenas exige, em regra, a elaboração de um única peça preparatória (o projeto do Relator).

Daí que, ultrapassada uma fase de congestionamento processual na fiscalização sucessiva, se sugira o regresso ao sistema uniforme inicial, em que também na fiscalização abstrata os processos eram desde logo distribuídos por um juiz relator, do mesmo modo que sucede na fiscalização sucessiva concreta.

IV. Fiscalização sucessiva concreta

O elevado número de decisões de não conhecimento dos recursos interpostos em sede de fiscalização concreta suscita naturais interrogações.

A quase totalidade das decisões de não conhecimento apoiam-se nas seguintes razões:

– o recorrente não coloca nenhuma questão de inconstitucionalidade normativa, sendo o próprio sentido da decisão recorrida que é acusado de violar princípios constitucionais;

– a norma ou a interpretação normativa cuja inconstitucionalidade é invocada não integrou a *ratio decidendi* da decisão recorrida pelo que, atenta a natureza instrumental do recurso de constitucionalidade, não tem qualquer utilidade o seu conhecimento;

– o recorrente não suscitou previamente perante o tribunal recorrido a questão de constitucionalidade que agora vem colocar ao Tribunal Constitucional.

Apesar do Tribunal Constitucional ser acusado de algum rigorismo, o que é certo é que são os recorrentes que não cumprem os requisitos exigidos por lei, não parecendo que os mesmos possam ser abandonados, nomeadamente a natureza instrumental do recurso e o ónus da suscitação antecipada perante o tribunal recorrido, de modo a garantir que o Tribunal Constitucional funcione no exercício desta competência como tribunal de recurso.

O incumprimento desses requisitos resulta normalmente duma deficiente colocação das questões de constitucionalidade normativa que emergem no processo em causa, quer perante o tribunal recorrido, quer perante o Tribunal Constitucional, sendo certo que muitas vezes essas questões têm uma especial importância, pela sua relevância jurídica ou social.

De modo a permitir que elas pudessem ser apreciadas pelo Tribunal Constitucional, poder-se-ia atenuar a aplicação do princípio do pedido, admitindo que, nesses casos, o tribunal as conhecesse.

Necessário era que as mesmas revelassem um especial interesse jurídico ou social e integrassem a *ratio decidendi* da decisão recorrida, mantendo-se, assim, o cariz instrumental do recurso de constitucionalidade.

Daqui resultaria que, independentemente dos termos em que fosse deduzido o requerimento de interposição do recurso, o Tribunal Constitucional poderia conhecer da questão de constitucionalidade de especial relevo jurídico ou social, tendo por objeto norma ou interpretação normativa aplicada pela decisão recorrida.

Armindo Ribeiro Mendes
Advogado e ex-Juiz-Conselheiro do Tribunal Constitucional Português

I. O Desejo da Reforma

Em todos os ramos de Direito Processual se clama hoje – mas os clamores, valha a verdade, são de todos os tempos e em cada momento de viragem histórica sustenta-se que é a altura de simplificar o processo, sobretudo o penal, mas também os outros ramos de processo – por uma reforma profunda, quer das instituições judiciárias, quer sobretudo das próprias regulamentações processuais.

E, de fato, sucedem-se, um pouco por toda a parte, alterações legislativas que visam melhorar a eficácia do sistema, simplificar o que é complexo, embora, por regra, o resultado final fique aquém das expectativas dos cidadãos e dos profissionais forenses.

Paradigmático do que se acaba de dizer é o que ocorreu em Portugal com as reformas da ação executiva e dos recursos em processo civil nos anos de 2003 e de 2007, respectivamente.

A Reforma da Ação Executiva – que pretendia simplificar e aumentar a eficácia das cobranças judiciais – traduziu-se até agora num relativo fracasso e, não obstante uma pequena Reforma da Reforma em final de 2008 e com entrada em vigor em 2009, acumulam-se as pendências, havendo mais de um milhão de execuções pendentes no presente.

A Reforma dos Recursos, por seu turno, fez uma intervenção num setor que, segundo as Estatísticas da Justiça, era bastante eficaz, em comparação com outras áreas do processo civil. Restará saber se a restrição do acesso dos processos ao Supremo Tribunal de Justiça pela via do recurso de revista, através da adoção da chamada "dupla conforme" conseguirá ainda melhorar a eficácia do sistema e se os magistrados não irão na segunda instância, na dúvida, alterar a decisão da primeira instância para permitir o recurso ao STJ (o que constituirá um efeito perverso do referido sistema da dupla conforme introduzida em 2007).

No que toca ao processo constitucional, suponho que a ideia de reforma do processo constitucional terá mais adeptos no que toca à fiscalização concreta, a qual depende em boa parte da lei ordinária, já que a Constituição regula as diferentes modalidades de recurso de constitucionalidade, mas não a tramitação em concreto.

Há, todavia, uma forte restrição ao legislador ordinário, já que só através de revisão constitucional será possível alterar substancialmente os pressupostos de recurso da constitucionalidade e, claro, a composição do Tribunal Constitucional, o modo de designação dos seus Juízes e a competência daquele.

Convirá recordar aos nossos Amigos brasileiros que, após a Revolução de 25 de Abril de 1974 e da entrada em vigor da nova Constituição da República Portuguesa de 1976, houve um sistema concentrado de fiscalização da constitucionalidade que envolvia um órgão político-militar, o Conselho da Revolução, e um órgão independente, a Comissão Constitucional, embora presidida por um membro daquele Conselho, órgão este que exercia funções consultivas quanto à fiscalização abstrata de constitucionalidade, nas modalidades preventiva, abstrata sucessiva e por omissão *e que era um verdadeiro tribunal supremo de constitucionalidade no domínio da fiscalização concreta.*

Com a versão originária da Constituição, na sequência do II Pacto MFA/Partidos, instituiu-se um *recurso de constitucionalidade,* uma forma de fiscalização *judicial* da constitucionalidade para os casos em que os tribunais de qualquer ordem (judiciais, laborais, administrativos, tributários, militares, Tribunal de Contas) se recusassem, com fundamento em inconstitucionalidade normativa, "a aplicar uma norma constante da lei, decreto-lei, decreto regulamentar, decreto regional ou diploma equiperável" (artigo 282º, nº 1), por um lado, ou então, que os tribunais aplicassem uma norma anteriormente julgada inconstitucional por aquela Comissão.

Só nestes casos cabia recurso de constitucionalidade e, como é patente, o legislador constitucional visava em primeira linha obstar a que os tribunais das várias ordens pudessem, de forma definitiva, desaplicar as normas emanadas dos novos Órgãos de Soberania, instituídos após a Revolução triunfante.

Deve notar-se que se impunha o esgotamento dos recursos ordinários dentro de cada ordem jurisdicional e que o Ministério Público tinha sempre legitimidade para interpor recurso de tais decisões, o qual era, de resto, obrigatório para ele.

Com a Revisão Constitucional de 1982 e a criação do Tribunal Constitucional dotado de uma lei processual própria, alargaram-se os casos da fiscalização concreta da constitucionalidade de normas contidas em diferentes tipos de diplomas, prevendo-se a possibilidade de as partes de um processo que tivessem suscitado, sem êxito, a tese da inconstitucionalidade de uma norma aplicável ao caso poderem interpor recurso para o Tribunal Constitucional, depois de esgotados os recursos ordinários. É o célebre recurso da alínea b) do nº 1 do artigo 70º da Lei do Tribunal Constitucional (que reproduz, de resto, o artigo 280º, nº 1, alínea b), da Constituição, versão de 1982).

Em 1989, a II Revisão Constitucional manteve substancialmente inalterado o texto constitucional nessa matéria.

As alterações à Lei do Tribunal Constitucional (LTC) não foram muito relevantes, embora se tivesse criado mais um recurso na fiscalização concreta, o recurso de decisões dos tribunais que recusassem a aplicação de norma constante de ato legislativo com fundamento na sua contrariedade com uma convenção internacional, ou a aplicassem em desconformidade com o anteriormente decidido sobre a questão pelo Tribunal Constitucional (alínea i) do nº 1 do artigo 70º da LTC). Foram igualmente alterados os arts. 72º, 74º, 75º, 76º, 77º, 80º, 83º, 84º e 85º dessa Lei.

Em 1997, a IV Revisão Constitucional deixou praticamente intocada a Lei Fundamental, no que toca à fiscalização da constitucionalidade.

E, todavia, havia uma proposta de Deputados para constitucionalizar a solução constante da alínea i) do nº 1 do artigo 70º do LTC, de forma a prevenir a abertura da questão de inconstitucionalidade dessa inovação pelo legislador ordinário, sem cobertura constitucional.

Em 1998, porém, a Lei do Tribunal Constitucional sofreu alterações extensas, nomeadamente no domínio da fiscalização concreta. Algumas dessas alterações revestiram-se de claro cunho inovador, e visaram a simplificação do processo constitucional. Destaco as seguintes:

– no domínio de fiscalização abstrata sucessiva, a entrega de um memorando onde são formuladas pelo presidente do Tribunal as questões prévias e de fundo a que o Tribunal há de responder, bem como de quaisquer elementos documentais reputados de interesse (passou a separar-se o memorando para debate preparado pelo Presidente do projeto de acórdão a elaborar pelo relator) – artigo 63º LTC;

– no domínio da fiscalização concreta precisou-se o conceito de esgotamento dos recursos ordinários (quando tenha havido renúncia, haja decorrido o respectivo prazo sem a sua interposição ou os recursos interpostos não possam ter seguimento por razões de ordem processual) (artigo 70º, nº 4, LTC) e esclareceu-se que, se a decisão de um tribunal admitir recurso ordinário, *mesmo que para uniformização de jurisprudência*, a não interposição de recurso para o Tribunal Constitucional não faz precludir o direito de interpô-lo da ulterior decisão que confirme a primeira (artigo 70º, nº 6, LTC);

– explicitação de que o relator no Tribunal Constitucional pode convidar o recorrente a aperfeiçoar o requerimento, se o tribunal *a quo* (juiz ou relator) não tiver feito tal convite (nº 6 do artigo 75º-A), e, se não for correspondido, a sanção é a deserção imediata do recurso (apesar de já estar admitido) (nº 7 do artigo 75º-A);

– previsão de uma composição mais restrita de três Juízes – embora só decida definitivamente se houver unanimidade – do que a seção (composta por 5 Juízes, para apreciar a reclamação de rejeição do recurso de constitucionalidade ou a decisão sumária do relator sobre o não conhecimento do recurso ou a imediata decisão quanto ao mérito (arts. 77º e 78º-A LTC);

– possibilidade de alteração, oficiosa e a título excepcional, do efeito do recurso (artigo 78º, nº 5, LTC).

II. Reforma e Simplificação do Processo Constitucional

A presente Legislatura tem poderes de revisão constitucional. Por regra, as alterações à Lei do Tribunal Constitucional sucedem-se a cada nova revisão constitucional, aproveitando a substituição parcial dos Juízes.

Do meu ponto de vista, não me parece – a manter-se inalterada a regulamentação de fiscalização de constitucionalidade na Lei Fundamental – que haja muitas inovações que possam ser consagradas na LTC. Claro que, em função da experiência dos Juízes do Tribunal Constitucional, ajustamentos pontuais terão certamente cabimento.

O meu juízo não se baseia numa ideia de termos atingido "o fim da História..."

A verdade é que a introdução da *decisão sumária do relator* em 1996 no Código de Processo Civil com um sistema de impugnação flexível desta última, permite atalhar com eficácia à interposição de recursos com intenção meramente dilatória de impedir o trânsito em julgado das decisões dos tribunais recorridos. Nos podemos esquecer que as regras do recurso cível de apelação são aplicáveis subsidiariamente na fiscalização concreta da constitucionalidade (artigo 69º LTC).

Nos primeiros oito anos de vigência da Reforma da LTC de 1998, a média de decisões sumárias por ano foi de 460, a média das decisões em conferência situou-se em 172 e a média das decisões em seção atingiu 304 processos, muito embora em 2005 e em 2006 o número de acórdãos em seção não chegasse a tal valor médio.

As reclamações de decisões de não admissão do recurso de constitucionalidade andam na ordem das 100 por ano.

Do meu ponto de vista, que é o de um prático da advocacia que durante 9 anos exerceu funções de Juiz constitucional, não me parece que as vantagens de consagração de um *recurso de amparo*, em termos de cidadania, superassem claramente os inconvenientes de aumento de litigação, de prolongamento dos processos e de congestionamento do Tribunal Constitucional.

Por outro lado, tenderia a agravar-se a conflitualidade com os tribunais recorridos, sobretudo com o Supremo Tribunal de Justiça e o Supremo Tribunal Administrativo.

Na vizinha Espanha, que viu consagrado o recurso de amparo após a restauração da democracia, o Código de Processo Civil de 2000 (Ley de Enjuiciamento Civil) refere, na sua exposição preliminar, que se reservam os recursos extraordinários sobre questões processuais de decisões de 2.ª instância para os Tribunais Superiores de Justiça das Comunidades e não para o Tribunal Supremo para evitar ou reduzir consideravelmente "as possibilidades de fricção ou choque entre o Tribunal Supremo e o Tribunal Constitucional". E acrescenta-se: "porque o respectivo acatamento da ressalva (*salvedad*) a favor do Tribunal Constitucional no que toca a "garantias constitucionais" pode ser e é conveniente que se harmonize com a posição do Tribunal Supremo, uma posição geral de superioridade que o artigo 123º da Constituição atribui ao alto Tribunal Supremo com a mesma clareza e igual ênfase que a referida *salvedad*" (ponto XIV).

Também em Itália – e num sistema que não conhece o recurso de amparo e em que existe um reenvio prejudicial da questão da constitucio-

MESAS-REDONDAS

nalidade ao Tribunal Constitucional – houve frequentes tensões entre este Tribunal e os órgãos superiores das Ordens de Tribunais, tendo na década de oitenta do passado século sido possível encontrar um consenso entre todos este órgãos, com a consagração da tese do "Direito vivo".

Claro que poderá o legislador constitucional vir a abandonar o sistema de fiscalização concreta consagrado em 1976 e que vigora há quase 35 anos, optando pelo estabelecimento de um sistema de reenvio prejudicial pelo tribunal *a quo* da questão incidental de constitucionalidade, suscitada oficiosamente ou a solicitação de uma das partes, após reconhecimento do bem fundado da suscitação e com eventual controlo por reclamação do interessado para o Tribunal Constitucional, em caso de rejeição. Mas é pouco provável que tal suceda, sendo certo que em França foi consagrada recentemente a possibilidade de fiscalização concreta pelo Conselho Constitucional, havendo um princípio de esgotamento dos recursos ordinário.

Se se consagrasse em Portugal o reenvio prejudicial da questão ao Tribunal Constitucional seria a adoção da solução italiana consagrada na Constituição de 1947 e que inspirou igualmente as Constituições alemã de 1949 e a espanhola de 1978.

A verdade, porém, é que não parece que tal consagração viesse melhorar substancialmente a eficácia de jurisdição constitucional, embora pudesse diminuir o número anual de recursos. Duvida-se, porém, que haja um consenso parlamentar para mudar o atual regime que remonta a 1976, não obstante existirem algumas vozes defensoras da solução do reenvio prejudicial.

Atrever-me-ei a fazer algumas sugestões de reforma processual que não redundam necessariamente numa simplificação processual, mas poderiam, a ser consagradas, melhorar o nível do debate das questões de constitucionalidade.

Uma dessas sugestões tem a ver com a possibilidade de se consagrar a figura do *amicus curiae*, um terceiro representativo de interesses conexos com os de recorrente ou recorrido, e que pudesse tomar posição sobre a questão de constitucionalidade, nomeadamente apresentando um parecer sobre a questão em debate. O *amicus curiae* é uma figura oriunda dos processos da *common law*, sobretudo do processo norte-americano, mas poderia ser importado, a título experimental, para o processo constitucional, desde que a sua intervenção não acarretasse atrasos significativos.

O relator sempre poderia não autorizar a intervenção de um *amicus curiae*, se considerasse que não se justificava no caso tal intervenção. A decisão do relator poderia ser objeto de reclamação para a conferência.

Outra possibilidade da alteração – já consagrada na recente reforma dos recursos cíveis – poderia ser a consagração de alegações orais em processos de fiscalização concreta de especial dificuldade ou complexidade, através de proposta do recorrente e do recorrido, a ser decidida em conferência. As alegações orais longe de promoverem as "figuras mediáticas do costume", como sustenta o Conselheiro Amâncio Ferreira – podem contribuir para uma aproximação da Justiça Constitucional dos cidadãos, quebrando o tradicional sistema de secretismo que decorre de um recurso exclusivamente escrito.

Por último, valeria a pena questionar se, na fiscalização concreta, se justifica a existência de votos de vencido ou se, pelo contrário, se deveria reservar a possibilidade de exarar os votos de vencido para os processos de fiscalização abstrata. Com a eventual supressão dos votos de vencido, sobretudo nos recursos de constitucionalidade em matéria penal, alcançar-se-ia porventura uma maior autoridade das decisões e um mais elevado nível de persuasão. Mas tem de reconhecer-se que os votos de vencido são tradicionais no nosso Direito desde tempos imemoriais.

Por último, na fiscalização abstrata preventiva quanto a diplomas da República haveria toda a vantagem em conseguir assegurar em todas as circunstâncias a intervenção do plenário com todos os juízes, sendo de todos conhecido que, em período de férias, a intervenção do plenário é feita com o *quorum* mínimo de 7 membros. A solução poderia passar por uma alteração do texto da Constituição, suspendendo-se o prazo de decisão no período de férias, salvo posição em sentido contrário do Presidente da República, do Presidente da Assembleia da República ou do Primeiro-Ministro e, eventualmente, do Representante de República nas Regiões Autónomas, quando estivesse em causa a fiscalização preventiva de diplomas regionais.

III. Conclusão

Como se deixou dito, as sugestões feitas devem ser encaradas como simples propostas de reflexão, para debate entre os Políticos e Constitucionalistas, não traduzindo sequer qualquer certeza do proponente sobre a bondade das mesmas.

A tramitação do processo constitucional sofreu, ao longo deste último quarto do século, várias modificações no sentido da sua racionalidade crescente. Daí que não se vislumbre a necessidade de benfeitorias urgentes.

Há, todavia, um aspecto que talvez valesse apenas encarar de novo e que é a questão da tributação no processo constitucional.

Ouvem-se frequentes queixas, sobretudo de Advogados, no sentido de que não deveria ser tributado o decaimento na questão jurídico-constitucional, devendo ser reservada a tributação para as soluções de não conhecimento do recurso, como sucedia até 1999.

É um problema melindroso, sendo certo que muitos recursos são interpostos exclusivamente para obstar ao trânsito em julgado de uma decisão de um tribunal judicial, administrativo ou tributário que desagrada a uma das Partes, sem que se verifiquem os pressupostos de admissibilidade.

Julgo que se justificaria um debate alargado sobre a tributação dos recursos de constitucionalidade.

Tema 4

Da admissibilidade da restrição temporal de efeitos das decisões de inconstitucionalidade em controle concreto

José Levi Mello do Amaral Júnior

Professor de Direito Constitucional na Faculdade de Direito da Universidade de São Paulo, Doutor em Direito do Estado pela mesma Universidade e Procurador da Fazenda Nacional cedido ao Governo do Estado de São Paulo, onde é Assessor Especial do Governador

No plano teórico há um vínculo evidente entre a natureza que se atribui à decisão de inconstitucionalidade e os efeitos que ela surte no tempo: no modelo americano, em que a decisão é compreendida como declaratória, seus efeitos são *ex tunc* (retroativos); no modelo europeu, em que a decisão é compreendida como constitutiva, seus efeitos são *ex nunc* (prospectivos). Porém, na riqueza da vida prática, ambas as compreensões trocam experiências entre si e admitem exceções recíprocas[1].

É conhecida a lição de Hans Kelsen[2] sobre a anulabilidade do ato inconstitucional: "*O ideal da certeza do direito exige que a anulação de uma norma geral irregular tenha, normalmente, efeito apenas* pro futuro, *ou seja, a*

---

[1] A propósito, Elival da Silva Ramos, *A inconstitucionalidade das leis: sanção e vício,* São Paulo: Saraiva, 1994.

[2] *La garanzia giurisdizionale della costituzione* **in** La giustizia costituzionale, Milano: Giuffrè, 1981, p. 167.

partir da própria anulação." Ademais, considera *"a possibilidade de a anulação ter efeito apenas depois de decorrido certo prazo".* Compara as razões para tanto às razões que determinam uma *vacatio legis.* A seguir, admite seja dado um efeito retroativo excepcional à decisão *"quando o ato irregular, segundo a apreciação soberana da autoridade competente para anulá-lo ou pela falta das condições mínimas requeridas pelo direito para a sua validade, deva ser considerado como um simples pseudo-ato jurídico".*

I. Modulação de efeitos no direito brasileiro

Por outro lado, no direito brasileiro, cujo controle de constitucionalidade inspirou-se, originalmente, no modelo norte-americano, firmou-se, desde cedo, a orientação de que a lei inconstitucional é **nula e írrita**[3].

No entanto, o próprio Supremo Tribunal Federal registra tentativa de rever a antiga orientação. Conquanto sem repercussão prática, veja-se o sempre citado Voto do Ministro Leitão de Abreu, Relator do Recurso Extraordinário nº 79.343/BA, julgado em 31 de maio de 1977: *"A tutela da boa-fé* [aqui atuando como evidente sucedâneo da segurança jurídica a que se refere Kelsen] *exige que, em determinadas circunstâncias, notadamente quando, sob a lei ainda não declarada inconstitucional, se estabeleceram relações entre o particular e o poder público, se apure, prudencialmente, até que ponto a retroatividade da decisão, que decreta a inconstitucionalidade, pode atingir, prejudicando-o, o agente que teve por legítimo o ato e, fundado nele, operou na presunção de que estava procedendo sob o amparo do direito objetivo."*

Não obstante, ainda que se distinga o plano da norma e o plano do ato concreto, há registro de casos antigos em que o Supremo Tribunal Federal, na prática, relativizou a nulidade da lei inconstitucional (ou a relativizou em sua repercussão sobre os atos concretos nela fundados). Com efeito, há registros no mesmo sentido na própria matriz norte-americana.

Na Representação nº 882/SP, Relator o Ministro Xavier de Albuquerque, julgada em 21 de março de 1974, o Supremo Tribunal Federal declarou inconstitucional lei do Estado de São Paulo que autorizava a designação de funcionários do Poder Executivo para o desempenho das funções próprias do cargo de Oficial de Justiça.

No RE nº 78.209/SP, Relator o Ministro Aliomar Baleeiro, julgado em 04 de junho de 1974, relevou os atos praticados pelos funcionários

---

[3] Cf. tradução de RUI BARBOSA para a fórmula inglesa "null and void".

designados nos termos daquela lei declarada inconstitucional. Sustentou que, se o Direito reconhece a validade dos atos até de funcionários de fato, estranhos aos quadros do pessoal público, com maior razão há de reconhecê-la se praticados por agentes do Estado no exercício daquelas atribuições por força de lei, que veio a ser declarada inconstitucional. E concluiu:

Uma coisa é a inconstitucionalidade da Lei paulista de 3-12-71; outra, as consequências jurídicas dos atos materiais e até dos atos jurídicos por eles praticados por ordem e sob responsabilidade dos juízes, como serventuários destes, antes da declaração daquela inconstitucionalidade.

Houve, aí, reconhecimento de inconstitucionalidade cujos efeitos foram modulados no tempo, de modo que não se deu, a rigor, uma declaração de inconstitucionalidade *ex tunc*, que baniria da ordem jurídica a lei inconstitucional e todos os atos praticados com base nela. Logo, tem-se, aqui, caso de declaração de inconstitucionalidade *ex nunc*, ainda que não seja expressamente dito.

Outro caso peculiar se deu nos autos do Habeas Corpus nº 70.514-6/RS, Relator o Ministro Sydney Sanches, julgado em 23 de março de 1994, em que o Supremo Tribunal Federal não reconheceu a inconstitucionalidade do prazo em dobro para recurso da Defensoria Pública, *"ao menos até que sua organização (...) alcance o nível de organização do respectivo Ministério Público, que é a parte adversa, como órgão de acusação, no processo da ação penal pública"* ("lei ainda constitucional").

II. Lei das ações diretas

A Lei das Ações Diretas, Lei nº 9.868, de 10 de novembro de 1999, rompeu com a tradição brasileira e expressamente disciplinou, em seu artigo 27, a modulação temporal da declaração de inconstitucionalidade no âmbito do controle abstrato de normas:

Ao declarar a inconstitucionalidade de lei ou ato normativo, e tendo em vista razões de segurança jurídica ou de excepcional interesse social, poderá o Supremo Tribunal Federal, por maioria de dois terços de seus membros, restringir os efeitos daquela declaração ou decidir que ela só tenha eficácia a partir de seu trânsito em julgado ou de outro momento que venha a ser fixado.

No mesmo sentido é o artigo 11 da Lei nº 9.882, de 03 de dezembro de 1999 (Lei da Arguição de Descumprimento de Preceito Fundamental).

Veja-se a crítica de Manoel Gonçalves Ferreira Filho: "A decisão pode 'restringir' os seus efeitos... Isto significa, por exemplo, que ela poderá considerar válidos atos inconstitucionais, ou dispensar o Estado de devolver o que percebeu em razão de tributo inconstitucionalmente estabelecido e cobrado... Donde resultará a inutilidade do controle. Não é mais rígida a Constituição brasileira."[4]

A legitimidade constitucional do artigo 27 da Lei das Ações Diretas é objeto de duas Ações Diretas de Inconstitucionalidade (2.154-1/DF e 2.258-0/DF) que tramitam no Supremo Tribunal Federal desde o ano 2000. Há um único Voto proferido, do então Relator de ambas as Ações Diretas, Ministro Sepúlveda Pertence, que se manifestou pela inconstitucionalidade do artigo 27 da Lei nº 9.868, de 1999. Apontou vício formal, a saber, a inovação deveria constar de Emenda Constitucional, não de lei ordinária. Quanto ao conteúdo do artigo 27, defendeu que lhe fosse dada interpretação conforme à Constituição para evitar que a sua aplicação possa atingir o ato jurídico perfeito, a coisa julgada e o direito adquirido. O julgamento foi iniciado em 2007, mas interrompido em razão de pedido de vista da Ministra Cármen Lúcia.

O artigo 27 da Lei das Ações Diretas guarda evidente semelhança com o artigo 282, nº 4, da Constituição portuguesa: "Quando a segurança jurídica, razões de equidade ou interesse público de excepcional relevo, que deverá ser fundamentado, o exigirem, poderá o Tribunal Constitucional fixar os efeitos da inconstitucionalidade ou da ilegalidade com alcance mais restrito do que o previsto nos nos 1 e 2."

III. *Ex nunc* no controle concreto

Curiosamente, o *leading case* da matéria no Supremo Tribunal Federal, aquele que – efetiva e expressamente – afastou-se da velha tradição, não veio em ação direta (controle abstrato), mas, sim, em recurso extraordinário (controle concreto).

Primeiro caso: No julgamento do Recurso Extraordinário nº 197.917-8/SP, Relator o Ministro Maurício Corrêa, julgado em 24 de março de 2004, em que se discutiu a constitucionalidade de Lei Orgânica do Município paulista de Mira Estrela relativamente à fixação do número de

---

[4] *Inovações no controle de constitucionalidade* in Aspectos do direito constitucional contemporâneo, 2ª edição, São Paulo: Saraiva, 2009, p. 232.

DA ADMISSIBILIDADE DA RESTRIÇÃO TEMPORAL DE EFEITOS DAS DECISÕES...

Vereadores fora das balizas constitucionais. No extremo de uma decisão *ex tunc*, poder-se-ia ter severo efeito cascata, inclusive com a invalidade da própria composição da Câmara de Vereadores e de todas as deliberações que ela tenha tomado. Seguindo, no ponto, Voto do Ministro Gilmar Mendes, a Corte modulou os efeitos da decisão no tempo:

Efeitos. Princípio da segurança jurídica. Situação excepcional em que a declaração de nulidade, com seus normais efeitos ex tunc, resultaria grave ameaça a todo o sistema legislativo vigente. Prevalência do interesse público para assegurar, em caráter de exceção, efeitos pro futuro à declaração incidental de inconstitucionalidade.

O Ministro Gilmar Mendes consignou que "o princípio da nulidade continua a ser a regra também no direito brasileiro. O afastamento de sua incidência dependerá de um severo juízo de ponderação que, tendo em vista análise fundada no princípio da proporcionalidade, faça prevalecer a ideia de segurança jurídica ou outro princípio constitucionalmente relevante. Assim, aqui, como no direito português, a não-aplicação do princípio da nulidade não se há de basear em consideração de política judiciária, mas em fundamento constitucional próprio."

Ora, parece que o próprio "severo juízo de ponderação" é, ele próprio, "consideração de política judiciária"...

A propósito, o magistério de Manoel Gonçalves Ferreira Filho: "É uma apreciação tipicamente política. E subjetiva, porque admitir que haja razões de segurança, ou de interesse social, ainda mais quando qualificado de excepcional, depende da visão que cada um tenha das coisas."[5]

Tanto é assim que o artigo 27 traz um inusitado requisito formal à modulação dos efeitos da decisão: deve ser tomada por maioria de dois terços dos membros do Supremo Tribunal Federal. O que se busca com isso? A resposta é uma só: legitimação para uma decisão que não é meramente jurídica, mas, sim, envolve "severo juízo de ponderação" entre princípios e valores constitucionais frente aos dois parâmetros – axiológicos – postos pela Lei das Ações Diretas ("razões de segurança jurídica ou de excepcional interesse social").

A jurisprudência do Supremo Tribunal Federal registra casos outros de decisões finais de mérito proferidas com efeitos *pro futuro*, tanto no controle concreto, quanto no controle abstrato.

---

[5] *Inovações no controle de constitucionalidade...*, p. 233.

Segundo caso: Exemplo emblemático é o da Lei nº 8.072, de 25 de julho de 1990, mais conhecida como *"Lei dos crimes hediondos"*. Determinava que os crimes hediondos, a prática da tortura, o tráfico ilícito de entorpecentes e drogas afins e o terrorismo teriam as respectivas penas cumpridas integralmente em regime fechado (artigo 2º, *caput* e § 1º). Assim foi durante mais de quinze anos! Porém, no Habeas Corpus nº 82.959-7/SP, Relator o Ministro Marco Aurélio, julgado em 23 de fevereiro de 2006, o Supremo Tribunal Federal declarou, incidentalmente, a inconstitucionalidade da referida determinação, ao entendimento de que viola a garantia constitucional da individualização da pena (artigo 5º, inciso LXVI, da Constituição de 1988)[6]. Porém, o Tribunal *"explicitou que a declaração incidental de inconstitucionalidade do preceito legal em questão não gerará consequências jurídicas com relação às penas já extintas nesta data, pois esta decisão plenária envolve, unicamente, o afastamento do óbice representado pela norma ora declarada inconstitucional, sem prejuízo da apreciação, caso a caso, pelo magistrado competente, dos demais requisitos pertinentes ao reconhecimento da possibilidade de progressão."*[7]

Terceiro caso: Outro exemplo da maior relevância é a nova compreensão do Supremo Tribunal Federal sobre fidelidade partidária. Superando entendimento antigo[8], a Corte passou a depreender a fidelidade partidária do sistema eleitoral proporcional e da necessidade de filiação partidária para candidatura[9]. A inversão jurisprudencial fez com que o Tribunal, de modo prudente, modulasse os efeitos da decisão:

Razões de segurança jurídica, e que se impõem também na evolução jurisprudencial, determinam seja o cuidado novo sobre o tema antigo pela jurisdição concebido como forma de certeza e não causa de sobressaltos para os cidadãos. Não tendo havido mudanças na legislação sobre o tema, tem-se reconhecido o direito de o Impetrante titularizar os mandatos por ele obtidos nas eleições de 2006, mas com modulação dos efeitos dessa

---

[6] AMARAL JÚNIOR, José Levi Mello do. *Proceso constitucional en Brasil: nueva composición del STF y cambio constitucional* in Anuario Iberoamericano de Justicia Constitucional, v. 12, 2008, p. 463.

[7] Cf. proclamação do resultado do julgamento.

[8] Mandado de Segurança nº 20.927-5/DF, Relator o Ministro Moreira Alves, julgado em 11 de outubro de 1989.

[9] Mandado de Segurança nº 26.602-3/DF, Relator o Ministro Eros Grau, Mandado de Segurança nº 26.603-1/DF, Relator o Ministro Celso De Mello, e Mandado de Segurança nº 26.604-0/DF, Relatora a Ministra Cármen Lúcia, todos julgados em 04 de outubro de 2007.

decisão para que se produzam eles a partir da resposta do Tribunal Superior Eleitoral à Consulta nº 1.398/2007.

Há tendência de o Supremo Tribunal Federal reconhecer a fidelidade partidária também no caso do sistema eleitoral majoritário. Porém, nesta hipótese, o excesso criativo parece extrapolar. Veja-se o recente caso do Distrito Federal brasileiro: tendo renunciado o Vice-Governador e, dias mais tarde, tendo sido o Governador cassado em razão de infidelidade partidária (pelo Tribunal Regional Eleitoral do Distrito Federal), pergunta-se: o Partido que "titularizava" ambos os mandatos conserva direito a eles?

Quarto caso: Refira-se, ainda, a Ação Direta de Inconstitucionalidade nº 2.240-7/BA, Relator o Ministro Eros Grau, julgada em 09 de maio de 2007, que admitiu a criação do Município baiano de Luís Eduardo Magalhães, realizada em contraste com normas constitucionais e com diversos precedentes do próprio Supremo Tribunal Federal. Da Ementa do julgado citado extrai-se o seguinte excerto:

Existência de fato do Município, decorrente da decisão política que importou na sua instalação como ente federativo dotado de autonomia. Situação excepcional consolidada, de caráter institucional, político. Hipótese que consubstancia reconhecimento e acolhimento da força normativa dos fatos.

Vale observar que, nestes três últimos casos, houve inversão de entendimento jurisprudencial antigo e sedimentado do Supremo Tribunal Federal. Portanto, por força de modificação de compreensão da própria Corte, a eficácia prospectiva do novo entendimento se impôs ao natural.

IV. Dificuldades e perigos

Disso tudo decorrem dificuldades e perigos relevantes.

Primeira ordem de dificuldades e perigos. A manutenção em vigor de lei inconstitucional, ainda que transitoriamente, cria espaço de tolerância em favor de uma inconstitucionalidade. Há, nisso, exceção à própria Constituição. O Supremo Tribunal Federal, com isso, abre exceção à legalidade constitucional. É conhecido o conceito que Carl Schmitt dá para soberano: "É soberano quem decide o estado de exceção."[10] Em outras palavras:

[10] *Teología Política I* in Carl Schmitt, teólogo de la política, México: Fondo de Cultura Económica, 2001, 19-62.

ao modular os efeitos de uma inconstitucionalidade no tempo, o Supremo Tribunal Federal torna-se o soberano[11].

Segunda ordem de dificuldades e perigos. A decisão *ex nunc* (conforme os seus próprios parâmetros legais), traz à baila o complicado manejo de princípios e valores (no caso, "razões de segurança jurídica ou de excepcional interesse social"). A propósito, confira-se lição de Carl Schmitt que foi lembrada, em lúcida advertência, pelo Ministro Eros Grau, quando do julgamento da Arguição de Descumprimento de Preceito Fundamental nº 101-3/DF, Relatora a Ministra Ellen Gracie, julgada em 24 de junho de 2009.

Carl Schmitt afirma: *"Quem põe os valores já está de tal modo contraposto aos não-valores. Não só o impor e o fazer valer tornam-se verdadeiramente uma coisa séria, a tolerância e a neutralidade ilimitada dos pontos de vista e dos pontos de observação intercambiáveis ao gosto viram subitamente no seu oposto, ou seja, na hostilidade. (...) O conflito entre valores e desvalores acaba assim: de ambas as partes ecoa um horrível* pereat mundus."[12]

Isso porque, ironiza, é tudo claro e simples: "o valor superior tem o direito e o dever de submeter a si o valor inferior, e o valor enquanto tal aniquila justamente o não-valor enquanto tal".[13]

A seguir, conta: *"Antes, quando a própria dignidade ainda não era um valor, mas algo essencialmente diverso, o fim não podia justificar o meio. A máxima segundo a qual os fins justificam os meios era considerada reprovável. Diversamente, na hierarquia dos valores vêm outras relações que justificam o fato de o valor aniquilar o não-valor e de o valor superior tratar como abjeto o valor inferior."*[14]

Cita Max Scheler – *"a negação de um valor negativo é um valor positivo"* – para criticá-lo: "A frase de Scheler permite retribuir o mal com o mal, transformando assim a nossa terra em um inferno, mas o inferno em um paraíso dos valores."[15]

Logo depois, sustenta: *"É tarefa do legislador, e da lei por ele decretada, estabelecer a mediação por meio de regras mensuráveis e aplicáveis e impedir o terror da atuação imediata e automática dos valores. É uma tarefa difícil, que faz compreen-*

---

[11] Argumento cogitado por Luís Fernando Barzotto em Seminário Jurídico Avançado realizado no Centro Universitário de Brasília em outubro de 2008.

[12] *Riflessioni di un giurista sulla filosofia dei valori* in La tiranni dei valori, Milano: Adelphi, 2008, p. 59-60.

[13] *Riflessioni di un giurista sulla filosofia dei valori...*, p. 60.

[14] *Riflessioni di un giurista sulla filosofia dei valori...*, p. 64.

[15] *Riflessioni di un giurista sulla filosofia dei valori...*, p. 64.

der porque os grandes legisladores da História, de Licurgo e Sólon até Napoleão, tornaram-se figuras míticas. Nos atuais Estados industriais altamente desenvolvidos, com a sua máquina securitária de massa, o problema da mediação coloca-se de modo novo. Se aqui o legislador falha, não há ninguém que possa substituí-lo."[16]

Enfim, adverte: *"Um jurista que se empenha em se tornar um atuador imediato dos valores deveria saber o que faz."* [17]

V. Conclusão

A excepcionalidade dos pressupostos legais necessários à modulação dos efeitos temporais das decisões em sede de controle de constitucionalidade remete ao importante tema de como são compostos os órgãos que atuam na matéria.

Não há dúvida sobre a independência do Supremo Tribunal Federal. Em tempos de regime autoritário, já declarou a inconstitucionalidade de decreto-lei[18]. Nos últimos anos, já com maioria de Ministros indicados por um mesmo Presidente da República, o Tribunal: (1) determinou a instalação de Comissão Parlamentar de Inquérito que não interessava ao Governo[19]; (2) declarou inconstitucional a reedição de uma medida provisória[20]; e (3) declarou inconstitucionais duas outras medidas provisórias em razão do não-cumprimento dos pressupostos constitucionais[21].

De toda sorte, parece auspicioso, ao menos, aproximar o Supremo Tribunal Federal das características de um típico Tribunal Constitucional[22],

---

[16] *Riflessioni di un giurista sulla filosofia dei valori...*, p. 67-68.

[17] *Riflessioni di un giurista sulla filosofia dei valori...*, p. 68.

[18] Recurso Extraordinário nº 62.731/GB, Relator o Ministro Aliomar Baleeiro, julgado em 23 de agosto de 1967.

[19] Mandado de Segurança nº 26.441-1/DF, Relator o Ministro Celso de Mello, julgado em 25 de abril de 2007.

[20] Ação Direta de Inconstitucionalidade nº 3.964-4/DF, Relator o Ministro Carlos Britto, julgada em 12 de dezembro de 2007.

[21] Ação Direta de Inconstitucionalidade nº 4.048-1/DF, Relator o Ministro Gilmar Mendes, julgada em 14 de maio de 2008, e Ação Direta de Inconstitucionalidade nº 4.049-9/DF, Relator o Ministro Carlos Britto, julgada em 05 de novembro de 2008.

[22] Sobre a caracterização dos tribunais constitucionais: FAVOREU, Louis. *As cortes constitucionais*, São Paulo: Landy, 2004, p. 27-39. Louis Favoreu aponta as seguintes condições de existência dos tribunais constitucionais: (a) contexto institucional e jurídico peculiar: sistema de governo parlamentar ou semi-parlamentar, dualidade ou pluralidade de jurisdições etc. ; (b) estatuto constitucional que torna o tribunal independente de qualquer outra autoridade

mormente para reforçar e garantir o seu papel contra-majoritário, de proteção da minoria parlamentar[23]. Portanto, convém institucionalizar a mecânica contra-majoritária. Para tanto, sem prejuízo das linhas gerais da atual sistemática de indicação dos Ministros da Corte, bastaria, por exemplo: (1) estabelecer mandatos fixos (sem recondução), com renovação do Tribunal em partes iguais dentro de períodos certos de tempo, para tornar improvável que um mesmo Governo possa indicar uma maioria de membros[24] (o que, ao menos em tese, poderia comprometer o caráter contra-majoritário – ou de proteção da minoria parlamentar – da Justiça Constitucional); (2) incrementar a maioria de aprovação senatorial do indicado, de maioria absoluta para uma maioria ainda mais qualificada (algo como três quintos dos Senadores), para induzir consensos muitos fortes em favor de indicados que estejam acima do jogo partidário[25]. A combinação destas providências certamente não dota os indicados da legitimação democrática a que se refere o parágrafo único do artigo 1º da Constituição, mas, talvez, seja suficiente para reduzir os riscos inerentes ao eventual cometimento dos "dois erros maiúsculos" a que se referiu – com evidente exagero – o Presidente americano Dwight Eisenhower[26].

---

estatal; (c) monopólio do contencioso constitucional em favor do tribunal; (d) designação de juízes não magistrados por autoridades políticas; (e) configuração de uma verdadeira jurisdição por parte do tribunal; (f) jurisdição essa que fica fora do aparato jurisdicional comum.

[23] KELSEN, *La garanzia giurisdizionale della Costituzione...*, p. 201-203.

[24] De acordo com a exposição minuciosa de Favoreu, parte considerável dos tribunais constitucionais europeus adota mandatos fixos para os seus membros (por exemplo, os seguintes Tribunais Constitucionais: alemão, italiano, francês, espanhol e português). Porém, há exceções em favor da vitaliciedade limitada aos setenta anos de idade (por exemplo, os seguintes Tribunais Constitucionais: austríaco e belga).

[25] AMARAL JÚNIOR, José Levi Mello do. *20 anos da Constituição brasileira de 1988. A Constituição foi capaz de limitar o poder?* in Os 20 anos da Constituição da República Federativa do Brasil, São Paulo: Atlas, 2009, p. 134-135.

[26] "Referia-se ao *Chief Justice* Earl Warren e ao *Justice* William Brennan, que se tornaram juízes muito liberais uma vez na Corte." (DWORKIN, Ronald. *Is democracy possible here? Principles for a new political debate*, New Jersey: Princeton, 2006, p. 158).

João Tiago Silveira
Mestre, Assistente da Faculdade de Direito da Universidade de Lisboa e ex-secretário de Estado da Presidência do Conselho de Ministros de Portugal

Colaboração de Irene Terrasêca
Adjunta do Secretário de Estado da Presidência do Conselho de Ministros

I. Colocação do problema

Pretende-se, neste texto, debater a questão da admissibilidade da restrição temporal de efeitos das decisões de inconstitucionalidade[1] em sede de fiscalização sucessiva concreta da constitucionalidade.

O nº 4 do artigo 282º da Constituição (CRP) permite hoje ao julgador constitucional, em fiscalização sucessiva abstrata, limitar no tempo os efeitos da declaração de inconstitucionalidade com força obrigatória geral por razões de segurança jurídica, equidade ou de interesse público de excepcional relevo. Esta disposição nada refere quanto à sua aplicação à fiscalização sucessiva concreta. Pode, assim, colocar-se a questão da possibilidade de utilização desta figura em controlo concreto. O presente texto versa, essencialmente, sobre esta questão.

No pressuposto da admissibilidade da sua aplicação à fiscalização sucessiva concreta, interessa ainda questionar se a limitação de efeitos em julgamento de inconstitucionalidade pode ser utilizada pelos tribunais comuns e não apenas pelo Tribunal Constitucional (TC), no exercício do seu papel de defesa e de garantes da Constituição, pelo que também se aborda esse aspecto do problema.

O presente texto tratará, assim, de duas questões. Em primeiro lugar, saber se o mecanismo de limitação temporal dos efeitos da declaração de inconstitucionalidade com força obrigatória geral também se aplica ao julgamento no qual se decida pela inconstitucionalidade em sede de fiscalização sucessiva concreta. Em segundo lugar, caso a resposta à primeira questão seja positiva, pretende-se verificar se também os tribunais comuns podem utilizar o mecanismo em causa para limitar os efeitos retroativos de um julgamento no sentido da inconstitucionalidade.

---

[1] Por razões de economia, referimo-nos às decisões de inconstitucionalidade. Naturalmente, não se exclui do âmbito desta análise o controlo e as respetivas decisões de ilegalidade previstos na Constituição.

Este texto tem a seguinte sequência: i) começa por fazer uma breve descrição do mecanismo do nº 4 do artigo 282º da CRP e da sua razão de ser, ii) aborda, em seguida, a prática jurisprudencial do Tribunal Constitucional na sua aplicação, iii) posteriormente debatem-se os dados do problema da aplicação do regime referido à fiscalização concreta da constitucionalidade, iv) depois é encarado o problema da aplicação do mencionado nº 4 do artigo 282º da CRP pelos tribunais comuns e, finalmente, v) sumariza-se a posição defendida, em conclusões.

II. O nº 4 do artigo 282º da CRP e a sua razão de ser

Como é sabido, a declaração de inconstitucionalidade com força obrigatória geral pelo TC tem efeitos retroativos e efeitos repristinatórios (nº 1 do artigo 282º CRP). Deste modo, por um lado, essa declaração produz efeitos desde a data da entrada em vigor da norma considerada inconstitucional, assim se eliminando, tendencialmente, os efeitos que esta produziu no ordenamento jurídico. Apenas se excetuam os casos julgados ocorridos nesse período que, mesmo assim, podem ser afetados em certas circunstâncias (nº 3 do artigo 282º da CRP). Por outro lado, a declaração de inconstitucionalidade tem o efeito de repor em vigor as normas que tenham sido revogadas pela norma agora considerada inconstitucional, assim se operando a sua repristinação (nº 1 do artigo 282º CRP).

Ora, tanto o efeito retroativo, como o efeito repristinatório referidos podem ser limitados por decisão do TC, nos termos do nº 4 do artigo 282º da CRP. A razão de ser desta possibilidade de limitação do alcance dos efeitos da declaração de inconstitucionalidade com força obrigatória geral resulta da possível inconveniência desses mesmos efeitos nas situações visadas, particularmente quando valores como a segurança jurídica, a equidade ou o interesse público possam estar em causa. Assim, o nº 4 do artigo 282º CRP permite limitar ou eliminar o efeito retroativo e o efeito repristinatório associados à declaração de inconstitucionalidade, podendo ser caracterizada como uma "válvula de segurança da própria finalidade e da efetividade do sistema de fiscalização".[2] Ou seja: é em consideração dos efeitos graves da declaração de inconstitucionalidade com força obrigatória

---

[2] JORGE MIRANDA, *Manual de Direito Constitucional*, tomo II, 3.ª edição, Coimbra, 1991, pág. 501.

DA ADMISSIBILIDADE DA RESTRIÇÃO TEMPORAL DE EFEITOS DAS DECISÕES...

geral, em particular o efeito retroativo, que se prevê ou, para alguns, se impõe[3], a fixação desses efeitos pelo julgador constitucional, no momento em que declara a inconstitucionalidade.

A natureza da declaração de inconstitucionalidade com força obrigatória geral não é consensual.

Considerando que elimina a norma do ordenamento jurídico, J. J. Gomes Canotilho e Vital Moreira referem que a decisão de inconstitucionalidade com força obrigatória geral atua como "legislação negativa" e vincula tanto os particulares como as autoridades públicas. Reconhecem-lhe "força de lei", valor normativo[4], ou, mais recentemente, "força semelhante à da lei"[5]. A dimensão normativa da declaração do TC, conjugada com a vinculação geral da decisão, compõem o sentido da expressão "força obrigatória geral"[6].

Para Blanco de Morais, a força obrigatória geral abarca três dimensões: (i) a declaração de nulidade, em que releva a eliminação retroativa dos efeitos da norma inconstitucional, (ii) a força de caso julgado formal e material e (iii) a eficácia "frente a todos". Ponderadas as semelhanças e dissemelhanças, a força obrigatória geral surge como modalidade de força afim da força de lei[7].

Diferentemente, centrando-se na natureza essencialmente declarativa, e não constitutiva, da decisão do TC, Rui Medeiros recusa a sua força de lei. Partindo da teoria da nulidade, reforça que a ausência de força vinculativa

---

[3] Se a declaração de inconstitucionalidade com força obrigatória geral se traduzir, em concreto, num resultado que ponha severamente em causa a segurança jurídica, a equidade ou um interesse público de excecional relevo, o TC deve limitar os efeitos da sua declaração: "verificados os pressupostos respetivos, a limitação dos efeitos da declaração de inconstitucionalidade é um *dever* ou uma *obrigação* a que o Tribunal Constitucional não se pode furtar", RUI MEDEIROS, *A decisão de inconstitucionalidade. Os autores, o conteúdo e os efeitos da decisão de inconstitucionalidade da lei*, Lisboa, 1999, pág. 736.

[4] J. J. GOMES CANOTILHO e VITAL MOREIRA, *Fundamentos da Constituição*, Coimbra, 1991, pág. 275.

[5] Porque são "semelhantes às leis" quanto a alguns efeitos, mas não são formalmente atos legislativos, nem criam normas jurídicas, J. J. GOMES CANOTILHO, *Direito Constitucional e Teoria da Constituição*, 7.ª edição, Coimbra, 2003, pág. 1010.

[6] J.J. GOMES CANOTILHO, *Direito Constitucional...*, pág. 1009.

[7] CARLOS BLANCO DE MORAIS, *Justiça Constitucional*, tomo II, *O contencioso constitucional português entre o modelo misto e a tentação do sistema de reenvio*, Coimbra, 2005, pág. 189 e segs.

da norma inconstitucional não decorre da declaração do TC[8], que apenas vem tornar claro o valor negativo do ato inconstitucional.[9]

Sem se debruçar sobre a natureza da declaração de inconstitucionalidade com força obrigatória geral Marcelo Rebelo de Sousa não deixa de afirmar que a invalidade do ato inconstitucional remonta à sua prática, sendo declarada, e não constituída, através das decisões de inconstitucionalidade com força obrigatória geral adotadas pelo TC.[10]

Independentemente da posição adotada quanto à natureza e ao reconhecimento do valor normativo da declaração de inconstitucionalidade com força obrigatória geral, certa é a sua eficácia geral[11], a sua "vinculatividade paralela à da norma controlada"[12] e a retroação da declaração de inconstitucionalidade ao momento da desconformidade entre a norma e a Constituição.[13] Assim, são inequívocos os efeitos normais da declaração de inconstitucionalidade com força obrigatória geral: a norma desconforme com a Constituição não produz e não produzirá quaisquer efeitos, nem os poderia ter produzido. A declaração de inconstitucionalidade com força obrigatória geral elimina do ordenamento as normas inconstitucionais e os efeitos que estas hajam produzido, naturalmente com as ressalvas previstas no nº 3 do artigo 282º CRP.[14]

Considerando, assim, os efeitos associados à declaração de inconstitucionalidade com força obrigatória geral, a Constituição impõe que a segurança jurídica, a equidade e razões de interesse público relevante sejam ponderadas pelo julgador constitucional e, se dessa forma melhor se assegurar a efetividade da Constituição, permite que se salvaguardem

---

[8] A validade das leis depende da sua conformidade com a Constituição (nº 3 do artigo 3º CRP). Portanto, decorre diretamente da Constituição – e não poderia ser de outra forma – a ausência de produção de efeitos (i. e., a invalidade, e não apenas a ineficácia) – independentemente do desvalor do ato inconstitucional (inexistência, nulidade, anulabilidade ou irregularidade), JORGE MIRANDA e RUI MEDEIROS, *Constituição Portuguesa Anotada*, tomo I, Coimbra, 2005, pág. 68.

[9] RUI MEDEIROS, *A decisão...*, pág. 806.

[10] MARCELO REBELO DE SOUSA, *O valor jurídico do ato inconstitucional*, Lisboa, 1988, pág. 255.

[11] *Vinculação geral*, J. J. GOMES CANOTILHO, *Direito Constitucional...*, pág. 1009.

[12] RUI MEDEIROS, *A decisão...*, pág. 800.

[13] Desde a entrada em vigor da norma ou, no caso de inconstitucionalidade superveniente, desde a entrada em vigor da norma constitucional posterior.

[14] CARLOS BLANCO DE MORAIS, *Justiça...*, pág. 151.

os efeitos passados produzidos por uma norma inconstitucional. O mecanismo do nº 4 do artigo 282º CRP visa, assim, adequar os efeitos da declaração de inconstitucionalidade às situações da vida, mitigando um eventual excesso de rigidez.[15]

III. Prática do Tribunal Constitucional

A análise da aplicação que o TC tem vindo a fazer da restrição dos efeitos das declarações de inconstitucionalidade permite destrinçar um padrão de aplicação e compreender a posição da jurisprudência quanto ao problema em análise.

Centrando a análise na jurisprudência constitucional dos últimos dez anos[16], conclui-se que o TC por 85 vezes declarou, com força obrigatória geral, a inconstitucionalidade ou a ilegalidade de normas. Em 20 destas declarações, utilizou o mecanismo previsto no nº 4 do artigo 282º CRP, determinando a produção de efeitos apenas para futuro da declaração com força obrigatória geral da inconstitucionalidade e a ressalva dos efeitos já produzidos.

Não pode deixar de ser apontada, por um lado, a aplicação mecanizada da limitação de efeitos em certos tipos de declarações de inconstitucionalidade[17], com o recurso a fundamentação genérica que, muitas vezes, levanta dúvidas quanto à efetiva imprescindibilidade da sua utilização. Por outro lado, é prática vulgarizada a recusa de conhecimento do pedido de controlo sucessivo abstrato de normas já revogadas, considerando a limitação dos efeitos da eventual declaração de inconstitucionalidade a que se procederia[18].

Desta forma, muito embora a possibilidade de limitar os efeitos da declaração de inconstitucionalidade seja utilizada com parcimónia, certo é que tem, também, dado cobertura à recusa do conhecimento de pedidos, de modo que pode suscitar críticas.[19]

---

[15] JORGE MIRANDA, *Manual...*, tomo II, 3.ª edição, pág. 500.

[16] Foi considerado o período de tempo entre 1 de janeiro de 2000 e 7 de maio de 2010.

[17] JORGE MIRANDA e RUI MEDEIROS, *Constituição Portuguesa Anotada*, Tomo III, Coimbra, 2007, pág. 846.

[18] É o caso, entre outros, dos Acórdãos do TC nº 57/95 e 31/2009, referidos posteriormente. Os acórdãos do TC citados ao longo deste texto estão disponíveis no sítio da Internet do TC, em www.tribunalconstitucional.pt.

[19] Defendendo que o TC tem feito uma aplicação generosa da possibilidade conferida pelo nº 4 do artigo 282. CRP, RUI MEDEIROS, *A decisão...*, pág. 689. Em sentido crítico, também, J. J. GOMES CANOTILHO, *Direito Constitucional...*, pág. 1017 e JORGE MIRANDA, *Manual...*, tomo VI, 3.ª edição, Coimbra, 2008, pág. 302.

MESAS-REDONDAS

Podem ser recortadas três matérias típicas em que o TC tem optado por manter a plena eficácia da norma declarada inconstitucional no ordenamento jurídico até ao momento da publicação do acórdão de declaração em Diário da República, assim ressalvando os efeitos produzidos pela norma inconstitucional: i) normas em matéria fiscal, ii) normas relativas a relações de emprego público, em casos relacionados com alterações de remuneração na sequência de progressões ou reposicionamentos na carreira e, por último, iii) normas referentes à celebração de contratos individuais de trabalho sem precedência de um procedimento concursal.

Quanto à primeira categoria de casos, tem sido prática do TC, quando considera inconstitucional a cobrança de um imposto ou de uma taxa[20], entender igualmente que razões de interesse público relevante ou de segurança jurídica impõem a salvaguarda dos efeitos produzidos pelas normas declaradas inconstitucionais. De outro modo, o nº 1 do artigo 282º CRP aplicar-se-ia plenamente, ou seja, haveria que garantir a não produção de efeitos da norma que permitiu a cobrança do imposto ou da taxa desde a sua entrada em vigor, competindo à Administração Pública a devolução de todas as quantias cobradas indevidamente.[21] Considerando os inconvenientes de tal determinação – e, naturalmente também, a dificuldade prática em garantir efetivamente a não produção de efeitos[22] –, o julgador

---

[20] Acórdãos do Tribunal Constitucional (TC) nº 96/2000, 308/2001, 143/2002, 616/2003 e 494/2009.

[21] O Acórdão TC nº 143/2002 tratou de uma situação inversa, na qual se decidiu pela inconstitucionalidade orgânica de uma norma que procede à abolição do imposto designado por "estampilha da Liga dos Combatentes". A declaração com força obrigatória geral da abolição do imposto determinaria, não fora a limitação dos efeitos, o "renascimento" da obrigação do pagamento do quantitativo devido pela estampilhada Liga dos Combatentes". Considerou o Tribunal Constitucional que a limitação de efeitos se impunha, "seja por razões de equidade, seja de segurança jurídica, seja ainda por razões de interesse público". Ou seja, o mecanismo de limitação de efeitos do nº 4 do artigo 282º da Constituição serviu, neste caso, para evitar o pagamento "retroativo" de um imposto e não para evitar a devolução de montantes cobrados. O TC optou por limitar o efeito retroativo da sua declaração, quando o mesmo resultado poderia ser obtido através da limitação do efeito repristinatório.

[22] Foi o que sucedeu no Acórdão do TC nº 494/2009, no qual se considera que a "eficácia retroativa da declaração de inconstitucionalidade, *in casu*, originaria encargos administrativos bastante consideráveis, manifestamente desproporcionados por confronto com os benefícios a colher (...)". Também no Acórdão TC nº 308/2001, aliás na senda do Acórdão TC nº 76/88, em que a limitação do alcance da declaração de inconstitucionalidade se baseia em razões de interesse público relevante, se pretende obviar à "enorme perturbação burocrática e

constitucional tem optado por limitar a produção de efeitos da declaração de inconstitucionalidade.

No segundo tipo de situações – relações de emprego público –, estão em causa casos relacionados com alterações de remuneração na sequência de progressões ou reposicionamentos na carreira que permitem o recebimento de remunerações mais elevadas por trabalhadores com menor antiguidade na categoria ou na carreira na sequência de reposicionamentos na carreira.[23] Nestas situações, a declaração de inconstitucionalidade com força obrigatória geral das normas ao abrigo das quais estas alterações remuneratórias se concretizaram não determinou, porque o TC se serviu do mecanismo do nº 4 do artigo 282º CRP, a reposição dos montantes recebidos até ao momento da publicação do acórdão de declaração. Uma vez mais, nestes casos, o julgador constitucional salvaguardou os atos que foram objeto de reação contenciosa por eventuais interessados.

Finalmente, num terceiro tipo de casos, no âmbito de relações de emprego público, o TC considerou que, por razões de segurança jurídica ou atendendo a um interesse público relevante, a apreciação de inconstitucionalidade que culmina na declaração da inconstitucionalidade com força obrigatória geral de uma norma deveria limitar o seu alcance, valendo apenas para o futuro.

Ainda neste domínio, também se regista a utilização do nº 4 do artigo 282º CRP em situações em que foi declarada a inconstitucionalidade com força obrigatória geral de normas que permitem a celebração de contratos individuais de trabalho em funções públicas sem um procedimento concursal prévio.[24] Também aqui o TC limitou os efeitos do seu juízo de inconstitucionalidade, salvaguardando os contratos entretanto celebrados, "dada a evidente necessidade de garantir a segurança jurídica relacionada

---

financeira nos serviços da administração fiscal" que surgiria "se estes tivessem de refazer os cálculos relativos ao IRS de todos os contribuintes (...) proceder à devolução dos montantes em excesso apurados". Do mesmo modo, no Acórdão TC nº 96/2000 são invocadas "razões de segurança jurídica e de interesse público" que justificam a limitação de efeitos, atendendo ao "enormíssimo labor por parte dos serviços da Administração" que a devolução das quantias já pagas representaria.

[23] Acórdãos TC nº 254/2000, 356/2001, 405/2003 e 323/2005.

[24] Acórdãos TC nº 208/2002, 406/2003 e 61/2004.

MESAS-REDONDAS

com a estabilidade das relações de trabalho subordinado que, entretanto, se constituíram".[25]

E quanto à utilização do mecanismos do nº 4 do artigo 282º CRP à fiscalização sucessiva concreta? Tem o TC tomado posição na matéria? As posições assumidas pelo TC vão no sentido de o nº 4 do artigo 282º CRP não ser aplicável à fiscalização sucessiva concreta.

Em primeiro lugar, em processo de controlo concreto, o julgador constitucional teve já oportunidade de, expressamente, se pronunciar sobre a (im)possibilidade de limitação de efeitos fora do âmbito fiscalização abstrata, considerando que "como é por demais evidente, a fixação com um alcance mais restrito dos efeitos da inconstitucionalidade ou da ilegalidade declarada por este Tribunal só poderá relevar nos casos em que o mesmo aprecia e declara, com força obrigatória geral, um daqueles vícios relativamente a quaisquer normas e mediante o processo [de fiscalização abstrata], processo esse que, como é límpido, não é o aqui cabido".[26]

Em segundo lugar, é possível deduzir, de posições já assumidas pelo TC, que após a declaração com força obrigatória geral da inconstitucionalidade de uma determinada norma com ressalva dos efeitos por ela produzidos ao abrigo do nº 4 do artigo 282º CRP, é ainda possível obter uma decisão, em fiscalização concreta, que julgue inconstitucional essa mesma norma, agora eliminando-se os efeitos por ela produzidos no passado.

Ou seja, o TC, além de restringir o alcance da declaração de inconstitucionalidade para futuro, salvaguarda os casos julgados, mas parece considerar que, em controlo concreto, a norma pode ainda ser analisada e, eventualmente, censurada, culminando na sua não produção de efeitos naquele caso concreto. E, nesta hipótese, o TC parece entender que a limitação dos efeitos do seu juízo de inconstitucionalidade não é uma

[25] Acórdãos TC nº 406/2003 e 61/2004. Semelhante motivação encontrou o TC, no Acórdão TC nº 239/2008, ao considerar que "o princípio da segurança jurídica impõe que os concursos já findos não possam ser reabertos por força do presente juízo", limitando assim os efeitos da declaração de inconstitucionalidade com força obrigatória geral das normas relativas aos requisitos de admissão ao concurso de formação de agentes para ingresso nos quadros da Polícia Marítima.

[26] Acórdão TC nº 314/95, em que, em traços gerais, num processo de fiscalização concreta, se aprecia se determinada norma do Código das Expropriações de 1976 colide com o conceito de "justa indenização" presente no nº 2 do artigo 62º CRP. Pugnando pela inconstitucionalidade da norma, os recorridos demandam, por fim, a salvaguarda da decisão recorrida, apelando à utilização do nº 4 do artigo 282º CRP.

possibilidade que a Constituição tenha deixado à sua disposição. Portanto, o TC, em 13 casos, salvaguardou os efeitos de casos julgados, ao declarar a inconstitucionalidade de uma norma e admitir que esta possa ser julgada inconstitucional em fiscalização sucessiva concreta, sem possibilidade de limitações dos respectivos efeitos.

Foi o que sucedeu no AcórdãoTC nº 254/2000, citado depois, quanto à limitação de efeitos, pelos Acórdãos TC nº 356/2001, 323/2005 e 405/2003. Nesta decisão, o TC declarou a inconstitucionalidade de duas normas que concediam um benefício remuneratório apenas aos funcionários promovidos após certa data, por desrespeitarem o Princípio da Igualdade. A declaração de inconstitucionalidade sem limitação de efeitos implicaria o reposicionamento dos funcionários e, consequentemente, o pagamento das respectivas diferenças remuneratórias. Fundando-se em razões de "segurança jurídica", o TC limitou os efeitos da declaração de inconstitucionalidade com força obrigatória geral, permitindo, desta forma, a produção de efeitos das normas inconstitucionais, até à publicação do acórdão em Diário da República. Não deixou, todavia, de salvaguardar expressamente as "situações ainda pendentes de impugnação", que assim ficaram excluídas da limitação de efeitos e, por isso, afetadas nos termos gerais pela declaração de inconstitucionalidade. Em terceiro lugar, a prática do TC em matéria de fiscalização sucessiva abstrata de normas já revogadas também aponta para a impossibilidade de limitação dos efeitos da inconstitucionalidade em sede de fiscalização sucessiva concreta.

Com efeito, o Tribunal já tem recusado o conhecimento do pedido de fiscalização sucessiva abstrata de um normas revogadas[27], com base na inexistência de "interesse jurídico relevante (...) devido à circunstância de o Tribunal, no caso de eventualmente proferir uma declaração de inconstitucionalidade, não poder deixar de, com base em *razões de segurança jurídica, equidade ou de interesse público de excepcional relevo*, limitar os efeitos da incons-

---

[27] A posição do TC já foi criticada, uma vez que a limitação dos efeitos pressupõe, desde logo, uma declaração de inconstitucionalidade que produza esses efeitos e, só depois, "uma avaliação dos efeitos da decisão em face dos concretos fatos e situações da vida". JORGE MIRANDA, *Manual...*, tomo VI, pág. 299. De outro modo: "o problema da restrição dos efeitos da inconstitucionalidade só se põe depois de se ter resolvido – em sentido afirmativo – a questão da inconstitucionalidade", JORGE MIRANDA, *Manual...*, tomo VI, pág. 302, pelo que a eventual antecipação da limitação dos efeitos de uma declaração de inconstitucionalidade não pode ter como resultado a recusa, pelo Tribunal, de conhecer o pedido.

MESAS-REDONDAS

tituicionalidade, nos termos do nº 4 do artigo 282º CRP, de modo a deixar incólumes os efeitos produzidos pela norma antes da sua revogação".[28] Ou seja, o Tribunal recusa apreciar a norma revogada por entender que, mesmo que declarasse a inconstitucionalidade da mesma, sempre salvaguardaria os efeitos já produzidos ao abrigo do nº 4 do artigo 282º CRP.

A esta argumentação, o Acórdão TC nº 31/2009 acrescentou que nunca estaria em causa a tutela dos interesses de quem tenha sido afetado pela norma inconstitucionalidade pois "sempre restará aos interessados a via da *fiscalização concreta*". E, portanto, nessa sede, não existiriam as possibilidades de salvaguarda dos efeitos produzidos pela norma inconstitucional que existem na fiscalização sucessiva abstrata.

Ou seja, perante a apreciação das mesmas normas, em controlo concreto e em controlo abstrato, o TC tomou posição diferente quanto à possibilidade de fiscalização de normas que já produziram efeitos e que, entretanto, foram revogadas. Assim, utiliza o nº 4 do artigo 282º CRP como argumento contra o conhecimento do pedido em fiscalização abstrata, na medida em que a sua utilização se traduziria no esvaziamento do efeito útil da declaração de inconstitucionalidade, mas já não exclui a utilidade das eventuais apreciações concretas, pois nessas tal mecanismo não teria aplicação.

IV. Aplicação do nº 4 do artigo 282º CRP à fiscalização sucessiva concreta

O cerne deste texto reside em discutir o problema da admissibilidade da aplicação à fiscalização sucessiva concreta do mecanismo da restrição de efeitos da decisão de inconstitucionalidade previsto literalmente no nº 4 do artigo 282º CRP para a fiscalização sucessiva abstrata. É o que agora se fará.

1. Argumentos no sentido da aplicação do nº 4 do artigo 282º CRP à fiscalização sucessiva concreta.

Que argumentos podem ser apontados no sentido de defender a aplicação do nº 4 do artigo 282º CRP também aos processos de fiscalização concreta da constitucionalidade?

Em primeiro lugar, a defesa da aplicação pelo TC da fixação de efeitos em controlo concreto assenta na consideração de que as razões que

---

[28] Acórdão TC nº 57/95.

300

justificam a limitação de efeitos em controlo abstrato são igualmente válidas na fiscalização concreta.[29] Considera-se que tanto a fiscalização abstrata como a fiscalização concreta visam a defesa da ordem jurídica, procurando garantir que as normas inconstitucionais não produzem efeitos. No entanto, razões de segurança jurídica, de equidade ou um interesse público excepcionalmente relevante podem determinar que a produção de efeitos de normas desconformes com a CRP seja a solução mais consentânea com a ordem constitucional considerada no seu todo. Ou seja: o juízo que se impõe ao julgador constitucional em fiscalização abstrata impõe-se igualmente em controlo concreto. Também em controlo concreto se deveria averiguar se a segurança jurídica, razões de equidade ou um interesse público relevante reclamam, ao contrário da regra geral, a produção de efeitos de uma norma julgada inconstitucional.

É verdade que se podem configurar situações em que, em abstrato, pode fazer sentido a limitação de efeitos do juízo de inconstitucionalidade, em controlo concreto, utilizando as potencialidades do nº 4 do artigo 282º CRP.

Podemos recortar dois tipos de hipóteses que acabam por se reconduzir a uma ideia comum: a proximidade entre o que está em causa na fiscalização abstrata e na fiscalização concreta. Vejamos estas duas situações.

Suponhamos que, num primeiro tipo de situações, a quantidade das partes em presença no processo é de tal forma elevada que o processo de fiscalização sucessiva concreta abarca a quase totalidade do universo das pessoas (singulares ou coletivas) afetadas por uma determinada norma inconstitucional. Será o caso de ser movida uma ação contra o Estado por 90% das empresas de *rent-a-car* do país, por lhes ser aplicada uma norma inconstitucional que obrigue ao pagamento de uma taxa complementar da sua atividade.

Caso o TC venha a considerar a norma inconstitucional em sede de fiscalização sucessiva concreta, estará a pronunciar-se num processo único que afetará a quase totalidade dos destinatários da norma. Caso se

---

[29] RUI MEDEIROS, *A decisão...*, pág. 744. No mesmo sentido, JORGE MIRANDA, *Manual...*, tomo VI, 3.ª edição, pág. 304, defendendo que a razão de ser do nº 2 do artigo 282º vale analogamente em controlo concreto, atendendo à "volatilidade e até imprevisibilidade da vida". CARLOS BLANCO DE MORAIS, *Justiça...*, pág. 818, argumenta a identidade de razões, defendendo que a "proximidade de exigências na suavização das decisões" justifica a admissibilidade da limitação de efeitos em controlo concreto.

estivesse a pronunciar em fiscalização sucessiva abstrata os "efeitos" da sua decisão sobre o universo de aplicadores e destinatários da norma seria sensivelmente o mesmo. Existe, pois, neste caso, uma semelhança evidente entre um processo de fiscalização sucessiva concreta e outro de fiscalização sucessiva abstrata que nos pode levar a considerar que, em abstrato, as razões que levaram à previsão do nº 4 do artigo 282º CRP para a fiscalização sucessiva abstrata também podem fazer sentido no controlo concreto.

Numa segunda categoria de situações encontramos também semelhanças entre os processos de fiscalização sucessiva abstrata e fiscalização sucessiva concreta que pode justificar, em abstrato, idênticas soluções.

Suponhamos que um determinado decreto-lei aprova as bases de uma concessão rodoviária, nos termos do qual existe uma norma que obriga o concessionário a pagar uma taxa especial ao concedente. O concessionário começa a pagar essa taxa e, posteriormente, o TC considera essa norma inconstitucional em processo de fiscalização concreta provocado pelo concessionário.

Face a esta decisão, todos os efeitos da norma inconstitucional deverão ser eliminados e, consequentemente, devolvidos os montantes cobrados ao abrigo da norma inconstitucional. Pelo contrário, se o processo tivesse sido de fiscalização sucessiva abstrata, o que poderia ter sucedido se qualquer uma das entidades com legitimidade para o fazer tivesse tido essa iniciativa, já o TC poderia ter limitado os efeitos da sua decisão com utilização do mecanismos do nº 4 do artigo 282º CRP. Ora, qualquer uma destas decisões do TC esgotaria completamente o universo dos aplicadores e destinatários da norma (concessionário e concedente), seja no processo de fiscalização sucessiva abstrata, seja no processo de fiscalização sucessiva abstrata, pois as bases do contrato de concessão regulavam as relações entre apenas duas partes. Ou seja, as razões que eventualmente existam em poder utilizar um mecanismo como o do nº 4 do artigo 282º CRP existem em ambos os casos.

Em regra, quem defende a aplicação do nº 4 do artigo 282º CRP à fiscalização sucessiva concreta sustenta a sua posição na identidade de razões com a fiscalização sucessiva abstrata. Portanto, das duas uma: i) ou existiria uma lacuna no ordenamento jurídico que seria necessário preencher com recurso à analogia, o que se justificaria dada essa identidade de razões[30],

---

[30] Defendendo que se trata de matéria que carece de regulamentação e, como tal, que estamos em presença de uma lacuna, e alertando ainda para a "proximidade de exigências na suavização dos efeitos das decisões", CARLOS BLANCO DE MORAIS, *Justiça...*, págs. 817 e segs.

ii) ou, não existindo lacuna, o espírito da CRP seria mais amplo que a letra do nº 4 do artigo 282º CRP, o que justificaria a sua interpretação extensiva.[31]

Em segundo lugar, seria o próprio Princípio da Igualdade a exigir a aplicação do nº 4 do artigo 282º CRP tanto à fiscalização sucessiva abstrata, como à fiscalização sucessiva concreta. Portanto, a igualdade de tratamento em idênticas situações exigiria a aplicação do mesmo regime.

Em terceiro lugar, pode sustentar-se que o julgamento de inconstitucionalidade com limitação de efeitos resulta de um imperativo constitucional, na medida em que "o princípio da unidade da Constituição obriga (...) a tomar em consideração os diferentes interesses constitucionalmente protegidos".[32] Seria, portanto, a própria Constituição a determinar a fixação de efeitos, sempre que o julgamento de inconstitucionalidade sem fixação de efeitos colidisse com o princípio da segurança jurídica ou pusesse em causa razões de equidade ou um interesse público de excepcional relevo.

Finalmente, em quarto lugar, alega-se a inexistência de razões que determinem a não aplicação do previsto na norma contida no nº 4 do artigo 282º CRP nos processos de fiscalização concreta, havendo que demonstrar que os problemas a que se pretende dar resposta com a limitação de efeitos não se colocam em controlo concreto.[33] Defende-se, então, que a possibilidade da limitação de efeitos em fiscalização concreta não é contrariada pelas especificidades deste processo de fiscalização da constitucionalidade.

2. Posição adotada: impossibilidade de aplicação do nº 4 do artigo 282º CRP à fiscalização sucessiva concreta

Contra a aplicação do mecanismo de limitação dos efeitos da decisão de inconstitucionalidade[34], avulta, em primeiro lugar, o argumento literal: a Constituição prevê que o TC fixe os efeitos da declaração de inconsti-

---

[31] Considerando que na razão de ser do poder de restrição de efeitos se inclui também o controlo concreto, preferindo, assim, um pretenso sentido à letra, RUI MEDEIROS, *A decisão...*, pág. 746.

[32] RUI MEDEIROS, *A decisão...*, pág. 744.

[33] RUI MEDEIROS, *A decisão...*, pág. 745.

[34] MIGUEL GALVÃO TELES, "Inconstitucionalidade pretérita", in *Nos dez anos da Constituição*, Lisboa, 1986, pág. 330, LUÍS NUNES DE ALMEIDA, *A justiça constitucional no quadro das funções do Estado* e GOMES CANOTILHO e VITAL MOREIRA, *Constituição da República Portuguesa Anotada*, 3.ª edição, Coimbra, 1993, págs. 1027 e 1028.

MESAS-REDONDAS

tucionalidade, mas não atribui essa possibilidade em sede de fiscalização concreta. Assim, face à inexistência de previsão legal, não seria possível limitar os efeitos de um julgamento no sentido da inconstitucionalidade em fiscalização sucessiva concreta.

Há quem defenda que a ausência de previsão expressa de aplicação do nº 4 do artigo 282º CRP à fiscalização sucessiva concreta é facilmente ultrapassável, atendendo ao fundamento daquela norma[35]. No entanto, a aplicação à fiscalização concreta de uma possibilidade consagrada expressamente apenas para o controlo abstrato tem de vencer um percurso que julgamos não poder ser trilhado.

Por um lado, não parece que se possa defender a aplicação da norma contida no nº 4 do artigo 282º CRP à fiscalização concreta, por analogia. É que para se sustentar uma aplicação analógica há que demonstrar, desde logo, que há uma lacuna, ou seja, uma ausência de regulamentação que o próprio ordenamento jurídico exige que exista[36]. Isto é: para se afirmar a existência de uma lacuna é preciso demonstrar que existe uma omissão de regulamentação não pretendida.[37]

Portanto, se essa demonstração não for feita, não pode concluir-se que a ausência de previsão do mecanismo de limitação em fiscalização concreta se traduz numa lacuna. Consideramos que a consagração do nº 4 do artigo 282º nos seus exatos termos, isto é, sem qualquer referência à fiscalização concreta, demonstra uma opção consciente do legislador constituinte de prever a fixação dos efeitos apenas para o controlo abstrato. Não há, como tal, uma lacuna na regulação do controlo concreto

---

[35] RUI MEDEIROS, *A decisão...*, pág. 744, JORGE MIRANDA, *Manual...*, tomo VI, 3.ª edição, pág. 304.

[36] Ou seja, que o caso não deve ficar "sem disciplina jurídica apropriada", MANUEL DE ANDRADE, *Ensaio sobre a teoria da interpretação das leis*, 4.ª edição, Coimbra, 1987, pág. 78. JOSÉ DE OLIVEIRA ASCENSÃO, *O Direito, Introdução e teoria geral*, 11.ª edição, Coimbra, 2001, pág. 423, definindo a lacuna como a *"incompleição"* que contraria o plano do sistema normativo, refere a necessidade de se poder concluir "que o sistema jurídico requer a consideração e solução" do caso.

[37] Na verdade, "há silêncios da lei que podem ser *significativos*, isto é, podem traduzir uma *resposta* da lei a certa questão de direito", J. BATISTA MACHADO, *Introdução ao Direito e ao Discurso Legitimador*, Coimbra, 1994, pág. 201. Atribuindo, por um lado, um significado à ausência de consagração expressa na Constituição da possibilidade de fixação de efeitos em controlo concreto, e alertando, por outro lado, para a excecionalidade da norma contida no nº 4 do artigo 282º CRP, HUGO ALEXANDRE CORREIA, *Admissibilidade...*, págs. 778 e segs.

que reivindique a aplicação analógica do nº 4 do artigo 282º CRP. Com efeito, o sistema misto de fiscalização da constitucionalidade é composto por diferentes mecanismos de controlo, que visam finalidades específicas distintas, ainda que se dirijam, todos, a um fim comum: garantir a Constituição, através da desaplicação dos atos normativos inconstitucionais. Assim, os diferentes tipos de fiscalização fazem-se valer de mecanismos de funcionamento distintos, adequados aos seus objetivos específicos e à dimensão dos seus efeitos.

Mas, mesmo que se assuma que existe uma lacuna sem provar a necessidade imposta pelo ordenamento jurídico em regular o assunto em questão, tal não é suficiente para sustentar a aplicação analógica do nº 4 do artigo 282º CRP à fiscalização sucessiva concreta. Com efeito, é muito duvidosos que, dado o seu caráter excepcional, essa norma possa ser aplicável por analogia[38].

Semelhantes considerações valem para a inexistência de justificação para uma interpretação extensiva do nº 4 do artigo 282º CRP. Muito embora as normas excepcionais admitam a interpretação extensiva, certo é que não estamos perante um enunciado literal mais restrito do que seria a vontade da lei resultado da interpretação lógica. Não há elementos interpretativos suficientes que permitam sustentar que o espírito subjacente à letra do nº 4 do artigo 282º CRP é mais vasto que as palavras escolhidas para integrar essa disposição. Portanto, não é possível sustentar que a letra do nº 4 do artigo 282º CRP traduza uma restrição relativamente ao que efetivamente se pretendia.[39]

Em segundo lugar, o artigo 204º CRP também aponta no sentido de o nº 4 do artigo 282º CRP não poder ser aplicado à fiscalização sucessiva

---

[38] É claro o artigo 11º do Código Civil, ao dispor que "as normas excecionais não comportam aplicação analógica". O caráter excecional da possibilidade aberta pelo nº 4 do artigo 282º CRP decorre do fato de o sistema de controlo da constitucionalidade estar construído no sentido de expurgar ou, pelo menos, desaplicar, as normas inconstitucionais da ordem jurídica. Assim, a admissibilidade da produção de efeitos permitida pelo nº 4 do artigo 282º CRP não pode deixar de constituir uma exceção ao regime, tanto considerado no seu todo, como atendendo apenas à dinâmica própria do regime da fiscalização sucessiva abstrata. Nas palavras de JORGE MIRANDA e RUI MEDEIROS, *Constituição...*, pág. 845, há uma "prioridade de aplicação" da "declaração de inconstitucionalidade com eficácia *ex tunc*"..

[39] Não se demonstrando a desarmonia entre a palavra e o pensamento, não há espaço para a interpretação extensiva, I. GALVÃO TELLES, *Introdução ao estudo do direito*, vol. I, 11.ª edição, Coimbra, 1999, págs. 252 e segs.

concreta. Determina aquela disposição que "não podem os tribunais aplicar normas que infrinjam o disposto na Constituição". Ora, na ausência de comando constitucional que permita ao TC, em fiscalização concreta, limitar os efeitos do seu julgamento de inconstitucionalidade, valem os imperativos consagrados no nº 3 do artigo 3º e no artigo 204º CRP, que impedem todos os tribunais, incluindo o TC, de aplicar uma norma inconstitucional. Ou seja, este Tribunal está, assim, obrigado pela letra e pelo espírito da norma que impõe a desaplicação, pelos tribunais, de normas contrárias à Constituição, não podendo determinar que as mesmas produzam efeitos retroativos, mesmo sendo inconstitucionais.

Em terceiro lugar, os processos de fiscalização sucessiva abstrata e concreta da constitucionalidade têm contornos e fins diferentes, não sendo de estranhar que também tenham regimes diferentes. Numa palavra, a aplicação do nº 4 do artigo 282º CRP à fiscalização sucessiva abstrata e não à fiscalização sucessiva concreta é coerente com os contornos e fins destes processos, não sendo o inverso necessariamente assim.

Não é objeto deste texto discutir a questão de saber se existe uma diferença fundamental de natureza entre os processos de controlo abstrato da constitucionalidade, que teriam um caráter objetivista e, em oposição, a fiscalização concreta, com preocupações de índole exclusivamente subjetivistas.[40] Mas, independentemente desse debate, não deixam de ser evidentes as diferenças entre estes dois mecanismos de fiscalização sucessiva, diferenças essas que se refletem de modo claro nas respectivas decisões e nos seus efeitos.

O sistema de fiscalização da constitucionalidade permite, no nosso ordenamento, uma verificação de existência de inconstitucionalidades que se pode considerar completa, no sentido de abarcar todo o "ciclo de vida" de uma norma. Nesse sentido, a fiscalização sucessiva abstrata surge como complementar da fiscalização preventiva.[41] Enquanto esta atua antes da entrada em vigor da norma, a fiscalização sucessiva surge após se completar o procedimento da sua formação, assim se concretizando um sistema de fiscalização dito "completo". Sendo a distinção essencial aqui o momento em que o TC intervém – antes de a norma existir como tal ou já após a

---

[40] VITALINO CANAS, *Os processos de fiscalização da constitucionalidade e da legalidade pelo Tribunal Constitucional. Natureza e princípios estruturantes*, Coimbra, 1986, pág. 38.
[41] CARLOS BLANCO DE MORAIS, *Justiça...*, pág. 154.

sua consagração na ordem jurídica[42] –, certo é que a fiscalização abstrata, preventiva ou sucessiva, tem como missão expurgar a ordem jurídica de atos inconstitucionais, impedindo a sua entrada em vigor ou declarando a sua invalidade (que, como se viu, em regra, retroage ao momento de entrada em vigor).

A fiscalização concreta, por sua vez, visa, em última análise, a mesma finalidade. No entanto, para além desta dimensão objetivista de defesa da ordem jurídica contra atos normativos inconstitucionais – que se traduz na sua desaplicação e na sua não produção de efeitos –, tem igualmente uma vertente subjetiva relevante que se manifesta, desde logo, na atribuição geral de legitimidade ativa para interpor o recurso para o TC (alínea *b)* do nº 1 do artigo 72º da Lei da organização, funcionamento e processo do TC[43]). Constitui, assim, um instrumento de "tutela subjetiva dos direitos e interesses dos cidadãos através do recurso ao Direito Constitucional" e de aproximação entre a Constituição e os cidadãos.[44]

Sumariamente, à decisão de inconstitucionalidade do TC em controlo concreto podem ser atribuídas as seguintes características:[45] (i) eficácia limitada ao caso concreto, determinando a desaplicação da norma julgada inconstitucional na situação suscitada, mas não alterando a vigência abstrata da norma; (ii) efeito de caso julgado no processo – caso julgado formal na medida em que a questão suscitada não pode voltar a ser colocada, e caso julgado material, porquanto resolve a questão suscitada, impondo o TC a sua interpretação ao tribunal recorrido; e (iii) a produção de efeitos restritos à questão da inconstitucionalidade, uma vez que

---

[42] Não falamos aqui em vigência da norma, por não ser esse o momento decisivo: uma norma com um longo período de entrada em vigor pode ser sujeita a fiscalização abstrata sucessiva assim que seja publicada em Diário da República, mesmo que antes da sua entrada em vigor. A fiscalização abstrata sucessiva incide sobre "normas juridicamente acabadas – isto é, em relação às quais se cumpriram já todos os requisitos formais", conforme os TC teve oportunidade de esclarecer, no Acórdão TC nº 809/93, sobre a admissibilidade de fiscalização abstrata sucessiva em relação a propostas de lei.

[43] Lei nº 28/82, de 15 de novembro, alterada pelas Leis nº 143/85, de 26 de novembro, pela Lei Orgânica nº 85/89, de 7 de setembro, 88/95, de 1 de setembro, e 13-A/98, de 26 de fevereiro.

[44] CARLOS BLANCO DE MORAIS, *Justiça...*, pág. 1056. JORGE MIRANDA, *Manual...*, tomo IV, 3.ª edição, Coimbra, 2000, pág. 261, classifica a garantia do recurso de inconstitucionalidade de normas jurídicas como manifestação especial da tutela jurisdicional dos direitos fundamentais.

[45] Cfr. J. J. GOMES CANOTILHO, *Direito Constitucional...*, pág. 1000.

MESAS-REDONDAS

o TC não se substitui ao tribunal recorrido, nem decide sobre a questão de fundo, limitando-se a apreciar a questão de inconstitucionalidade especificamente colocada.

Apesar de um fim que é comum, o controlo concreto da constitucionalidade serve também propósitos diferentes do controlo abstrato, pelo que a ponderação dos interesses em presença será também, necessariamente, diferente.

Assim, na fiscalização abstrata, a eficácia geral dos efeitos retroativo e repristinatório da declaração de inconstitucionalidade reclama a possibilidade de estes virem a ser suavizados, através da previsão do nº 4 do artigo 282º CRP. Impõe-se ao TC que pondere se razões de segurança jurídica, de equidade ou um interesse público de excepcional relevo exigem que o princípio nuclear da invalidade das normas contrárias à Constituição (nº 3 do artigo 3º) seja limitado, justificando a validação da produção de efeitos, no passado, da norma inconstitucional. Já num processo de fiscalização concreta, não pode deixar de se considerar que, ao contrário do que se verifica em controlo abstrato, o TC intervém em segunda linha, respondendo a uma solicitação de uma parte num processo que envolve a aplicação (ou a desaplicação) concreta de uma norma a um caso concreto. Em fiscalização concreta, há então um valor a ter consideração que não está presente em controlo abstrato: a questão da inconstitucionalidade foi especificamente suscitada por uma parte.[46] Reconhecendo o TC que a desconformidade com a Constituição efetivamente existe, o princípio contido no artigo 20º impõe que a parte veja reconhecida a sua pretensão. Não se trata de reconhecer um direito a uma sentença favorável[47], mas antes de considerar que as motivações previstas no nº 4 do artigo 282º CRP não devem superiorizar-se à tutela jurisdicional efetiva. Por outras palavras: quem houver recorrido ao poder judicial para ver reconhecida uma pretensão, não deve deixar de obter esse reconhecimento em função dos princípios previstos, de modo objetivo, no nº 4 do artigo 282º CRP.

---

[46] HUGO ALEXANDRE CORREIA, *Admissibilidade...*, pág. 800.

[47] Apesar de acompanharmos RUI MEDEIROS, *A decisão...*, pág. 746, quando defende que o artigo 20º não reconhece qualquer direito a uma sentença de mérito favorável, não entendemos que a questão deva ser colocada dessa forma. É que não se trata de obter, necessariamente, uma sentença de mérito favorável, mas antes de, face a uma sentença que seria favorável, a parte não ver recusada a sua prolação por razões de segurança jurídica, equidade ou de interesse público de excepcional relevo devidamente fundamentado.

DA ADMISSIBILIDADE DA RESTRIÇÃO TEMPORAL DE EFEITOS DAS DECISÕES...

Em quarto lugar, a limitação de efeitos em fiscalização concreta pode traduzir-se no esvaziamento da utilidade da decisão de inconstitucionalidade.[48] Figuremos, por hipótese, que alguns dos feitos submetidos a fiscalização abstrata já aqui mencionados são importados para um processo de controlo concreto. O resultado de um julgamento de inconstitucionalidade com os efeitos dessa decisão valendo apenas para o futuro, para a parte envolvida, seria, na maioria dos casos, a inutilidade dessa decisão. É o caso paradigmático dos julgamentos em matéria fiscal: se um particular impugna um ato de liquidação com base na inconstitucionalidade do tributo, a limitação dos efeitos da eventual apreciação de inconstitucionalidade em controlo concreto acaba por se traduzir no efetivo pagamento do valor que se impugna.

Por último, tal como em momento anterior se referiu, o TC nunca admitiu a aplicação do nº 4 do artigo 282º CRP à fiscalização sucessiva concreta. Aliás, se algo decorre dos seus acórdãos é exatamente o contrário.[49]

Conclui-se, pelo exposto, no sentido da não aplicação do nº 4 do artigo 282º da CRP à fiscalização sucessiva concreta. Por um lado, o elemento literal aponta nesse sentido e, por outro, não existe demonstração de existência de uma lacuna que justifique a aplicação analógica da possibilidade de restrição de efeitos à fiscalização sucessiva concreta. Além disso, na ausência de norma que o inverta, vale o princípio, também aplicável ao TC, de os tribunais não poderem aplicar normas inconstitucionais e, por isso, não deverem poder salvaguardar os efeitos produzidos por normas inconstitucionais sem habilitação para o efeito. Acresce ainda que a diversidade de fins e regime entre a fiscalização sucessiva abstrata e concreta justifica plenamente esta diferença, compreensível à luz do que se pretende tutelar em cada um desses tipos de fiscalização. Por último, a possibilidade de utilização do mecanismo do nº 4 do

---

[48] No mesmo sentido, HUGO ALEXANDRE CORREIA, *Admissibilidade...*, pág. 786, defendendo que a "amputação da eficácia *ex tunc* (...) determina que o juízo de inconstitucionalidade seja improdutivo em relação a todos e quaisquer efeitos substanciais porque tal decisão, em termos que são inultrapassáveis, apenas goza de eficácia *inter partes*".

[49] Relembre-se, desde logo, o Acórdão TC nº 314/95, que expressamente aborda o assunto. São igualmente de recordar os acórdãos em que o TC limita os efeitos da declaração de inconstitucionalidade, salvaguardando porém que as decisões em fiscalização concreta julguem a norma inconstitucional. É o caso, por exemplo, dos já mencionados Acórdãos TC nº 254/2000, dos subsequentes 356/2001, 323/2005, 405/2003, ou ainda do mais recente 494/2009.

artigo 282º CRP em controlo concreto poderia traduzir-se, num número muito significativo de casos, no esvaziamento do sentido da decisão de inconstitucionalidade.

V. Utilização do mecanismo do nº 4 do artigo 282º da Constituição pelos tribunais comuns

A questão da possibilidade de limitação de efeitos pelos tribunais comuns coloca-se, igualmente, uma vez que todos os tribunais, numa consagração de um sistema de controlo da constitucionalidade misto, apreciam a inconstitucionalidade das normas que aplicam (nos termos do artigo 204º CRP).[50]

Alguns defendem que os tribunais comuns possam utilizar a prorrogativa prevista no nº 4 do artigo 282º CRP quando efetuem um juízo de inconstitucionalidade relativamente a uma norma aplicável num caso concreto. Ou seja, não apenas o TC poderia aplicar o nº 4 do artigo 282º da CRP em sede de fiscalização sucessiva concreta, como também os tribunais comuns o poderiam fazer.

Esta posição tem-se fundado nas considerações que sustentam a admissibilidade da limitação de efeitos em controlo concreto pelo TC.

Assim, em primeiro lugar, as normas contidas no artigo 204º CRP e no nº 4 do artigo 282º CRP não devem ser interpretadas de forma declarativa, pois o fim pretendido apontaria para uma solução mais ampla que a consagrada na sua letra. A sua teleologia exigiria que, não apenas se aplicasse o mecanismo do nº 4 do artigo 282º CRP à fiscalização sucessiva concreta realizada pelo TC, mas também que os tribunais comuns o pudessem utilizar, quando desaplicassem normas que considerassem inconstitucionais em processos concretos por eles apreciados.

Este argumento liga-se diretamente a um segundo, que defende a necessidade de uma interpretação integrada da Constituição, considerando-se então que a limitação de efeitos não só não é uma possibilidade para o julgador face a uma questão de inconstitucionalidade, como é mesmo um dever.[51] Ou seja, sempre que a limitação de efeitos seja o modo adequado para maximizar a Constituição, esta deve permitir que o julgador lance mão desse expediente. Ora, este dever estaria sempre presente, tanto em

---

[50] A favor da aplicação, mesmo pelos tribunais comuns, RUI MEDEIROS, *A decisão...*, pág. 743.
[51] Ver nota 4.

fiscalização abstrata, como em fiscalização concreta, e quer em controlo concentrado como em controlo difuso.

Em suma, a necessidade de soluções constitucionais adequadas a um melhor cumprimento da Constituição justificaria a necessidade de uma interpretação extensiva dos artigos 204º e nº 4 do artigo 282º CRP, pois a possibilidade de restrição dos efeitos prevista nesta última disposição permitiria melhor satisfazer o pretendido pela Constituição.

Não parece, contudo, que se deva aceitar a utilização do nº 4 do artigo 282º da CRP pelos tribunais comuns.

Em primeiro lugar, porque, pelas razões apontadas, é de rejeitar a sua aplicação pelo TC. Assim, por maioria de razão, se o TC não pode aplicar o nº 4 do artigo 282º CRP em fiscalização sucessiva concreta, menos o poderão fazer os tribunais comuns.

Depois, a Constituição não eleva a princípio relevante, tal como faz com o nº 4 do artigo 282º CRP, nenhuma ordem de razão excepcional que permita afastar o que expressamente dispõem o nº 3 do artigo 3º e o artigo 204º CRP. Ou seja, se para se defender que o TC tem ao seu dispor, também em controlo concreto, o poder atribuído pelo nº 4 do artigo 282º CRP já seria necessário superar a letra da lei com recurso à interpretação extensiva ou à analogia, mais ainda se teria de fazê-lo para conferir aos tribunais comuns a possibilidade de utilização desse mecanismo. Ora, dificilmente se pode sustentar que a letra da lei tenha ficado tão aquém do seu espírito.

A defesa da ordem jurídica de uma norma inconstitucional não é de tal forma absoluta que se sobreponha a todos os princípios. Desta forma, a Constituição esclarece expressamente que os efeitos de uma declaração de inconstitucionalidade podem ser limitados, assim se admitindo, de modo limitado e devidamente fundamentado, a produção de efeitos inconstitucionais. Não encontramos, todavia, uma determinação constitucional que afirme, ou que permita afirmar, que o disposto no artigo 204º CRP possa ser afastado, aplicando os tribunais comuns normas por si julgadas inconstitucionais, em função de critérios de segurança jurídica, de equidade ou, mais discutível ainda, de um interesse público de excepcional relevo.

Assim, é de concluir que os tribunais comuns não podem, num juízo de inconstitucionalidade de uma norma, limitar os seus efeitos com base no nº 4 do artigo 282º CRP.

VI. A impossibilidade de aplicação do nº 4 do artigo 282º CRP à fiscalização sucessiva concreta tem inconvenientes práticos?

Pergunta-se se a inexistência de um mecanismo de limitação de efeitos do juízo de inconstitucionalidade em controlo concreto acarreta um inconveniente que o ordenamento deveria resolver ou para o qual seria recomendável uma solução.

Para lá da posição sustentada, que nega a possibilidade de aplicação do mecanismo do nº 4 do artigo 282º CRP à fiscalização sucessiva concreta, bem como a sua aplicação pelos tribunais comuns, aceita-se que, em certos tipos de situações, existiria conveniência em configurar mecanismos que, direta ou indiretamente, permitissem ao TC modular os efeitos do juízo de inconstitucionalidade face à dimensão das situações concretas em presença.

Tomemos dois exemplos, retomando as situações onde se encontraram algumas razões que, em abstrato, poderiam levar a entender que o mecanismo do nº 4 do artigo 282º CRP faz sentido em controlo concreto.

Em primeiro lugar, consideram-se as situações que, pela sua dimensão, permitem assemelhar os processos de fiscalização abstrata e concreta. Imaginemos, por exemplo, que centenas de entidades reagem contra uma disposição normativa que lhes é aplicável e que reputam inconstitucional, reação essa que é conjunta e concertada, de tal forma que acabam por praticamente esgotar a totalidade de destinatários da norma.

Será uma ação movida pela quase totalidade dos consumidores de um serviço de disponibilização de acesso à Internet contra a prestadora de serviços na qual se invoque a aplicação de uma norma inconstitucional que preveja o pagamento de uma taxa suplementar.

Se o TC decidir pela inconstitucionalidade da norma, estará a pronunciar-se num processo que, em fiscalização sucessiva concreta, afetará um número de tal forma significativo de destinatários da norma que a decisão terá efeitos muito semelhantes aos de um processo de fiscalização sucessiva abstrata.

Assim, numa situação deste género, o controlo abstrato e o controlo concreto podem assemelhar-se tanto que podemos afirmar que os interesses em presença são os mesmos. É, pois, com alguma dificuldade que se admite que, neste tipo de situações concretos, a limitação de efeitos da decisão de inconstitucionalidade se admita ou deixe de se admitir apenas pela forma de processo que leva a questão à apreciação pelo TC.

Em segundo lugar, temos aquelas hipóteses em que se pode falar em equivalência das situações em presença, isto é, em que o fato de estarmos num processo de fiscalização abstrata ou concreta se deve maioritariamente a condicionalismos processuais, mas em que, materialmente, os efeitos de uma declaração ou de um julgamento de inconstitucionalidade, seriam os mesmos.

Será, por exemplo, o caso em que se discute a conformidade com a Constituição de uma norma contida num decreto-lei que aprova as bases de uma concessão rodoviária. Neste caso, relativamente a algumas das normas do decreto-lei que aprove as bases da concessão, poderíamos ter apenas uma entidade – o concessionário – como interessada na apreciação da inconstitucionalidade, tanto em controlo abstrato como em controlo concreto.[52] Nesta hipótese, se o TC, em fiscalização abstrata, declarasse a inconstitucionalidade da norma e limitasse a produção de efeitos da sua declaração, não se compreende bem porque não o poderá fazer num processo de fiscalização sucessiva concreta, dado que o universo de destinatários e aplicadores da norma é idêntico. Isto é: ambas as decisões do TC incidem sobre a totalidade do universo dos aplicadores e destinatários da norma (concessionário e concedente), pelo que, em ambos se verificam também as razões que levaram à adoção do mecanismo do nº 4 do artigo 282º CRP para a fiscalização sucessiva abstrata.

Como se defendeu, não se pretende com a identificação destas situações sustentar a aplicação do nº 4 do artigo 282º da CRP à fiscalização sucessiva concreta. É claro que tal possibilidade não existe. O que está em causa é apenas reconhecer que, em certas situações limite, as razões que presidiram à consagração do nº 4 do artigo 282º CRP para a fiscalização sucessiva abstrata também existem em certos casos de fiscalização sucessiva concreta. Ou seja, que existem situações em que os processos de

---

[52] Claro que podem existir outros interessados, além do concessionário, na apreciação da constitucionalidade de normas de um decreto-lei que aprove as bases de um contrato de concessão rodoviária (ex: outros concorrentes que tenham sido preteridos ou excluídos, utilizadores da futura autoestradas sujeitos ao pagamento de portagens etc.), mas, relativamente a certas normas que apenas regulam as relações entre concedente e concessionário, os efeitos de uma decisão de inconstitucionalidade sobre a mesma dirigem-se a um universo de aplicadores e destinatários idêntico: o concedente e o concessionário, independentemente de o tipo de processo que deu origem a esse juízo ter sido de fiscalização sucessiva abstrata ou concreta.

fiscalização sucessiva concreta são muito parecidos ou idênticos à realidade tratada nos processos de fiscalização sucessiva abstrata, de tal forma que se pode justificar a possibilidade de utilização do nº 4 do artigo 282º CRP.

Haverá então alguma solução para este tipo de situações pontuais e esporádicas?

A solução pode passar pela criação de um "elemento de ligação" entre a fiscalização sucessiva concreta e a fiscalização sucessiva abstrata que permita, em casos como estes, fazer a passagem da primeira para a segunda de forma mais flexível que atualmente. Ou seja, defende-se que o TC possa tomar uma decisão de fazer transitar um processo de fiscalização concreta para abstrata, face a um caso concreto que, como os apontados, tenha contornos e semelhanças que o aproximem de uma apreciação em sede de fiscalização sucessiva abstrata. Tal permitiria ao TC, uma vez efetuada tal transição, aplicar o nº 4 do artigo 282º CRP se o entendesse necessário.

Trata-se, naturalmente, de uma sugestão que implicaria uma alteração ao quadro normativo vigente que hoje o mesmo não acolhe, não encontra acolhimento. À semelhança do que prevê no nº 3 do artigo 281º CRP, de prever-se-ia a passagem de um processo de fiscalização concreta para um processo de fiscalização abstrata, mas agora sem necessidade de fazer depender essa passagem de três julgamentos concretos no sentido da inconstitucionalidade da norma. Com efeito, tal deliberação deveria poder ser tomada durante o decurso do processo face aos elementos de fato e direito do processo e depender de uma deliberação do plenário, sob proposta do relator.[53]

Assim, sem desvirtuar um sistema coerente, em que os diferentes efeitos, com diferentes alcances e diferentes possibilidades de manipulação, são o resultado de processos de fiscalização também diferentes, e dirigidos a fins diferentes, seria possível flexibilizar o sistema de fiscalização da constitucionalidade. Poder-se-ia, portanto, dar uma resposta aos casos em que o fato de a apreciação da inconstitucionalidade ocorrer em controlo concreto ou em controlo abstrato não resulta de estarem em causa interesses distintos, mas antes da mera verificação de circunstâncias processuais.

---

[53] Não seria adequado que o Ministério Público aqui pudesse intervir.

VII. Conclusões

Em primeiro lugar, conclui-se, pois, que o sistema de fiscalização da constitucionalidade aponta claramente para a inaplicabilidade do nº 4 do artigo 282º CRP à fiscalização concreta, pelo que não é admissível a restrição de efeitos de um julgamento do TC, em sede de fiscalização sucessiva concreta, por razões de segurança jurídica, equidade ou interesse público de excepcional relevo.

Em segundo lugar, é também claro que os tribunais comuns não têm à sua disposição o mecanismo de limitação dos efeitos da decisão de inconstitucionalidade do nº 4 do artigo 282º CRP. Se tal possibilidade não existe para o TC, também não deve existir para os tribunais comuns. Portanto, estes também não podem restringir os efeitos dos seus julgamentos acerca da inconstitucionalidade de uma norma com aplicação do nº 4 do artigo 282º CRP.

Finalmente, em terceiro lugar, o que é dito não prejudica que se reconheça que, em certas situações pontuais de processos de fiscalização sucessiva concreta, as motivações que levaram à consagração do nº 4 do artigo 282º CRP para a fiscalização sucessiva abstrata também estão presentes. Trata-se, por exemplo, i) de casos em que o número de intervenientes processuais é de tal forma significativo que quase esgota, num processo concreto, a quase totalidade dos destinatários e aplicadores da norma e ii) de situações em que em que o fato de estarmos num processo de fiscalização abstrata ou concreta se deve maioritariamente a condicionalismos processuais, mas em que, materialmente, os efeitos de uma declaração ou de um julgamento de inconstitucionalidade, seriam os mesmos. Para resolver estes tipos de situações, em que também pode, em abstrato, ser justificável a utilização do mecanismo do nº 4 do artigo 282º CRP, defende-se que o TC possa, por deliberação do plenário, fazer transitar um processo de fiscalização sucessiva concreta para fiscalização sucessiva abstrata o que, naturalmente, já permitiria fazer aplicar o mecanismo da limitação dos efeitos da declaração de inconstitucionalidade com força obrigatória geral.